HEYNE<

LAURA SCHROFF
und ALEX TRESNIOWSKI

Immer montags
beste Freunde

Der Junge,
der mein Leben
veränderte

Aus dem Amerikanischen
von Marie Rahn

WILHELM HEYNE VERLAG
MÜNCHEN

Penguin Random House Verlagsgruppe FSC® N001967

Neuausgabe 07/2024
Copyright © 2011 by Laura L. Schroff and Alex Tresniowski
Die Originalausgabe erschien 2012 unter dem Titel
An Invisible Thread bei Howard Books,
a Division of Simon & Schuster, Inc., New York
Copyright © der deutschsprachigen Ausgabe 2015
by Diana Verlag
in der Penguin Random House Verlagsgruppe
Copyright © 2024 dieser Ausgabe
by Wilhelm Heyne Verlag, München,
in der Penguin Random House Verlagsgruppe GmbH,
Neumarkter Straße 28, 81673 München
Redaktion: Claudia Krader
Umschlaggestaltung: Eisele Grafik·Design, München
Umschlagmotiv: © Truax & Company and Bruce Gore
unter Verwendung von Fotos von © Getty Images
Bildmaterial auf den Umschlagklappen mit Genehmigung
von Simon & Schuster, Inc., New York
Autorenfoto: © Joseph Moran
Satz: satz-bau Leingärtner, Nabburg
Druck und Bindung: GGP Media GmbH, Pößneck
Printed in Germany
ISBN 978-3-453-44302-0

www.heyne.de

Für all die Kinder wie Maurice, deren Leben unvorstellbar hart ist. Verliert niemals die Hoffnung, den Teufelskreis durchbrechen und Euer Leben verändern zu können. Hört nie auf zu träumen, denn die Macht der Träume gibt Euch Auftrieb.

INHALT

Ein unsichtbares Band verbindet ungeachtet von Zeit, Raum und Umständen diejenigen, deren Begegnung vorherbestimmt ist. Auch wenn dieses Band aufs Äußerste gespannt oder völlig verheddert ist, wird es niemals reißen.

CHINESISCHES SPRICHWORT

VORWORT

Als Laura Schroff 1978 zu einem Vorstellungsgespräch in mein Büro in Manhattan kam, war ich zwar beeindruckt von ihrer Persönlichkeit und bezaubert von ihrem Charme, doch nicht so überwältigt, dass ich sie vom Fleck weg eingestellt hätte. Ich mochte sie und hatte ein gutes Gefühl, wollte aber mehr über sie erfahren. Nicht nur über ihre Fähigkeiten, sondern auch über ihre Wertvorstellungen. Ich wollte herausfinden, was für ein Mensch sie war.

Damals war ich stellvertretende Herausgeberin von *Ms.*, einer richtungsweisenden, monatlich erscheinenden Zeitschrift, die seit 1972 erschien. Das Anliegen des Magazins war schlicht, aber anspruchsvoll: Wir wollten ein Katalysator für Veränderungen in unserer Gesellschaft sein. *Ms.* setzte sich für die Gleichberechtigung ein und wollte Frauen inspirieren, ihnen Mut machen, ihr volles Potenzial auszuschöpfen, eigene Entscheidungen zu treffen und sich in die von Männern dominierte Welt großer amerikanischer Unternehmen zu wagen. Damals in den Siebzigern gab es nicht viele Frauen,

11

die Betriebswirtschaft studiert hatten. Ganz im Gegensatz zu heute, wo die Zahl der weiblichen Absolventen der Harvard Business School bei annähernd vierzig Prozent liegt. Es gab auch keine Fernsehsendungen mit Oprah Winfrey, in denen Frauen fünfmal pro Woche ermutigt wurden, wagemutig zu sein und ein erfülltes Leben zu führen. 1978 war noch nicht einmal die Idee zu Oprahs Zeitschrift O geboren.

In vielerlei Hinsicht war *Ms.* ein Prototyp, bahnte Frauen wie Oprah den Weg und versuchte, eine Generation zukünftiger Entscheidungsträgerinnen zu inspirieren. Diese Aufgabe bürdete den dort Beschäftigten eine enorme Verantwortung auf. Wir hatten nicht nur einen Job, sondern trugen dazu bei, die Welt zu verändern. Als Mitherausgeberin gehörte es zu meinen Aufgaben, Frauen einzustellen, die Werbeplatz in unserer Zeitschrift verkauften. Das war bei jedem Presseorgan ein wichtiger und anspruchsvoller Job, aber ganz besonders bei *Ms.*

Wenn man neu und anders ist, wissen die Leute noch nicht, wofür man steht. Eine ganze Weile betrachtete die Werbebranche unsere Zeitschrift mit ziemlichem Widerwillen. Daher mussten unsere Anzeigenverkäufer nicht nur Werbeplatz verkaufen, sondern auch die Botschaft, die Werte und die Standpunkte des Magazins vertreten. Ich brauchte Frauen, denen diese Herausforderung bewusst war und die sich mit der gleichen Hingabe den Zielen der Zeitschrift widmeten wie ich. Frauen, die auf feindliches Gebiet vordringen und die Überzeugungen der Menschen ändern konnten. Ich brauchte jemanden, der wirklich seinen Wertvorstellungen entsprechend lebte und den Mut hatte, für sie zu kämpfen.

Daher stellte ich mir bei Lauras Vorstellungsgespräch die

Frage: Ist ihr wirklich wichtig, was wir hier tun, oder will sie nur einen Job?

Ich vereinbarte ein zweites Gespräch mit ihr, in dem ich sie dann bat, mir zu sagen, was im Leben wirklich wichtig für sie sei. Ohne zu zögern erzählte sie mir von ihrer Familie und ihren Freunden, von Loyalität und Gemeinsinn, von dem Wunsch, andere Menschen zu inspirieren. Ich erkannte, dass Laura eine Frau war, die sich für andere Menschen interessierte. Wegen ihrer Begeisterung für die Ziele unserer Zeitschrift verstand sie auch, wie wichtig es war, Menschen dazu zu ermutigen, sich Ziele zu setzen und ein besseres Leben anzustreben. Kurz nach diesem zweiten Gespräch boten wir Laura die Stelle an. Es war keine Überraschung, dass sie ihre Aufgabe mit Leidenschaft und Bravour meisterte und der Zeitung viele neue Anzeigen einbrachte.

Doch wie bemerkenswert Laura wirklich ist, erkannte ich erst einige Jahre später.

Damals verließ ich die Zeitschrift *Ms.,* um für *USA Today* zu arbeiten, einer ebenso revolutionären neuen Zeitung, die um jede einzelne Anzeige kämpfen musste. Als Leiterin der Anzeigenabteilung musste ich Unternehmen dazu bringen, uns einen Vertrauensvorschuss zu geben. Sie sollten ihre Produkte und Dienstleistungen in einer bunten, großformatigen und überregionalen Tageszeitung bewerben, die das Land so noch nicht kannte.

Die Aufgabe war schwierig. Ich merkte schnell, dass ich dazu gewiefte Mitarbeiter brauchte, denen ich vertrauen konnte. Laura war die Erste auf meiner Liste. Sie kam an Bord, leistete erneut Großartiges und verkaufte Werbeplatz für Millionen Dollar in der *USA Today.*

Doch noch immer erkannte ich nicht, wie bemerkenswert sie wirklich ist.

Im Laufe der Jahre wurden Laura und ich Freundinnen. Wir verbrachten die Mittagspausen zusammen, redeten über Privates, gingen shoppen und machten, was Freundinnen eben so tun. Wir interessierten uns aufrichtig füreinander. Daher war es nicht ungewöhnlich, dass Laura 1986 am Dienstag nach dem Labor Day in mein Büro kam und erzählte, was ihr am Tag zuvor passiert war.

Ich hatte keine Ahnung, dass diese Geschichte eines Tages in Buchform erscheinen würde. Ich konnte nicht wissen, dass der Vorfall, den sie mir schilderte, deutlich zeigen würde, was für ein Mensch Laura ist. Damals war es nur eine von vielen Geschichten. Ganz bestimmt ahnten wir nicht einmal, dass wir noch fünfundzwanzig Jahre später darüber sprechen würden.

Laura erzählte mir damals, ein kleiner, elfjähriger Junge habe sie bei einem Spaziergang in der Nähe ihrer Wohnung in Manhattan angesprochen und um Kleingeld gebeten. Sie sagte, der Junge habe sehr traurige Augen und großen Hunger gehabt. Sie sei zunächst weitergegangen, dann aber aus einem unerfindlichen Grund umgekehrt. Anstatt ihm eine Münze zu geben, habe sie ihn zum Essen eingeladen.

Zuerst war ich verblüfft. Da ich längst immun gegen den Anblick von Bettlern auf den Straßen Manhattans war, zweifelte ich keine Sekunde, dass ich an dem Jungen vorbeigegangen und ganz bestimmt nicht umgekehrt wäre. Ich bewunderte Laura für ihr Verhalten.

Am Abend gingen wir zusammen essen und unterhielten uns über diesen Jungen: Maurice. Ich glaube, ich hatte sie noch nie so aufgeregt und begeistert erlebt. Obwohl sie dieses

Kind nur ein einziges Mal gesehen hatte, war sie bereits an seinem Wohlergehen interessiert. Offenbar hatte etwas an ihm sie angerührt.

Im Verlauf der folgenden Tage, Wochen und Monate sprachen wir häufig von Maurice. Je mehr sie von ihm erzählte, desto mehr erkannte ich Lauras Beweggründe für ihr Verhalten. Dennoch muss ich zugeben, dass ich Lauras Beziehung zu diesem Jungen und seiner total kaputten Familie ziemlich problematisch fand. Ich machte mir Sorgen, ihr Verhalten könnte fehlinterpretiert werden und sie irgendwie Schaden nehmen. Manchmal war ich geradezu wütend auf sie, weil ich das Gefühl hatte, sie bringe sich in Gefahr. Ich fragte mich, ob Laura eigentlich klar war, welch eine riesige Verantwortung sie übernahm. Was war, wenn Maurice durch ihre Freundlichkeit von ihr abhängig wurde? Was, wenn dieses ungeliebte und vollkommen vernachlässigte Kind mehr von ihr brauchte, als sie geben konnte? Ich sprach mit Laura sehr nachdrücklich über meine Sorgen und Befürchtungen. Ich hatte das Gefühl, ich müsste ihre »Stimme der Vernunft« sein.

Bald wurde jedoch deutlich, dass nicht Vernunftgründe Laura antrieben. Was sie antrieb, waren Glaube, Überzeugung und Liebe.

Laura überzeugte mich mehr durch Handlungen als durch Worte, dass sie Maurice niemals im Stich lassen würde. Im Laufe unserer unzähligen Gespräche wurde mir klar, dass Laura Maurice wertvolle Erfahrungen bescherte, die ihm sein ganzes Leben lang nutzen würden. Sie tat das einfach, indem sie ihn in ganz normale Rituale ihres Alltags einband. Sie sagte zu mir, sie empfinde ihre Verpflichtung gegenüber Maurice als unaufkündbar, ganz gleich, wie erfolgreich sie

15

sei, wie viel sie zu tun habe oder wie sehr sich ihr Privatleben verändern mochte. Ich kannte Laura gut genug, um zu wissen, dass dies nicht nur leere Worte waren. Sie nahm ihre Verantwortung gegenüber Maurice sehr ernst und würde sich niemals davor drücken.

Da endlich dämmerte mir, wie bemerkenswert Lauras Geschichte eigentlich ist.

Wir leben in einer zynischen Welt. Manchmal versperrt uns unser Zynismus den Blick darauf, wie die Dinge wirklich sind. Ich selbst war durch mein Leben in New York so zynisch geworden, dass ich die besondere Verbindung zwischen Laura und Maurice nicht begriff. Doch Laura hatte sämtliche Probleme, alle Risiken und die offensichtliche Unvernunft ihres Verhaltens ignoriert. Für sie zählte nur die liebevolle und innige Beziehung zweier Menschen, die einander brauchten.

Heute bin ich überglücklich, dass Laura die ganze Welt an ihrer Geschichte teilhaben lässt. Ich glaube, in ihren schlichten, alltäglichen Handlungen steckt eine mächtige Botschaft, und ich hoffe, ihre Geschichte inspiriert die Leser genauso wie mich.

Ich erinnere mich an ein Zitat von Dr. Martin Luther King Jr.: »Habe Vertrauen und nimm die erste Stufe. Du musst nicht die ganze Treppe schaffen, nur den ersten Schritt.«

Ich danke Laura, dass sie diese erste Stufe mit Maurice genommen hat.

Valerie Salembier
Senior Vice President, Publisher and Chief Revenue Officer von *Town & Country*

PROLOG

Der Junge steht allein auf einem Bürgersteig in Brooklyn und sieht, dass eine Frau um ihr Leben rennt und eine andere Frau sie mit einem Hammer jagt. Er kennt die fliehende Frau: Es ist die Freundin seines Vaters. Die Frau mit dem Hammer kennt er nicht.

Der Junge ist in seiner ganz persönlichen Hölle gefangen. Er ist sechs Jahre alt, herzzerreißend dünn und hat überall Flohbisse. Sein Bauch schmerzt vor Hunger, aber das ist nichts Neues. Mit zwei war er einmal so ausgehungert, dass er den Müll durchwühlte und Rattenkot aß. Daraufhin musste ihm der Magen ausgepumpt werden. Sein Zuhause ist die winzige, vor Schmutz starrende Wohnung seines Vaters in einem Elendsviertel von Brooklyn. Er schläft mit seinen bettnässenden Stiefbrüdern auf einer Matratze und überlebt an einem Ort, an dem es überall nach Tod stinkt. Seine Mutter hat er seit drei Monaten nicht mehr gesehen, den Grund kennt er nicht. Seine Welt besteht nur aus Chaos, Drogen und Gewalt. Mit seinen sechs Jahren ist ihm bereits

17

klar, dass er es vielleicht nicht schafft, wenn sich nicht bald etwas ändert.

Er kann nicht beten, aber er denkt: Bitte erlaube nicht, dass mein Vater mich sterben lässt. Was in gewisser Weise ein Gebet ist.

Dann sieht der Junge seinen Vater die Straße heraufkommen. Die Frau mit dem Hammer sieht ihn auch und brüllt: »Junebug, wo ist mein Sohn?«

Der Junge erkennt die Stimme und fragt: »Mom?«

Die Frau mit dem Hammer mustert verwirrt den Jungen, dann sieht sie genauer hin und sagt schließlich: »Maurice?«

Der Junge hatte seine Mutter nicht erkannt, weil ihr von den Drogen die Zähne ausgefallen waren.

Die Mutter hatte ihren Sohn nicht erkannt, weil er so mager und ausgezehrt war.

Jetzt jagt sie Junebug und schreit: »Was hast du meinem Baby angetan!«

Der Junge sollte Angst oder Verwirrung empfinden, doch mehr als alles andere verspürt er Glück. Er ist glücklich, dass seine Mutter gekommen ist, um ihn zu holen. Er wird nicht sterben – zumindest nicht hier und jetzt.

Das war der Augenblick, in dem er sich der Liebe seiner Mutter bewusst wurde.

1

EIN BISSCHEN KLEINGELD

»Verzeihung, Lady, haben Sie ein bisschen Kleingeld?«

Das waren seine ersten Worte, damals, an einem sonnigen Septembertag in der Nähe des Broadways, auf der 56. Straße in New York.

Ich hörte sie zwar, achtete aber kaum darauf. Seine Worte gehörten wie Autohupen und Taxirufe zur Geräuschkulisse. Man könnte sagen, sie waren nur Hintergrundlärm – eine Belästigung, die New Yorker auszublenden gelernt haben. Also ging ich an ihm vorbei, als wäre er gar nicht da.

Nach ein paar Metern blieb ich stehen.

Und dann machte ich kehrt. Warum, weiß ich bis heute nicht.

Ich ging zurück, musterte ihn und stellte fest, dass er noch ein Kind war. Zwar hatte ich aus dem Augenwinkel registriert, dass er jung war. Aber als ich ihn richtig ansah, erkannte ich, dass er ein kleiner Bub war: schmaler Körper, dürre Ärmchen, große, runde Augen. Er trug ein dunkelrotes Sweatshirt mit Flecken und Löchern, dazu eine schäbige Jogginghose in gleicher Farbe. Die Schnürsenkel seiner schmuddelig weißen Sneakers waren offen, seine Fingernägel schmutzig. Doch seine Augen strahlten klar, und er war richtig süß. Wie ich bald erfahren sollte, war er elf Jahre alt.

Er streckte mir seine Handfläche entgegen und fragte noch einmal: »Verzeihung, Lady, haben Sie ein bisschen Kleingeld? Ich habe Hunger.«

Meine Antwort kam für ihn vielleicht überraschend, doch für mich war sie ein Schock.

»Wenn du Hunger hast, dann spendiere ich dir was bei *McDonald's*«, sagte ich.

»Kann ich einen Cheeseburger haben?«, fragte er.

»Ja«, sagte ich.

»Und einen Big Mac?«

»Ja, auch das geht.«

»Und eine Cola light?«

»Ja, in Ordnung.«

»Äh, und einen Schokoshake und Pommes?«

Da sagte ich, er könne alles haben, was er wolle. Und ich fragte ihn, ob ich ihm beim Essen Gesellschaft leisten dürfe.

Darüber dachte er kurz nach.

»Okay«, sagte er.

Also aßen wir an jenem Tag gemeinsam bei *McDonald's* zu Mittag.

Danach trafen wir uns jeden Montag.

Die nächsten 150 Montage.

Sein Name ist Maurice, und er veränderte mein Leben.

* * *

Warum ich stehen blieb und zu Maurice zurückging? Ich kann besser erklären, warum ich ihn zuerst ignorierte. Ich ignorierte ihn, weil er ganz einfach nicht auf meinem Plan stand.

Ich bin eine Frau, die ihr Leben bis ins Letzte plant. Ich mache Termine, fülle Zeitlücken und lebe nur nach der Uhr. Ich hetze von Meeting zu Meeting, arbeite Listen ab. Ich bin nicht nur pünktlich, sondern komme zu jedem Termin fünfzehn Minuten zu früh. Das ist mein Leben, das bin ich. Aber manches im Leben lässt sich nicht planen.

Regen zum Beispiel. Am 1. September 1986, dem Tag, an dem ich Maurice kennenlernte, fegte ein gewaltiges Unwetter über New York hinweg. Ich wachte bei Dunkelheit und prasselndem Regen auf. Es war das Wochenende des Labor Day, der Sommer neigte sich dem Ende zu. Ich hatte Karten für das US-Open-Tennisturnier am Nachmittag – super Plätze, drei Reihen vom Center Court entfernt. Zwar war ich kein großer Tennisfan, fand es aber toll, solche Plätze zu haben. Sie waren der sichtbare Beweis meines Erfolgs. 1986 war ich fünfunddreißig und hatte eine leitende Position in der Anzeigenabteilung bei *USA Today*. Ich war ziemlich gut in meinem Job, der darin bestand, persönliche Kontakte zu knüpfen. Vielleicht hatte ich mir mein Leben früher einmal etwas anders vorgestellt. Ich war immer noch Single, und ein weiterer Sommer war vergangen, ohne dass ich den Richtigen gefunden hätte. Doch nach normalen Maßstäben ging es mir ziemlich gut. Mit Kunden zu den US Open zu gehen und gratis direkt am Center Court zu sitzen, war nur ein weiteres Zeichen dafür, dass ich nicht mehr das Mädchen aus einem Arbeiterviertel auf Long Island war.

Der Regen spülte meine Pläne einfach weg, gegen Mittag wurde das Tennisturnier verschoben. Ich werkelte in meinem Apartment herum, räumte ein bisschen auf, tätigte ein paar Anrufe und las Zeitung, bis am Nachmittag endlich der Niederschlag aufhörte. Ich schnappte mir einen Pulli und machte einen Spaziergang. Zwar hatte ich kein Ziel, aber ein eindeutiges Vorhaben, nämlich die kühle Herbstluft und die zwischen den Wolken hervorblitzende Sonne auf meinem Gesicht zu genießen, ein bisschen Bewegung zu bekommen und mich vom Sommer zu verabschieden. Stehen bleiben jedoch stand nicht auf dem Plan.

Daher ging ich einfach weiter, als Maurice mich ansprach. Außerdem muss man bedenken, dass das während der 1980er in New York geschah. Damals waren Obdachlose und Bettler ein genauso vertrauter Anblick wie Kinder auf Fahrrädern oder Mütter mit Kinderwagen. Im ganzen Land herrschte wirtschaftlicher Aufschwung, und die Wall Street brachte täglich neue Millionäre hervor. Die Kehrseite der Medaille war, dass die Schere zwischen Arm und Reich auseinanderklaffte. Das zeigte sich nirgendwo krasser als auf den Straßen New Yorks. Die Mittelklasse bekam etwas vom Aufschwung ab, bei den Ärmsten und Elendsten der Stadt war aber nichts davon zu spüren. Vielen von ihnen blieb gar nichts anderes übrig, als auf der Straße zu leben. Allmählich gewöhnte man sich an sie: harte, ausgezehrte Männer und traurige, verhärmte Frauen, die Lumpen trugen, in Ecken lagerten, auf Lüftungsgittern schliefen und bettelten.

Man kann sich nur schwer vorstellen, dass jeder sie sehen konnte, ohne von ihrem Elend angerührt zu werden. Es waren so viele, dass die meisten Menschen unbewusst beschlossen wegzugucken. Im Grunde taten alle so, als wären die Armen nicht da. Das Problem schien so riesig und unlösbar, dass es einem vollkommen sinnlos vorkam, einem Einzigen zu helfen. So eilten wir täglich an ihnen vorbei, lebten unser Leben und akzeptierten, dass es nichts gab, was wir tun konnten.

Allerdings hatte es vor meiner Begegnung mit Maurice bereits einen Obdachlosen gegeben, den ich näher kennenlernte. Er hieß Stan und lebte in der Nähe der Sixth Avenue auf der Straße, nicht weit von meinem Apartment entfernt. Stan war ein gedrungener Mann Mitte vierzig, der ein paar Wollhandschuhe, eine marineblaue Mütze, alte Arbeitsschuhe und ein paar andere Habseligkeiten besaß, die er in Plastiktüten mit sich herumtrug. Dagegen besaß er nichts von alledem, was wir für selbstverständlich halten, eine warme Decke zum Beispiel oder einen Wintermantel. Er schlief auf einem Lüftungsgitter der U-Bahn, und die warmen Abgase der Züge hielten ihn am Leben.

Eines Tages fragte ich ihn, ob er gern eine Tasse Kaffee hätte. Er antwortete, ja gern, mit Milch und vier Zuckerstückchen, bitte. Danach machte ich es mir zur Gewohnheit, ihm jeden Tag auf dem Weg zur Arbeit einen Kaffee zu bringen. Ich fragte ihn, wie es ihm gehe, und wünschte ihm viel Glück für den Tag. Eines Morgens war er weg und das Lüftungsgitter nicht mehr Stans Platz, sondern nur ein leeres Gitter. Er verschwand einfach aus meinem Leben, ohne die geringste Spur zu hinterlassen.

Ich war traurig darüber und fragte mich oft, was aus ihm geworden war. Mein Leben ging weiter, und nach einer Weile dachte ich nicht mehr an Stan. Mir widerstrebt zwar die

Vorstellung, dass mein Mitgefühl für ihn und seine Schick-
salsgenossen willkürlich war, doch wenn ich wirklich ehrlich bin, entspricht es der Wahrheit. Ihr Schicksal berührte
mich zwar, aber nicht genug, um mein Leben zu verändern
und zu helfen. Ich war kein selbstloser Gutmensch. Wie
die meisten New Yorker lernte ich, die Belästigung auszublenden.

* * *

Dann kam Maurice. Ich ging an ihm vorbei zur Ecke Broadway und blieb dort mitten auf der Straße stehen. Ein paar
Sekunden stand ich vor der Autoschlange, die auf das Um-
springen der Ampel wartete, bis eine Hupe mich auf-
schreckte. Ich machte kehrt und eilte auf den Bürgersteig
zurück. Ich weiß nicht mehr, ob ich überhaupt nachdachte
oder eine bewusste Entscheidung traf. Ich weiß nur, dass ich
es machte.

Wenn ich nach all den Jahren daran zurückdenke, glaube
ich, dass eine starke, unsichtbare Verbindung mich zu Maurice zurückzog. Ich nenne diese Verbindung das unsichtbare
Band. Wie ein chinesisches Sprichwort uns erklärt, ist dieses Band die Verbindung zwischen zwei Menschen, denen
es bestimmt ist, sich ungeachtet von Zeit, Raum und Umständen zu begegnen. Manche Redewendungen bezeichnen
diesen Umstand auch als roten Faden des Schicksals oder
schicksalhafte Fügung. Ich glaube, das war es, was Maurice
und mich in einer riesigen, übervölkerten Stadt zusammen-
führte. Zwei von acht Millionen Menschen, die irgendwie
miteinander verbunden und dazu bestimmt waren, Freunde
zu werden.

Keiner von uns ist ein Superheld oder besonders tugend-haft. Als wir uns begegneten, waren wir nur zwei Menschen mit komplizierter Vergangenheit und zerbrechlichen Träu-men. Irgendwie fanden wir uns und wurden Freunde.

Das veränderte unser beider Leben.

2

Als wir über die Straße zu *McDonald's* gingen, sagte keiner von uns ein Wort. Was wir da machten, war schon ziemlich komisch. Das fanden wir beide jedenfalls. Zwei Fremde, ein Erwachsener, ein Kind, die gemeinsam essen gingen.

Schließlich sagte ich: »Hi, ich heiße Laura.«

»Und ich Maurice«, erwiderte er.

Wir reihten uns in die Schlange ein. Ich bestellte, was er sich gewünscht hatte. Big Mac, Pommes, Schokoshake. Und dasselbe für mich. Wir suchten uns einen Tisch, setzten uns, und Maurice stürzte sich auf sein Essen.

Er ist völlig ausgehungert, dachte ich. Vielleicht weiß er nicht, wann er das nächste Mal wieder etwas bekommt.

Nach wenigen Minuten hatte er alles verputzt. Als er fertig war, fragte er mich, wo ich wohnte. Wir saßen am Fenster und konnten von dort aus mein Apartmenthaus sehen, das Symphony. Also zeigte ich darauf und sagte: »Direkt da drüben.«

»Wohnst du in einem Hotel?«, fragte er.

»Nein«, erwiderte ich. »In einem Apartment.«

»Wie die Jeffersons?«

»Die aus der Fernsehsendung? Nein, so groß ist es nicht. Es hat nur ein Zimmer. Wo wohnst du?«

Nach kurzem Zögern erzählte er, er wohne im Bryant, einem Sozialbau an der Ecke 56. Straße West und Broadway.

Ich fasste es nicht, dass er nur zwei Blocks von mir entfernt lebte. Unsere Welten wurden lediglich durch eine einzige Straße getrennt.

Später erfuhr ich, dass es ein riesiger Vertrauensvorschuss von Maurice gewesen war, mir zu erzählen, wo er wohnte. Normalerweise traute er Erwachsenen nicht, schon gar nicht weißen. Hätte ich darüber nachgedacht, wäre mir vielleicht klar geworden, dass sich noch nie jemand mit ihm unterhalten oder nach seiner Wohnung erkundigt hatte, dass noch nie jemand nett zu ihm gewesen war oder ihm etwas zu essen gekauft hatte. Wieso sollte er mir trauen? Wie konnte er wissen, dass ich keine Sozialarbeiterin war, die ihn aus seiner Familie reißen wollte? Als er später zu Hause einem seiner Onkel erzählte, eine Frau sei mit ihm zu *McDonald's* gegangen, sagte der: »Sie will dich schnappen. Halt dich von ihr fern. Geh nicht mehr zu der Ecke, vielleicht kommt sie zurück.«

Ich dachte mir, ich sollte Maurice etwas von mir erzählen. Zum einen fand ich es gut, dass ich mit ihm essen gegangen war, zum anderen fühlte ich mich nicht ganz wohl dabei. Schließlich war er ein Kind und ich eine Fremde. Brachte man Kindern nicht immer bei, niemals mit Fremden mitzugehen? Verstieß ich gegen ein Tabu?

Ich kann mir vorstellen, dass einige mein Verhalten rundweg für falsch erklären. Dazu kann ich nur sagen: Tief in meinem Herzen weiß ich, dass es in dieser Situation das einzig Richtige gewesen ist. Dennoch konnte ich verstehen, dass er vielleicht skeptisch war. Also dachte ich mir, wenn ich ihm etwas von mir erzählte, wäre ich ihm nicht mehr ganz so fremd.

»Ich arbeite bei *USA Today*«, sagte ich und merkte, dass er keine Ahnung hatte, wovon ich sprach. Ich erklärte ihm, dass das eine neue Zeitung sei und wir uns bemühten, die wichtigste überregionale Zeitung des Landes zu werden. Außerdem verkündete ich, mein Job sei es, Werbeplatz zu verkaufen, womit die Zeitung sich finanziere.

Nichts davon half ihm weiter.

»Was machst du den ganzen Tag?«, fragte er.

Aha, er wollte etwas über meinen Stundenplan wissen. Also erläuterte ich ihm den: Verkaufsgespräche, Meetings, Arbeitsessen, Präsentationen, manchmal Geschäftsessen.

»Jeden Tag?«

»Ja, jeden Tag.«

»Lassen Sie auch mal was ausfallen?«

»Nur wenn ich krank bin«, antwortete ich. »Aber ich bin selten krank.«

»Sie lassen nie einfach so einen Tag ausfallen?«

»Nein, nie. Das ist mein Job. Außerdem habe ich großen Spaß dabei.«

Maurice begriff kaum etwas von dem, was ich sagte. Erst später erfuhr ich, dass er vor mir noch nie jemanden mit einem richtigen Job kennengelernt hatte.

* * *

Noch etwas wusste ich nicht, als ich an jenem Tag mit Maurice zusammensaß. Ich wusste nicht, dass er ein Messer in der Tasche seiner Jogginghose hatte.

Eigentlich war es kein richtiges Messer, sondern ein kleiner Kartonschneider. Er hatte ihn aus einem Geschäft am Broadway gestohlen. Wie wenig ich mit seiner Welt vertraut war, zeigte sich daran, dass ich nicht einen Moment daran dachte, dass er eine Waffe haben könnte. Ich konnte mir so etwas einfach nicht in seinen kleinen, zarten Händen vorstellen. Mir war die Vorstellung völlig fremd, er könnte eine Waffe benutzen oder gar eine brauchen, um sich vor der in seinem Leben allgegenwärtigen Gewalt zu schützen.

Einen großen Teil von Maurice' Kindheit bescherte ihm der Mann, der ihm das Leben geschenkt hatte, den schlimmsten Schmerz und Kummer.

Maurice lebte nicht sehr lange bei seinem Vater, doch in der kurzen Zeit stellte er eine ständige Bedrohung dar – wie eine tickende Zeitbombe. Auch er hieß Maurice, nach seinem verschollenen Dad. Als er geboren wurde, wusste niemand, wie man den Namen aussprach. Also wurde er Morris genannt, bis er den Spitznamen Lefty bekam, weil er alle mit der Linken k.o. schlug, obwohl er Rechtshänder war.

Morris war nur knapp einen Meter sechzig groß, zäh und aggressiv. Er verhielt sich, als müsste er ständig etwas beweisen. Er lebte in einer bekanntermaßen gefährlichen Gegend im Osten Brooklyns, in einem Viertel namens Brownsville. Dort wurde in den Vierzigerjahren die berüchtigte Gang *Murder Inc.* gegründet und wüteten später ein paar der schlimmsten Verbrecherbanden des ganzen Landes. Morris gehörte in dieser Umgebung zu den gefürchtetsten Männern.

Er war ein sehr erfolgreicher Teil der verrufenen Tomahawks-Gang und hatte sich auf Raubüberfälle spezialisiert. Er raubte sogar Leute aus, die er kannte. Auf der Howard Avenue wurde gewürfelt – fünfzehn, zwanzig Leute trafen sich und warfen Zehner und Zwanziger in einen Pott. Morris spielte ganz gern. Eines Abends verkündete er, er werde den Pott mitnehmen. »Mir klaut niemand was«, entgegnete einer der Männer. Morris knockte ihn mit dem Knauf seiner Waffe aus, raffte mehrere Hundert Dollar an sich und ging einfach. Keiner sagte ein Wort. Am nächsten Tag stand Morris an ein Auto vor seinem Wohnhaus gelehnt, als die Männer vorbeigingen, die er beraubt hatte. Er lächelte und forderte sie damit heraus, etwas zu sagen. Wieder machte keiner den Mund auf.

In einer Frau namens Darcella fand Morris schließlich sein Gegenstück. Sie hatte helle Haut und weiche Gesichtszüge, war schlank und hübsch und eines von elf Kindern einer Alleinerziehenden namens Rose, die aus Baltimore nach Brooklyn gezogen war. Darcella wuchs mit ihren Brüdern auf und wurde ebenso tough wie sie. Sie war bekannt dafür, dass sie sich mit jedem anlegte, der ihren Weg kreuzte, ganz gleich, ob Mann oder Frau. Sie traktierte ihn unermüdlich mit blitzschnellen Schlägen. Man wusste nicht, ob sie verrückt war oder nur bösartig. Als Teenager war sie eines der wenigen weiblichen Mitglieder der Tomahawks, und sie trug die schwarze Lederjacke der Gang mit Stolz.

Dann verliebte sie sich in ein Gangmitglied, das sie mit seinem großspurigen Gehabe beeindruckte. Aber Morris und Darcella waren nie ein gutes Gespann. Sie waren sich zu ähnlich, zu explosiv. Dennoch wurden sie ein Paar. Sie nannte ihn Junebug, von Junior, da er genau genommen Maurice Jr. war. Er nannte sie Red, von Red Bone, einem Spitznamen für hellhäutige farbige Frauen. Bevor Darcella zwanzig wurde, hatte sie drei Kinder. Zwei Mädchen, Celeste und LaToya, und einen Sohn, den sie Maurice nannte.

Zum Unglück der Kinder kommunizierten Darcella und Morris meist nicht mit Worten, sondern in der Sprache der Gewalt. Vor allem Morris war schwer alkohol- und drogensüchtig. Wenn er kokste, kiffte oder trank, geriet er sehr leicht in Rage. Kam er in diesem Zustand nach Hause, traktierte er seine Familie mit Beschimpfungen und Fäusten. Er schlug seine Töchter regelmäßig auf den Kopf. Einmal verprügelte er Celeste so heftig, dass ihr das Trommelfell platzte. Darcella ohrfeigte, schlug und boxte er mit derselben Skrupellosigkeit, die alle in Brownsville in Angst und Schrecken versetzte. Auch sein einziger Sohn Maurice bekam seinen Teil ab. Wenn der Junge dann weinte, brüllte er: »Schnauze, du Scheißgör!«, und schlug ihn weiter.

Morris verschwand oft tagelang zu seiner Freundin Diane, um hinterher wieder zu Hause aufzutauchen und Darcella zu warnen, ja keinen anderen Mann anzuschauen. Irgendwann trieb Morris' Untreue sie dazu, ihre Kinder zu nehmen und in die berüchtigten Marcy Projects in Bed-Stuy zu ziehen. Das war ein Wohnkomplex mit siebenundzwanzig sechsstöckigen Gebäuden. 1700 Wohnungen mit über 4000 Menschen. Drogen und Gewalt waren an der Tagesordnung. Also kaum eine geeignete Zufluchtsstätte. Dorthin wollte sich Darcella vor einer noch größeren Gefahr flüchten.

Morris fand sie natürlich. Eines Nachts drang er in ihre Wohnung ein und verlangte, Darcella zu sprechen. »Red, du darfst mich nicht verlassen«, heulte er. »Ich liebe dich.« Da der kleine Maurice zusah, blieb Darcella fest.

»Nein, auf gar keinen Fall«, sagte sie. »Du bist nicht gut für uns. Verschwinde.«

Da ballte Morris seine Linke zur Faust und schlug Darcella ins Gesicht. Sie fiel zu Boden, und Maurice umklammerte das Bein seines Vaters, damit der nicht noch einmal zuschlagen konnte. Morris schleuderte den Jungen gegen die Wand. Wie sich herausstellte, war das ein Fehler: Als Darcella ihren Sohn am Boden liegen sah, rannte sie in die Küche und kam mit einem Steakmesser zurück.

Morris blieb unbeeindruckt. Schließlich war ihm schon oft mit dem Messer gedroht worden. »Was willst du denn damit?«, fragte er.

Darcella machte einen Satz auf ihn zu. Da er schützend die Arme hochriss, traf sie ihn nur dort. Wieder und wieder stach sie auf seine Arme ein, während er sie abzuwehren versuchte. Schließlich taumelte er in den Flur, ging blutüberströmt zu Boden und schrie: »Red, du hast mich erstochen! Du willst mich umbringen. Ich glaub's einfach nicht!«

Maurice beobachtete alles mit weit aufgerissenen Augen. Schließlich kam die Polizei und fragte Morris, wer ihn so übel zugerichtet habe.

»Ein paar Typen«, sagte der nur.

Dann humpelte er davon. Der gerade mal fünfjährige Maurice sah seinen Vater gehen. Die Familie, wie er sie kannte, gab es nicht mehr.

* * *

Mein erstes Essen mit Maurice war nach einer halben Stunde vorbei, aber ich wollte ihm noch nicht Lebewohl sagen. Als wir hinaus auf die Straße traten, schien die Sonne hell und warm, daher fragte ich Maurice, ob er Lust habe, im Central Park spazieren zu gehen.

»Meinetwegen«, sagte er achselzuckend.

Wir betraten den Park am südlichen Ende und schlenderten über einen Pfad Richtung Great Lawn. Radfahrer, Jogger, Mütter mit Kleinkindern, lachende Teenager, sie alle wirkten sorglos und unbeschwert. Auch jetzt sagten wir kaum etwas, sondern gingen nur nebeneinander her. Ich wollte mehr über Maurice und die Umstände erfahren, die ihn zum Betteln gezwungen hatten, aber ich hielt mich zurück, weil er mich nicht für eine Schnüfflerin halten sollte.

Nur eines fragte ich ihn.

»Und du, Maurice? Was willst du machen, wenn du groß bist?«

»Keine Ahnung«, antwortete er, ohne zu zögern.

»Nicht? Denkst du nie darüber nach?«

»Nein«, sagte er nur.

Maurice verbrachte seine Tage nicht damit, sich vorzustellen, dass er später einmal Polizist oder Astronaut oder Baseballspieler oder Präsident werden wollte. Er wusste nicht einmal, dass die meisten Jungs von solchen Dingen träumten. Selbst wenn er sich ein Leben jenseits des Elends hätte vorstellen können, das seine Welt ausmachte, wäre es sinnlos gewesen, sich solchen Träumen hinzugeben. Maurice wollte gar nichts sein, weil es keinen Grund gab anzunehmen, er könnte jemals etwas anderes werden, als er schon war: ein Schnorrer, ein Bettler, ein Straßenkind.

Im Park fegte der kühle Herbstwind die Blätter von den Bäumen, und durch die riesigen Ulmen blitzte die Sonne. Wir schienen meilenweit vom steinernen Stadtkern weg zu sein. Ich stellte Maurice keine Fragen mehr, sondern ließ ihn einfach nur seine Pause vom Alltag auf der Straße genießen. Als wir den Park verließen, kamen wir an einem Häagen-Dazs-Stand vorbei, und ich fragte ihn, ob er ein Eis wolle.

»Kann ich ein Schokohörnchen haben?«, fragte er.

»Aber ja«, erwiderte ich.

Ich bestellte zwei Hörnchen. Als ich Maurice seines reichte, sah ich ihn zum ersten Mal lächeln. Es war kein breites Grinsen wie bei den meisten Kindern. Es huschte nur kurz über sein Gesicht und war sofort wieder verschwunden. Aber ich sah es, und es war für mich etwas Wunderschönes und Kostbares.

Als wir unser Eis aufgegessen hatten, fragte ich: »Hast du sonst noch Lust auf etwas?«

»Könnten wir Videospiele spielen?«

»Na klar.« Also gingen wir in eine Einkaufspassage am Broadway. Ich gab Maurice ein paar Münzen und sah ihm zu, wie er Street Fighter spielte. Er verlor sich darin wie jedes andere Kind, ruckte am Joystick, steckte vor lauter Konzentration die Zunge zwischen die Lippen, stellte sich auf die Zehenspitzen und gab Geräusche von sich, während er mit seinem Avatar auf einem Martial-Arts-Turnier kämpfte. Es machte Spaß, ihm dabei zuzusehen.

Später an diesem Tag fiel mir auf, dass ich mich in den wenigen Stunden mit Maurice außerordentlich wohlgefühlt hatte. Mit wenig Geld und geringem Zeitaufwand. Sofort verspürte ich Schuldgefühle. War ich nur stehen geblieben und hatte ihm ein Essen spendiert, um mich gut zu fühlen? Hatte ich mich statt mit Kino oder Schaufensterbummeln damit amüsiert, Maurice einen Burger und ein Eis zu kaufen? War an meinem Verhalten etwas unterschwellig Gönnerhaftes oder gar Ausbeuterisches?

Hilf einem armen Kind, dann fühlst du dich besser?

Damals hatte ich keine Antwort darauf. Ich wusste nur, dass es sich richtig angefühlt hatte, mit Maurice zusammen zu sein.

Wir verließen die Einkaufspassage und schlenderten über den Broadway, bis wir an der 56. Straße landeten, genau dort, wo wir uns begegnet waren. Ich öffnete meine Tasche und gab Maurice meine Visitenkarte.

»Hör zu, solltest du jemals Hunger haben, ruf mich bitte an. Ich sorge dafür, dass du etwas zu essen bekommst.«

Maurice nahm meine Karte, betrachtete sie und stopfte sie in seine Tasche.

»Danke für das Essen und das Eis«, sagte er. »Das war ein toller Tag für mich.«

»Für mich auch«, erwiderte ich. Dann gingen wir auseinander.

Ich fragte mich, ob ich Maurice je wiedersehen würde. Die Chancen dafür standen schlecht. Damals wusste ich nicht, wie schwer Maurice es hatte, in welcher Not seine Familie lebte. Sonst hätte ich ihn bestimmt nicht einfach gehen lassen. Wahrscheinlich hätte ich ihn in die Arme genommen und festgehalten.

Aber ich ging weg, und als ich mich umdrehte, um ihn im Trubel des Broadways zu suchen, war er nirgendwo mehr zu sehen. Ich musste akzeptieren, dass er vielleicht aus meinem

Leben verschwunden war und dass unsere seltsame Freundschaft endete, kaum dass sie begonnen hatte.

Doch glaubte ich auch damals schon, dass es etwas im Universum gibt, das Menschen zusammenbringt, die einander brauchen. Eine Kraft, die zwei völlig fremden Menschen hilft, miteinander in Kontakt zu treten. Vielleicht ist sie genau das, was uns am meisten quält, was uns dazu bringt, auf andere zuzugehen, um Trost zu suchen. Vielleicht brachte mich meine eigene Vergangenheit dazu, an jenem Tag kehrtzumachen und zu Maurice zurückzugehen. Und vielleicht, nur vielleicht, würde jenes unsichtbare, schicksalhafte Band uns wieder zusammenbringen.

Auf dem Weg nach Hause übermannte mich die Reue, denn ich hatte Maurice zwar meine Visitenkarte gegeben, aber kein Geld für den Anruf. Damals gab es noch keine Handys, und ich konnte nicht davon ausgehen, dass er in seiner Wohnung ein Telefon hatte. Wenn er mich anrufen wollte, musste er wahrscheinlich in eine Telefonzelle, und das hieß, dass er um einen Vierteldollar betteln musste.

Aber am Ende war das völlig egal.

Denn auf dem Heimweg warf Maurice meine Karte in den Müll.

3

EINE EINMALIGE CHANCE

Am nächsten Tag wollte mir Maurice einfach nicht aus dem Kopf gehen. Ich erzählte meiner Chefin und Freundin Valerie von unserem gemeinsamen Nachmittag und sprach auch mit meinen Kollegen Paul und Lou über den tollen Jungen, den ich kennengelernt hatte. Die Reaktion war immer gleich: »Das ist ja toll.« – »Schön für dich.« – »Das hast du gut gemacht.« Für sie war es anscheinend nichts Besonderes.

Natürlich hatten wir alle ziemlich viel zu tun. Als ich Maurice traf, war es mein Job, Wirtschaftsunternehmen zu überreden, bei *USA Today* Anzeigen zu schalten. Ich verbrachte viel Zeit damit, meine Kontakte bei einer Investmentfirma anzurufen und über ihre Börsenveröffentlichungen zu reden, in denen Aktien von Unternehmen angeboten wurden. Diese Anzeigen waren langweilig, bestanden nur aus Buchstaben und Zahlen ohne Bilder, ohne Schnickschnack. Für uns waren sie trotzdem so wertvoll wie Gemälde von Picasso: Seite um Seite schöne Aufträge.

Ein richtiger Volltreffer für mich war *American Express*. Deren Werbeabteilung spielte mit dem Gedanken, Anzeigen bei uns zu schalten, war aber nicht ganz sicher, ob wir ihren Qualitätsansprüchen genügen konnten. Ich redete ihnen monatelang gut zu, es einfach zu versuchen. Ich wusste, ein derart angesehenes Unternehmen für uns zu gewinnen, wäre nicht nur für die Zeitung, sondern auch für mich ein großer Erfolg. Meine Kontakte dort waren zwei beeindruckend unzugängliche Frauen. Während endloser Besprechungen und Geschäftsessen hatte ich das Gefühl, keinen Schritt weiterzukommen. Aber eines Nachmittags saß ich gerade an meinem Schreibtisch, als eine der Stoikerinnen anrief: *American Express* war mit zwei Seiten dabei. Sollten sie mit der Präsentation und Positionierung der Anzeige zufrieden sein, würden sie weiteren Werbeplatz kaufen, da war ich mir ziemlich sicher. So kam es auch: Am Ende buchten sie fast hundert Anzeigenseiten. Das war ein Riesenerfolg für mich, mein größter Triumph bei *USA Today*. Als ich Maurice kennenlernte, befand ich mich gerade auf dem bisherigen Höhepunkt meiner Karriere.

Und weit, weit weg von dem, woher ich kam.

* * *

Als ich die Highschool in Huntington Station verließ, meiner Heimatstadt auf Long Island, hatte ich einen Traum, für den man keinen College-Abschluss brauchte. Denn ich wünschte mir sehnlichst, Stewardess zu werden. Ich war ohnehin eine extrem schlechte Schülerin gewesen und wusste nur, dass ich aus meiner Heimatstadt rauskommen und die Welt sehen wollte. Ich dachte mir, der beste Weg dazu wäre ein Job in der Flugbranche.

Zuerst bekam ich aber nur eine Stelle als Sekretärin bei einer Versicherung. Ich arbeitete für drei süße alte Kerle mit breiten Krawatten und kurzärmligen Hemden, tippte Briefe, nahm Diktate auf, stellte Anrufer durch. Da meine Bürokenntnisse nicht berühmt waren, meldete ich mich in einer Schule für Sekretärinnen an und lernte dort, zwischen klackernden Schreibmaschinen, eine Frau kennen, die bei *Icelandic Airlines* arbeitete.

Die erzählte mir, dass sie gerade jemanden fürs Büro suchten. Zugegeben, nicht gerade mein Traumjob. Schließlich wäre ich wieder nicht über den Wolken, sondern am Schreibtisch. Aber es war ein Anfang. Ich vereinbarte mit der Airline einen Termin für einen Schreibmaschinentest und übte Abend für Abend tippen. Beim Test bemühte ich meine gesamte Konzentration und war danach sicher, ich hätte sechzig absolut fehlerfreie Wörter pro Minute geschafft.

Aber ich fiel durch.

Ich war am Boden zerstört. Daher bat beziehungsweise flehte ich die Prüferin an, einmal um den Block gehen und den Test wiederholen zu dürfen. »Bitte, bitte, ich war nur nervös. Ich kann es viel, viel besser.« Die Prüferin hatte Mitleid mit mir, ließ mich einmal um den Block gehen, und als ich zurückkam, holte ich tief Luft und haute erneut in die Tasten.

Ich fiel ein zweites Mal durch.

Jetzt hatte die Prüferin wirklich Mitleid mit mir. Die beiden verhauenen Tests gaben mir die Möglichkeit, mit ihr zu reden, die Formalitäten zu umgehen und zu zeigen, wie ich wirklich war: verletzlich, aber entschlossen, etwas ungeschickt, aber sehr einfallsreich. Das, so fand ich schnell heraus, war meine Stärke. Die Prüferin fand Gefallen an mir und empfahl mich für eine Stelle am Empfang.

Als ich an meinem letzten Tag bei der Versicherung mit meinem geliebten beigen 1964er VW-Käfer über den Northern State Parkway zur Arbeit fuhr, hatte ich das Gefühl, mein Leben würde jetzt, mit neunzehn, endlich beginnen. Ich überholte einen Wagen mit zwei Nonnen, die mir ein seliges Lächeln schenkten. Ich lächelte so selig wie möglich zurück. Dann sagte ich: »Wir sehen uns, Mädels«, und gab Gas. Ich zog von der mittleren auf die linke Spur und verlor die Kontrolle über den Wagen, weil ich über einen Spalt im Asphalt gefahren war, der die Spuren trennte. Der Satz des Autos verschlug mir das Lenkrad, das Steuer glitt mir aus den Händen, und bevor ich michs versah, schleuderte ich auf die Leitplanke zu. Ich geriet in Panik, packte das Lenkrad und riss es nach rechts. Der VW drehte sich dreimal um die eigene Achse, bevor er sich überschlug und mit dem Dach auf dem Seitenstreifen landete.

Es wurde ganz still, und überall waren Scherben. Ich lag auf dem Wagendach und starrte hinauf zu den Sitzen. Als ich den Blick nach links wandte, entdeckte ich die zwei Nonnen, die besorgt zu mir hereinschauten. Ein Geschäftsmann, der den Unfall gesehen hatte und rechts rangefahren war, zog sein Jackett aus, legte es über das zerbrochene Beifahrerfenster und zog mich aus dem Wagen. Als ich hysterisch zu schreien anfing, versuchten die Nonnen mich zu trösten.

Ein Krankenwagen fuhr mich in die Klinik, wo ich erfuhr, dass mit mir alles in Ordnung war – abgesehen von einem blauen Auge und einer heiseren Stimme vom vielen Schluchzen. Ich hatte den Unfall ohne einen Kratzer überstanden. Als ich mich nach den Nonnen umsah, konnte ich sie nirgendwo entdecken. Vielleicht waren sie meine Schutzengel gewesen, die mich vor ernsterem Schaden bewahrt hatten. Vielleicht hatte Gott noch Pläne mit mir.

* * *

Die Verwaltung von *Icelandic Airlines* lag mitten in Manhattan, an der Ecke 50. Straße und Fifth Avenue. Gegenüber befand sich St. Patrick's Cathedral, *Saks* in der Fifth Avenue war nur hundert Meter entfernt, *30 Rock* direkt um die Ecke. Ich kam mir vor wie in der Fernsehserie *That Girl*. Hätte ich ein Barett besessen, hätte ich es täglich in die Luft geworfen.

Der Job war nicht besonders aufregend: Anrufe entgegennehmen, Besucher hinein- und hinausbegleiten und dergleichen. Mir gefiel er trotzdem, weil alles neu und aufregend war. Schließlich wurde ich ins Sekretariat befördert und dann in den Telefonverkauf, was nichts anderes bedeutete, als Buchungen entgegenzunehmen. Doch das Beste war, dass meine hoffnungslos naive Vorstellung tatsächlich Wirklichkeit wurde, der Job bei einer Fluglinie würde mich irgendwie zu einer Weltreisenden machen. Ich bekam unglaubliche Nachlässe auf Flüge und Hotelzimmer, die es mir ermöglichten, mir regelmäßig am Freitagabend eine Freundin zu schnappen, um mit ihr am Samstag in Trastevere zu shoppen und am Sonntagabend wieder in New York zu sein. Ein anderes Mal ergatterte ich Tickets nach Kitzbühel inklusive sechs Übernachtungen in einem schönen Chalet für nur siebenundfünfzig Dollar! Da wird es kaum jemanden überraschen, dass ich fünf Jahre bei *Icelandic* blieb.

Nach einer Weile reizte es mich, mehr aus mir zu machen. Was ich mir nach meinen Beobachtungen bei den Kollegen wirklich zutraute, war der Verkauf. Mit Menschen zu reden, Vertrauen aufzubauen, sie bei Geschäftsessen zu umgarnen und sie dazu zu bringen, die Dinge mit deinen Augen zu sehen – das konnte durchaus meine wahre Begabung sein. Das Problem war nur, dass alle Vertriebsleute im Außendienst Männer waren. Außer Gudrun.

Gudrun war eine imposante skandinavische Schönheit und die Quotenrepräsentantin der Fluglinie. Ich fand ziemlich schnell heraus, dass ich keinerlei Chance hatte, sie je zu ersetzen. Zugegeben, ich war charmant und auf meine leicht penetrante Art überzeugend. Ich war eine ziemlich hübsche und eindeutig kecke Brünette. Aber Gudrun war groß und blond und sah so prachtvoll aus wie eine Göttin aus den nordischen Mythen. Ich wusste, bei *Icelandic* hatte ich den Gipfel erreicht. Strebte ich eine Karriere im Vertrieb an, musste ich die Firma wechseln. Ich gab mir genau sechs Monate, um einen Job zu finden.

Dann entdeckte ich eine Anzeige in der *New York Times:* »Verkaufen Sie Werbeplatz für ein zweimal wöchentlich erscheinendes Magazin von Reiseveranstaltern.« Ich hatte in dieser Hinsicht nicht die geringsten Erfahrungen, wusste rein gar nichts über Werbung, bewarb mich trotzdem und ergatterte ein Vorstellungsgespräch. Am Abend vor meinem Termin beim *Travel-Agent-Magazin* plante ich, mir etwas Schönes zu kochen, mir die Haare zu waschen, die Nägel zu machen und zeitig schlafen zu gehen, um am nächsten Morgen frisch und ausgeruht mit einem Zeitpuffer von fünfzehn Minuten aus dem Haus zu gehen. Aber Pläne verlaufen nicht immer … nun, nach Plan. Und so schnitt ich mir beim Spargelkürzen fast die Spitze meines linken Zeigefingers ab.

Das Blut spritzte nur so heraus. Glücklicherweise wohnte meine gute Freundin Kim ganz in der Nähe, also wickelte ich ein Handtuch um meinen Finger und rannte zu ihrer Wohnung. Sie brachte mich zur Notaufnahme des *Lenox Hill Hospitals,* wo wir vier Stunden warteten, während echte Notfälle – eine Schusswunde, ein durchlöcherter Darm, ein Schädel-Hirn-Trauma – vor meinem albernen Haushaltsunfall behandelt wurden. Als ich schließlich an die Reihe kam, gab mir ein Arzt eine örtliche Betäubung und zückte die Nadel, um meinen Finger zu nähen. Da fing ich so laut an zu schreien, dass er eine Schwester zu Hilfe rief und dann noch eine. Die drei bemühten sich nach Kräften, dass ich nicht ohnmächtig wurde, während der Arzt meine Fingerspitze mit acht Stichen flickte. Was soll ich sagen? Ich hatte seit meiner Kindheit eine Heidenangst vor Nadeln.

Als ich kurz vor Mitternacht heimkam, fiel ich nur noch ins Bett. Ich hatte nichts gegessen und weder meine Haare gemacht noch meine Nägel lackiert. Am nächsten Morgen sprang ich aus dem Bett, machte mir einen Pferdeschwanz und eilte zu meinem Vorstellungsgespräch in der 46. Straße West. Irgendwie landete ich um Viertel nach sieben dort, genau wie geplant. David, der Typ, der das Vorstellungsgespräch führen sollte, kam ins Wartezimmer, warf einen Blick auf meinen dick verbundenen Finger und fragte, was passiert sei.

»Ach, ich habe mir gestern Abend in den Finger geschnitten.«

»Ich hoffe, es war nichts Ernstes.«

»Nein, nein, halb so wild.«

»Musste es genäht werden?«

»Ja, mit acht Stichen.«

»Acht?«, fragte er. »Mein Gott, dann haben Sie sich ja fast den Finger abgeschnitten.«

Dann blickte er auf seine Uhr.

»Wissen Sie was? Dies ist eine hart umkämpfte Branche, und Pünktlichkeit ist äußerst wichtig. Ich bin beeindruckt, dass Sie gestern Abend mit acht Stichen genäht werden mussten und trotzdem heute eine Viertelstunde zu früh dran sind.«

Mein Vorstellungsgespräch fing also gut an.

David brachte mich zu seinem Schreibtisch in einem Großraumbüro, sah sich meinen Lebenslauf an und runzelte die Stirn. »Sie haben keinerlei Erfahrungen im Vertrieb«, bemerkte er. »Und in der Werbung ebenso wenig. Auf dem College waren Sie auch nicht.«

Da ich damit gerechnet hatte, wusste ich, was ich darauf sagen musste.

»Hören Sie«, begann ich. »Ich weiß, ich habe nicht viel Erfahrung vorzuweisen. Aber eines kann ich Ihnen sagen: Wenn Sie meinen, Sie arbeiteten hart, dann sehen Sie mir bei der Arbeit zu, denn ich werde zweimal so hart arbeiten wie Sie. Falls Sie mich einstellen, verspreche ich Ihnen, dass Sie es nie auch nur eine Sekunde bereuen werden.«

Dann spielte ich meinen letzten Trumpf aus.

»David, ich suche nicht ständig nach neuen Gelegenheiten, sondern nach einer einmaligen Chance.«

Drei Tage später stellte David mich ein. Manchmal braucht man nicht mehr als eine einzige wirkliche Chance.

* * *

Als ich Maurice kennenlernte, hatte ich längst alle Komplexe wegen des fehlenden College-Abschlusses abgelegt. Wenn jemand das Thema aufwarf, sagte ich immer: »Nein, ich war nie auf dem College«, und lenkte das Gespräch in eine andere Richtung. In jenem Jahr 1986 betrachtete ich das, was mich einst belastet hatte, als Pluspunkt. Ich war der Underdog ohne Abschluss, der sich aus eigener Kraft hochgearbeitet hatte.

Ich hatte einen Schrank voller schicker Kleider und in der Garage eine silberne Luxuslimousine. Ich besaß einen fabelhaften Aktenkoffer aus feinstem Leder, für den ich dreihundert Dollar bezahlt hatte, und einen passenden Terminkalender. Mein gemütliches Apartment im Symphony hatte ich mit schönen Möbeln eingerichtet und schmückte es mit Blumen. All diese Dinge, die im Manhattan der Achtziger zeigten, wie erfolgreich man war, all diese materiellen Annehmlichkeiten machten mich wirklich und wahrhaftig glücklich.

Aber sie erfüllten mich nicht. Immer noch hatte ich das unterschwellige Gefühl, dass mir etwas fehlte. Ich verwirklichte meinen Traum von der erfolgreichen Karriere auf Kosten alles anderen. Ich liebte meine Arbeit und machte sie mit Leidenschaft, aber mein Job war so zeitintensiv, dass mir gar nicht bewusst wurde, wie viel im Leben ich verpasste. Es gab fast nichts, was mich von der Arbeit ablenken konnte.

Nach meiner Begegnung mit Maurice war ich jedoch ein

paar Tage abgelenkt. Ich erledigte meine Anrufe und ging zu meinen Meetings, aber ich ertappte mich ständig dabei, dass ich an ihn dachte. Ich wollte mehr über ihn wissen, angefangen damit, warum er auf der Straße um Kleingeld bettelte.

Also beschloss ich, nicht auf Maurice' Anruf zu warten.

Sondern mich aufzumachen und ihn zu suchen.

4

DAS GEBURTSTAGSGESCHENK

Am Donnerstag nach meinem Essen mit Maurice ging ich nach einem langen Arbeitstag zu der Ecke, an der wir uns begegnet waren. Zuerst sah ich ihn nicht. Es war gegen halb acht, das Ende der Rushhour, und die Bürgersteige wimmelten von Menschen. Da entdeckte ich ihn, genau an derselben Stelle, wo wir uns verabschiedet hatten. Er trug immer noch die schäbig rote Jogginghose und die abgewetzten schmutzig weißen Sneakers. Als er mich auf sich zukommen sah, lächelte er. Und dieses Mal verschwand das Lächeln nicht so rasch.

»Hi, Maurice«, sagte ich.

»Hallo, Miss Laura.« Ich war überrascht, dass er mich so förmlich ansprach. Offenbar hatte ihm jemand einen Sinn für Höflichkeit vermittelt.

»Wie geht es dir, Maurice? Hast du Hunger?«

»Wie ein Wolf.«

Also gingen wir wieder zu *McDonald's*. Er bestellte dasselbe wie beim ersten Mal – Big Mac, Fritten und Schokoshake. Ich

47

auch. Dieses Mal schlang Maurice nicht mehr so. Ich bat ihn, mir etwas über seine Familie zu erzählen.

Er erklärte, dass er mit seiner Mutter Darcella, seiner Großmutter Rose und seinen beiden Schwestern Celeste und LaToya in einer Sozialwohnung lebte. Das stimmte zwar, war aber nicht die ganze Wahrheit, wie ich später erfahren sollte. Doch am Anfang erzählte Maurice nicht alles, sondern verschwieg das Unerfreuliche. Damals dachte ich, es wäre ihm peinlich. Oder er wollte mich nicht verscheuchen. Wenn er auf mein Mitleid abgezielt hätte, hätte er mir etwas Schlimmes aus seinem Leben erzählt, aber das tat er nicht. Er wollte kein Mitleid. Er wollte nur überleben.

»Und dein Vater?«, fragte ich.

»Der ist nicht da.«

»Was ist mit ihm?«

»Der ist einfach gegangen.«

»Und deine Mutter? Weiß sie, dass du auf der Straße bist?«

»Nö, das ist ihr egal.«

Das konnte ich kaum glauben, doch ich wusste nichts über das Leben seiner Mutter. Maurice konnte kommen und gehen, wann er wollte. Niemand fragte ihn, wohin er wollte oder wo er gewesen war, ganz gleich, um welche Uhrzeit. Er erzählte nie etwas, und im Gegenzug sorgte auch niemand wirklich für ihn.

Als ich Maurice kennenlernte, hatte er in seinem gesamten Leben nur zwei Geschenke bekommen.

Einmal mit vier einen kleinen Spielzeuglaster von seinem Onkel Dark.

Das andere Geschenk gab ihm seine Großmutter Rose an seinem sechsten Geburtstag.

»Hier«, sagte sie und reichte ihm ein schmales weißes Ding.

Es war ein Joint.

***

Grandma Rose war knapp einen Meter fünfzig groß und beinhart. Im Hinterland von North Carolina geboren, wuchs sie in bitterer Armut auf und lernte schnell, mit Widerständen umzugehen. Sie war einfach sturer als jeder, der ihr im Weg stand. Rose war hübsch, hatte strahlende Augen und ein lockendes Lächeln. Die Männer kämpften um ihre Gunst. Aber früher oder später erkannten sie alle: Rose ließ sich von niemandem etwas bieten. Sie sagte gern: »Ich streich dich von der Rechnung.« Das hieß, sie würde einen umbringen und verschwinden lassen.

Dabei handelte es sich um keine leere Drohung. Rose hatte immer ein scharfes Rasiermesser bei sich, das sie Betsy nannte.

Maurice war gern mit Rose zusammen, ihm gefiel ihre Kraft. Einmal fuhren sie zusammen U-Bahn, da beging ein Mann den Fehler, ihr auf die Füße zu treten. Rose stand auf, stieß den Mann durch das Abteil und schrie: »Weg von meinen Stiefeln, blöder Kerl!«

Derart überwältigt, brachte der Mann nur hervor: »Sie sind ja verrückt, Lady.«

Da riet ihm Maurice, der noch ein Kind war: »Hey, seien Sie besser mal still!« Er wusste, wenn der Mann etwas Falsches sagte, würde er Betsy kennenlernen.

Selbst die, die Rose nahestanden, waren nie außer Gefahr. Charlie, einer ihrer Freunde, war ein großer, magerer Typ, der ziemlich heftig stotterte. Maurice fand es lustig, wenn sie sich stritten, weil Charlies gestotterte Beschimpfungen einfach zu albern klangen. Eines Abends ging Charlie zu weit.

»R-R-R-R-Rose«, stotterte er. »Ich m-m-mach dich k-k-alt.«

Da sprang Rose ihn mit Betsy in der Hand an und schlitzte ihm von der Stirn bis zur Brust die Haut auf. Maurice stand einfach nur da, zu geschockt, um in Deckung zu gehen, und sah zu, wie er das Sofa vollblutete.

»D-d-d-u bist ja ver-r-rückt«, stieß Charlie hervor.

Rose erwiderte: »Du hast Glück, dass ich keine Ader getroffen habe.«

* * *

Rose hatte sechs Söhne, die noch in ihrem Orbit kreisten, als sie längst erwachsen waren. Sie entfernten sich, kamen aber unfehlbar zurück. Das waren Maurice' Onkel. Männer, die ihm mehr schlecht als recht beibrachten, auf der Straße klarzukommen.

Der älteste war ein Ex-Marine, der stark traumatisiert aus Vietnam zurückgekehrt war. Maurice genoss seine Runden mit Onkel E, außer, wenn er plötzlich losrannte und Maurice einfach stehen ließ. Wenn Maurice ihn später fragte: »Was war denn los, Onkel E?«, antwortete er: »Hast du's nicht gesehen? Da waren Vietcongs. Sie haben mich gejagt. Die schlitzäugigen Bastarde haben mich gejagt.«

Wie all seine Brüder war Onkel E im Drogengeschäft, aber nur als kleiner Fisch. Seine Brüder hielten ihn meist von größeren Deals fern und riefen ihn nur, wenn es darum ging, ihre Interessen durchzusetzen. Das konnte er gut. Nicht, weil er besonders stark oder gewalttätig war, sondern weil er gern Pläne schmiedete, die Konkurrenten zu isolieren und zu bestrafen. Das nannte er Training für den Ernstfall.

Dann gab es Onkel Dark, der wegen seiner dunklen Haut so genannt wurde. Er war der Schlaue. Zumindest war er schlau genug, hin und wieder einen Gelegenheitsjob bei einem Fleischlieferanten zu ergattern und auf seiner Schicht Kokain zu verticken. Doch es dauerte nicht lange, da gab er den Job auf und widmete sich ganz dem Drogenhandel. In Brooklyn hatte er sich einen Ruf verschafft. Er verkaufte einem alles, was man wollte, aber wenn man es sich mit ihm verscherzte, bereute man es sehr schnell.

Einer weiterer Bruder hieß Onkel Limp, weil er ein steifes Bein hatte. Als er im Gefängnis saß, schloss er sich einem Ableger der *Nation of Islam* an. Er kannte viele Theorien über Gott, den Teufel und die Rolle des schwarzen Mannes in der Gesellschaft. Jedes Mal, wenn er in den Knast wanderte, kam er mit längeren und komplizierteren Wörtern wieder heraus, bis niemand mehr wusste, was er eigentlich sagen wollte. »Der asiatische Farbige ist die Personifizierung der esoterischen Kräfte Gottes«, verkündete er. Für Maurice war er der Onkel, der nur Quatsch redete.

Onkel Old, der zweitälteste der Brüder, war der gemeinste von allen. Seinen Namen hatte er bekommen, weil er wie der Älteste der Gruppe wirkte und sich mit skrupelloser Autorität ums Geschäft kümmerte. Er war so klein wie Maurice' Vater und gewohnheitsmäßig gewalttätig. Seiner Überzeugung nach mussten Jungs wie Maurice zu Hause ordentlich vermöbelt werden, um sich auf der Straße besser durchsetzen zu können. Daher bezog Maurice ständig Prügel von ihm. Als Maurice noch klein war, gab es Gerüchte, Onkel Old hätte mehrere Menschen umgebracht.

Onkel Old war der größte und erfolgreichste Drogendealer unter den Brüdern. Als die erste Crackepidemie in den Achtzigern New York City wie ein Hurrikan heimsuchte, machte er sich einen Namen damit, von dominikanischen Lieferanten auf der 145. Straße und am Broadway Kokain zu kaufen, es zu Hause zu Crack zu kochen und in Brooklyn weiterzuverkaufen. Manchmal nahm er Maurice mit, wenn er die Drogen kaufte. Dann filzten Männer mit Maschinengewehren den Jungen auf Waffen und hielten ihm eine Pistole an den Kopf, während sein Onkel die Drogen prüfte. Maurice, der damals zehn war, hatte keine Angst. Er hatte bereits gelernt, dass das zur Prozedur gehörte.

Der Jüngste der Gruppe war nur vier Jahre älter als Maurice und längst nicht so verhärtet. Er war der Hübsche, auf den die Mädchen flogen. Maurice kannte ihn als Onkel Nice oder auch Onkel Casanova. Er war auch einer der Schlauen, obwohl ihm das nichts brachte. Als Drogendealer war er glücklos und landete oft im Knast. Momentan saß er zehn Jahre wegen Drogenhandels ab.

Und dann gab es noch den aufstrebenden Hip-Hopper, der sich den Rappernamen Juice gegeben hatte. Onkel Juice hatte schreckliche Angst vor der Polizei und beteiligte sich deshalb nie an den Drogendeals seiner Brüder. Aber er rauchte mehr Marihuana als alle fünf anderen zusammen. Dadurch befand er sich in einem ständigen Dämmerzustand und reimte sich Raptexte zusammen, die genau wie seine Träume zu nichts führten. Am 11. September hätte Onkel Juice eigentlich im World Trade Center arbeiten sollen, wo er einen Springerjob als Bürobote hatte. Doch an jenem Tag war er zu vollgedröhnt, um pünktlich zur Arbeit zu erscheinen. Stattdessen sah er im Fernsehen, wie das erste Flugzeug in die Twin Towers stürzte.

»Michelle«, sagte er zu seiner Frau. »Heute gehe ich nicht arbeiten, ein Flieger ist in den Turm gecrasht.«

»Derek, hör mit dem Scheiß auf«, erwiderte sie.

Da bemerkte Onkel Juice, dass das Gebäude noch stand, in dem er arbeitete. Also zog er sich an und machte sich für die Arbeit fertig. Er schnürte sich gerade die Schuhe zu, da stürzte die zweite Maschine ab.

»Jetzt ist ein Flieger in den anderen Turm gecrasht«, verkündete er, ließ sich aufs Sofa fallen und drehte sich einen weiteren Joint. »Da geh ich echt nicht mehr hin.«

Ein paar Tage später fragte Maurice ihn: »Onkel Juice, weißt du eigentlich, wie viel Glück du gehabt hast?«

»Das war kein Glück«, entgegnete Juice. »Ich wusste, dass die Flieger kommen. Die Ratten im Gebäude haben es mir verraten.«

»Und das«, sagte er zu Maurice, ein kleiner Rat von Onkel zu Neffe, »ist der Grund, warum man niemals pünktlich zur Arbeit gehen sollte.«

* * *

Die Onkel kamen und gingen im Laufe der Jahre, wie es ihnen passte. Manchmal war keiner von ihnen da, manchmal nur einer oder zwei und manchmal alle sechs. Für Maurice gehörten sie zur Familie. Eine andere Familie hatte er nicht.

53

Zusammen mit seiner Mutter und seiner Großmutter waren sie die Menschen, die sich auf der ganzen Welt am meisten um ihn kümmerten. Von außen besehen wirkte es vielleicht so, als wäre ihnen Maurice egal, aber in einer feindlichen Stadt und in den verschiedenen Sozialwohnungen, wo Irrsinn und Gewalt an der Tagesordnung waren, boten Maurice' Verwandte ihm den einzigen Schutz, den er kannte. Er wusste, auf welcher Seite er stand. Er wusste, wo er am sichersten war, vielleicht nicht vor allem, aber doch vor dem Schlimmsten.

Maurice sah, dass diese Menschen ihn auf ihre ganz eigene Weise liebten. Und er sah, dass er auf seine Großmutter zählen konnte, wenn er sie wirklich brauchte.

Eines Abends kam Maurice' Mutter nicht nach Hause. Damals wohnte die Familie in dem heruntergekommenen Prince-George-Sozialbau in der 28. Straße West in Manhattan. Am nächsten Abend kam sie auch nicht nach Hause, die folgenden zwei Wochen ebenfalls nicht. Niemand wusste, warum. An einem Tag war sie noch da, am nächsten nicht mehr. Maurice' ältere Schwestern deuteten das als Zeichen, für sich selbst zu sorgen, und zogen, obwohl sie noch Teenager waren, zu ihren älteren Freunden. Maurice' Onkel waren gerade nicht da, und Grandma Rose wohnte im Bryant, einem anderen Sozialbau weiter im Norden von Manhattan.

So war Maurice auf sich allein gestellt. Damals war er zehn. Abends ging er zur Park Avenue South und unterhielt sich mit den Prostituierten, die dort anschafften. Einer der Zuhälter mit Namen Snake nahm ihn unter seine Fittiche.

»Hey, Jungspund«, sagte Snake. »Du musst mir einen Gefallen tun.«

Snake ließ Maurice aufpassen, wenn Freier vorbeifuhren und mit den Huren verhandelten. Dann hielten sie und ließen sie in ihre Wagen. Snake wollte aber nicht, dass die Nummern zu lange dauerten. Seine Mädchen sollten mehr arbeiten. Also sagte er zu Maurice: »Wenn die Miststücke länger als fünf Minuten im Auto bleiben, klopfst du ans Fenster und rufst, die Polizei wäre im Anmarsch.«

Das machte Maurice jede Nacht bis zum Morgengrauen. Für jedes Klopfen bekam er von Snake einen Dollar zugesteckt, und in manchen Nächten endete er mit hundert Dollar.

In gewisser Hinsicht war das Maurice' erster Job.

Wenn dann die Sonne aufging, gab Maurice das Geld sofort wieder aus. Stundenlang spielte er in der Times-Square-Passage Videospiele.

Eines Tages hörte er, wie jemand laut an die Wohnungstür im Prince George klopfte. Es war sieben Uhr morgens, er war gerade von einer weiteren Nacht auf der Straße heimgekehrt. Da er dachte, es sei ein Nachbar oder einer seiner Onkel, öffnete er. Doch vor der Tür standen zwei Weiße in Anzügen. Also schlug er die Tür wieder zu und verriegelte sie. Die Männer klopften erneut.

»Mach auf! Wir müssen mit dir reden!«, riefen sie. Maurice ging zum Fenster und wollte hinausklettern, aber die Wohnung lag im dreizehnten Stock. Das Klopfen wurde lauter. Schließlich überlegte sich Maurice etwas und öffnete die Tür. »Wir kommen von der Fürsorge«, sagte einer der Männer. »Du musst mit uns hinunter in die Lobby.«

Maurice sagte nichts und ging mit. Er wartete, bis sie sich ein bisschen entspannten, und als sie in der Lobby stehen blieben, um jemanden anzurufen, schoss Maurice los. »Haltet den Jungen auf!«, brüllten die Männer, jagten ihm nach und bellten dabei Befehle in ihre Walkie-Talkies. Maurice rannte den Block hinauf und blickte sich um. Die Männer waren in einen weißen Van gestiegen und fuhren ihm nach. Also drehte Maurice sich um und flitzte gegen die Fahrtrichtung die Straße entlang, sodass sie ihm nicht folgen konnten. Doch der Van bog um eine Ecke und fuhr wieder in seine Richtung. Daraufhin rannte Maurice die Fifth Avenue gegen die Fahrtrichtung hinauf, aber schließlich holten die Männer ihn ein. Als sie ihm zu nahe kamen, versteckte er sich unter einem Wagen, bis sie vorbeigefahren waren. Als er wieder aus seinem Versteck kam, entdeckten sie ihn.

Er rannte am Kaufhaus *Macy's,* am Rockefeller Center und an der St. Patrick's Cathedral vorbei. Vorbei an tausend ahnungslosen Berufstätigen. Er schaffte es bis zum Bryant in der 54. Straße, wo seine Großmutter wohnte. Gerade als der Van davor hielt und die Männer heraussprangen, stürzte er hinein und flitzte, dicht gefolgt von den Männern, bis in den fünften Stock. Er erreichte Grandma Roses Unterkunft, klopfte laut an die Tür, und als seine Großmutter öffnete, sprang er hinein, als einer der Männer ihn am Arm packte.

»Wir kommen von der Fürsorge«, erklärte der Mann. »Die Mutter des Jungen ist inhaftiert worden, deshalb müssen wir ihn mitnehmen.«

Da zog Maurice' Großmutter Betsy hervor.

»Mein Enkel geht nirgendwohin.«

Da ließen die Männer Maurice in ihrer Obhut.

* * *

Als Maurice mir von Grandma Roses Joint erzählte, tat er das weder sarkastisch noch abfällig, sondern ganz sachlich. Für ihn war das ein richtiges Geschenk gewesen, ein Akt der Freundlichkeit. Es bedeutete, dass jemand an ihn gedacht hatte. Das war besser als die Alternative, vergessen oder übersehen zu werden. Unsichtbar zu sein. Er fand nichts falsch daran, eine illegale Droge geschenkt zu bekommen. In seinem Leben waren Drogen etwas vollkommen Normales.

Als er den Joint bekam, zog er daran und fing an zu husten. Dann zog er noch einmal und musste noch mehr husten. Da nahm Grandma Rose ihm den Joint weg und versuchte ihn von diesem Tag an von Drogen fernzuhalten. In diesem Moment hatte sie etwas in ihm gesehen – etwas anderes, etwas Besonderes. Vielleicht sah sie dasselbe in ihm wie ich an jenem Tag an der Straßenecke.

Als Maurice und ich unser Essen bei *McDonald's* verzehrt hatten, schlenderten wir Richtung Broadway. Dieses Mal wollte ich mich nicht einfach von ihm verabschieden und ihn ziehen lassen.

»Maurice, hättest du Lust, dich am nächsten Montag wieder mit mir zu treffen und essen zu gehen? Wir könnten ins *Hard Rock Café* gehen.«

»Ist gut«, sagte er. »Kann ich da mit meinen Sachen hin?«

Ich dachte mir, dass er wahrscheinlich keine anderen Kleider hatte.

»Ja, das kannst du«, antwortete ich. »Also treffen wir uns um sieben an der gewohnten Ecke, okay?«

»Ja, Miss Laura«, sagte er. »Danke für das Essen.«

Dann war er fort und verschwand in der Dunkelheit.

Dieses Mal hatte ich das sichere Gefühl, ihn wiederzusehen.

5

DER BASEBALLHANDSCHUH

Genau eine Woche, nachdem ich Maurice kennengelernt hatte, stand ich wieder auf der 56. Straße, und meine Uhr zeigte zwei Minuten nach sieben an. Ich war ziemlich sicher, dass Maurice auftauchen würde. Doch eigentlich wusste ich immer noch nichts über ihn. Es konnte tausend Gründe geben, warum er es nicht schaffte.

Männer in Anzügen und Frauen mit hohen Schuhen eilten auf dem Weg zu Drinks und Dinner vorbei. Fünf nach sieben, kein Zeichen von Maurice.

Ein paar Minuten später kam er den Broadway herauf. Wie immer trug er seine dunkelrote Jogginghose, doch erstaunlicherweise war sie sauber. Irgendwie hatte er es geschafft, sie zu waschen. Auch sein Gesicht und seine Hände waren so sauber wie noch nie.

Er hatte sich Mühe gegeben, zum Essen so gut wie möglich auszusehen.

Gemeinsam gingen wir die Straße bis zum *Hard Rock Café* hinauf, das zu der Zeit ziemlich angesagt war. An den Wänden hingen Gitarren, und es gab gute, fettige Burger. Eine Kellnerin führte uns zu unserem Tisch. Ich bemerkte, dass sie besonders freundlich und aufmerksam zu Maurice war, als verstünde sie die Situation und wollte Maurice den Abend so schön wie möglich machen. Genau wie ich. Sie reichte uns die Karten, und Maurice verschwand hinter der umfangreichen Liste mit Vorspeisen und Hauptgerichten.

Als er wieder auftauchte, sagte er: »Miss Laura, kann ich ein Steak mit Kartoffelbrei haben?«

»Du kannst alles haben, was du willst.«

»Okay, dann nehme ich ein Steak.«

Das dicke, dampfende Rumpsteak wurde serviert, und er sah aus, als hätte er so etwas noch nie gesehen. Er nahm das riesige Steakmesser und die schwere Gabel in die Hand, aber ich bemerkte, dass er keine Ahnung hatte, wie er sie benutzen sollte. Er hielt das Messer wie einen Dolch in der Faust. Aber ich sagte nichts, weil ich ihm das Essen nicht mit Benimmregeln verderben wollte. Hätte er mich gefragt, hätte ich ihm natürlich geholfen, aber bis dahin wollte ich ihn einfach machen lassen. Schließlich säbelte er ein Stück von dem Steak ab und steckte es in den Mund. Offenbar schmeckte es ihm, denn er lächelte, und dieses Mal hätte sein Lächeln nicht breiter sein können.

Allmählich wuchs mir dieses Lächeln richtig ans Herz.

Nach dem Essen gingen wir zu unserem Treffpunkt zurück.

»Maurice, hättest du Lust, dich am nächsten Montag wieder mit mir zu treffen und essen zu gehen?«

»Ja«, sagte er.

»Also treffen wir uns wieder hier, um sieben?«

»Ist gut«, sagte er. »Danke für das Steak.«

»Gern geschehen, Maurice. Einen schönen Abend noch. Und pass auf dich auf.«

Da rannte er los, vielleicht nach Hause, vielleicht auch woandershin.

Ich ging heim und versuchte nicht darüber nachzudenken, wohin er verschwunden war.

* * *

Am nächsten Montag gingen wir ins *Broadway Diner* in der 55. Straße. Maurice kam täglich daran vorbei, war aber noch nie hineingegangen. Ein-, zweimal hatte er durchs Fenster gespäht, genau wie bei vielen anderen Diners, Restaurants und Läden in Manhattan. Ein weiterer Ort, zu dem er keinen Zugang hatte.

Im Diner betrachtete Maurice seine dicke Speisekarte und sagte schließlich, er wolle Eier.

»Eier?«, fragte ich. »Zum Abendessen?«

Verwirrt saß er da. Er wusste nicht, was ich damit sagen wollte. Das Konzept von Frühstück, Mittagessen und Abendessen war ihm fremd. Er wusste nicht, dass zu verschiedenen Zeiten verschiedene Nahrungsmittel gegessen wurden. So etwas wie strukturierte Mahlzeiten kannte er nicht.

Er aß, was er bekommen konnte, und zwar dann, wenn er es bekam.

Also bestellte Maurice Eier. Der Kellner fragte: »Rührei oder Spiegelei?« Maurice verlangte aufs Geratewohl Spiegelei. Außerdem bestellte er einen Orangensaft, doch als der kam, verzog er das Gesicht und rührte ihn nicht an.

»Stimmt was nicht mit deinem Saft?«

»Er ist schlecht geworden, Miss Laura«, erwiderte er. »Da schwimmt Zeug obendrauf.«

Als ich ihm erklärte, das sei Fruchtfleisch, trank er vorsichtig einen Schluck. Dann leerte er sein Glas in wenigen Zügen und bat um ein zweites.

Später an unserem Treffpunkt fragte ich: »Maurice, nächsten Montag um sieben?«

»Ja, Miss Laura. Ich werde da sein. Und vielen Dank für mein Essen.«

Da hatte ich bereits eine Überraschung für ihn geplant, die ich ihm am folgenden Montag präsentieren wollte. Ich hatte ihn gefragt, ob er Sport möge, und er hatte geantwortet, er sehe sich die Mets im Fernsehen an.

»Warst du mal bei einem Baseballspiel?«

»Bei einem echten Spiel? Nein, nie.«

Mein Boss bei *USA Today* hatte Dauerkarten für die Mets. Da ich zwei jüngere Brüder hatte, wusste ich, wie wichtig und faszinierend Baseball für Jungen war. Also bestand meine Überraschung für Maurice darin, mit ihm zu seinem allerersten echten Baseballspiel zu gehen.

* * *

Für meinen jüngeren Bruder Frank gab es nichts Magischeres, nichts Kostbareres als seinen alten, abgenutzten Baseballhandschuh aus Leder. Ich weiß nicht mehr, ob es ein *Rawlings* oder ein *Wilson* war. Ich will auch nicht so tun, als verstünde ich, warum Baseball und alles, was damit zusammenhängt, für Jungen so unwiderstehlich ist. Doch ich weiß, dass es so ist. Das sah ich bei dem damals sechsjährigen Frank: Irgendetwas ganz Elementares bewirkte, dass er seinen Schläger, seine Kappe und vor allem seinen Baseballhandschuh liebte.

Heute, viele Jahre später, erkenne ich, dass Baseball für Frank viel mehr war als nur ein Hobby. Es war seine Möglichkeit zur Flucht. Wir alle brauchten Fluchtmöglichkeiten. Ich, meine Schwestern Annette und Nancy und meine Brüder Frank und Steve. Jeder von uns fand sie woanders. Für Frank war es die Vorstellung, als Schlagmann für die Yankees zu arbeiten. Der Baseballhandschuh war sein Talisman. Er gab ihm Halt, wenn es hart auf hart kam.

Von außen besehen führte meine Familie ein ganz normales Leben in Huntington Station, einem Mittelstandswohnviertel östlich von Manhattan. Mein Vater Nunziato arbeitete als Maurer und Barkeeper und war beliebt bei Freunden, Nachbarn und all den Leuten, denen er einen ausgab. Alle nannten ihn Nunzie. Er war klein, gedrungen, hatte eine kahle Stelle auf dem Kopf, funkelnde Augen und ein Lächeln, das jedem Fremden signalisierte, es mit einem Freund zu tun zu haben. Seine Hände und Unterarme wirkten für uns Kinder überaus kräftig.

Er träumte davon, Bauunternehmer zu werden, und baute zwei der Häuser, in denen wir wohnten. Es waren schlichte, stabile Gebäude, die bis heute stehen. Doch vor allem war mein Vater rastlos, immer in Bewegung, unfähig, für längere Zeit stillzustehen. Ständig machte er Druck und kam nie zur Ruhe.

Meine Mutter Marie war genau das Gegenteil, eine sanfte, zurückhaltende Seele. Eine Zeitlang arbeitete sie als Kellnerin im *Huntington Townhouse*, einem beliebten Ort für große Feiern. Für die langen Schichten gab es wenig Geld, das sie meinem Vater überließ. Sie arbeitete auf Hochzeitsfeiern, Bar-Mizwas, Geburtstagsfesten und unzähligen anderen Veranstaltungen. Manchmal fing sie um zehn Uhr vormittags an und kam erst gegen zwei am nächsten Morgen nach Hause. Fremden gegenüber war sie schüchtern, doch zu uns warmherzig und liebevoll. Am deutlichsten ist mir ihre Schönheit in Erinnerung geblieben. Ein sanfter, unschuldiger Liebreiz umgab sie, etwas Mädchenhaftes, das bei ihr auch im mittleren Alter zum Vorschein kam, wenn sie glücklich war. Ich weiß, dass wir fünf Kinder uns von ihr geliebt fühlten. In ihrem Herzen hatte sie so viel Platz für uns, dass wir nie woanders sein wollten.

Für seinen Job als Barkeeper musste mein Vater abends zwischen sechs und halb sieben zur Arbeit gehen – ganz im Gegensatz zu anderen Vätern, die sich dann an den Abendbrottisch setzten. Daher aßen wir alle schon um fünf und sahen dann zu, wie unser Vater aufbrach. Das allein wäre nicht allzu problematisch gewesen. Schließlich arbeiteten viele Leute nachts. Aber diese Stunden der Abwesenheit meines Vaters, des Wartens auf seine Rückkehr prägten meine Kindheit und definieren bis heute meinen Charakter.

Denn wenn mein Vater weg war, geschah etwas mit ihm. Er kam oft völlig verändert nach Hause. Man sah es daran, dass sein Gesicht ganz anders wirkte, daran, wie er den Wagen parkte. Man hörte es daran, dass die Wagentür zuknallte. Es geschah nicht immer und auch nicht immer in der gleichen Weise. Das eigentlich Schlimme war das Warten, die Ungewissheit.

Eines Sonntags kümmerte sich mein Vater nachmittags um die Bar. Meine Mutter musste an diesem Tag arbeiten, also waren nur wir Kinder zu Hause. Gegen sechs Uhr abends kam mein Vater zurück. Kaum hörten wir ihn in der Einfahrt, verstreuten wir uns in alle Winde, weil wir ihm nicht unter die Augen kommen wollten. Als er in die Küche kam, fand er eines seiner Maßbänder auf dem Tisch.

Er nahm es und fragte: »Was ist das denn?« Irgendetwas stimmte damit nicht, es klemmte. Ich wusste, dass Frank damit gespielt hatte. Mein Vater hatte viele Maßbänder, und manchmal nahm sich Frank eines und spielte damit. Damals war Frank fünf, zweieinhalb Jahre jünger als ich, ein süßer, unschuldiger Junge, unbeholfen und gutwillig, mit einem entzückenden Sprachfehler. Ein fast herzzerreißend argloser Junge.

»Frank!«, brüllte mein Vater. »Frank!«

Da traten meine Schwester Annette und ich in Aktion. Wir rannten durchs Haus und schlossen alle Fenster, damit die Nachbarn nichts von dem mitbekamen, was folgen würde. Das hatte uns nie jemand befohlen, wir machten das ganz instinktiv. Mein Vater marschierte durch den Flur zum Zimmer meines Bruders, wo er Frank tatsächlich auch entdeckte. Er hielt ihm das Maßband vor die Nase.

»Was hast du damit gemacht?«

Mein Vater schlug nie meine Schwestern oder mich. Das sparte er sich für unsere Mutter und den armen Frank auf. Aber Gewalt muss nicht unbedingt körperlich sein. Dieses Mal floh Frank aus dem Zimmer, um nichts abzubekommen. Da blickte mein Vater sich suchend um.

Bis sein Blick auf den Baseballhandschuh meines Bruders fiel.

Er schnappte ihn sich und stürmte damit durch den Flur

zurück, durchs Wohnzimmer, aus dem Haus und in die Garage. Als Frank sah, was er in der Hand hatte, jagte er ihm nach und schrie: »Nein, Dad! Es tut mir leid. Es tut mir leid!« Meine Schwestern und ich folgten ihnen und bettelten um Nachsicht. Aber mein Vater ging zur Werkzeugwand und nahm eine große Schere.

Damit zerschnitt er den Handschuh. Er zerteilte das harte Leder und schredderte es in kleine Stücke. Frank hielt das nicht aus und rannte heulend ins Haus. Ich stürzte zum Telefon und rief meine Mutter in der Arbeit an. »Komm nach Hause, schnell!« Annette rannte mit Nancy auf ihr Zimmer und versteckte sich dort.

Als meine Mutter heimkam, lag Nunzie weggetreten auf dem Sofa, um sich herum die Lederfetzen von Franks Baseballhandschuh. Frank hockte in einer Ecke seines Zimmers und weinte. Sie versuchte ihn zu trösten, aber es gab nichts, was sie sagen oder tun konnte.

Am nächsten Morgen tat mein Vater so, als wäre nichts gewesen. Und wir auch.

So gingen wir damit um, so hatte unsere Mutter es uns geraten. Ich höre sie heute noch flüstern: »Seid ganz normal, benehmt euch, als wäre nichts gewesen.«

Ein paar Tage später kam mein Vater mit einem neuen Baseballhandschuh für Frank nach Hause.

Er merkte gar nicht, dass der, den er kaputt gemacht hatte, unersetzlich gewesen war.

6

WAR'S DAS?

Als wir uns an unserem vierten Montag an unserer Ecke trafen, erklärte ich Maurice, anstatt essen zu gehen, würde ich ihm etwas in meiner Wohnung kochen. Er war eindeutig überrascht, sagte jedoch: »Schön.« Ich war selbst ein bisschen überrascht, dass ich ihn einlud.

Als ich mir überlegt hatte, etwas für Maurice zu kochen, waren mir Bedenken gekommen. Durfte ich ein fremdes Kind in meine Wohnung einladen? Konnte das Probleme verursachen? Was sollten die Leute denken? Aber als ich Maurice an jenem Abend an der Ecke traf, als er lächelte, sobald er mich sah, wusste ich, dass es in Ordnung sein würde.

Wir gingen zu meinem Apartmenthaus, dem Symphony Building. Der Portier winkte mir zur Begrüßung.

»Guten Abend, Miss Schroff«, sagte er.

Dann musterte er Maurice, der immer noch seinen schmutzigen, dunkelroten Jogginganzug trug. Einen Augenblick lang sahen sich beide nur an. Steves Aufgabe war es, jeden zu kennen, der das Gebäude betrat. Ich merkte, dass er diese Situation nicht recht einschätzen konnte.

Also sagte ich schließlich: »Das ist mein Freund Maurice.« Was die Situation nicht im Mindesten klärte.

Wir gingen durch die Eingangshalle zu den Aufzügen. Das Symphony war ganz neu und die geräumige Lobby pracht-voll: wunderschöner Granitboden in Schwarz und Rostrot, hohe Decke, Art-déco-Lampen und eine große Empfangstheke. Alles sah elegant und auf Hochglanz poliert aus. Der Aufzug war groß und hell und der Flur zu meiner Wohnung mit einem dicken Teppich ausgelegt. Maurice nahm alles schweigend auf.

Meine Wohnung war zwar klein, doch für mich stellte sie einen luxuriösen Rückzugsort dar. Sie besaß bodentiefe, große Fenster, zwei riesige Einbauschränke, eine brandneue Einbauküche und einen Balkon. Ich nannte eine Aussteuer-truhe aus Mahagoni, einen hübschen ovalen Esszimmertisch und einen eleganten antiken Schreibtisch mein Eigen. Die gesamte Wohnung war in einladendem Blau und Mauve ge-halten. Alles war genau so, wie es mir gefiel.

Ich bat Maurice, auf dem Sofa Platz zu nehmen. Er setzte sich auf die äußerste Kante, ganz an die rechte Lehne gedrängt. Sein Blick ging sofort zu dem riesigen Glas mit Wechselgeld, das einen knappen Meter hoch und bis zur Hälfte mit Mün-zen gefüllt war.

Die Idee zu dem Glas hatte ich von meinem Vater, der früher sein gesamtes Trinkgeld in einem Eimer im Schlafzim-mer sammelte. Er nahm niemals Geld heraus, sondern steckte immer nur welches hinein. Als Kinder waren wir völ-lig fasziniert davon, wie der Geldberg wuchs. Jedes Jahr im

März mussten wir uns dann hinsetzen und die Münzen in Papier einrollen, die am Ende mehrere Tausend Dollar ergaben, womit er die Steuern bezahlte. Als ich anfing zu arbeiten, holte ich mir mein eigenes großes Münzglas. Wahrscheinlich waren mindestens tausend Dollar in Kleingeld darin. Einem Kind wie Maurice, das nur von erbettelten zehn und fünfundzwanzig Cent-Münzen lebte, kam das wohl vor wie ein Schatz.

»Willst du eine Cola?«, fragte ich ihn.

»Ja, bitte«, antwortete er.

Ich holte das Getränk und setzte mich zu ihm aufs Sofa.

»Maurice, wir müssen etwas Ernstes besprechen, nur ein einziges Mal. Also möchte ich, dass du gut zuhörst.«

Maurice spannte sich an.

»Ich habe dich in meine Wohnung eingeladen, weil ich dich als einen Freund betrachte. Freundschaft basiert auf Vertrauen, und du sollst wissen, dass ich dein Vertrauen niemals enttäuschen werde. Du kannst mir immer vertrauen. Aber wenn du mein Vertrauen enttäuschst, können wir nicht mehr Freunde sein. Verstehst du das?«

Maurice sah mich mit seinen großen, runden Augen an und sagte nichts. Er wirkte verwirrt, sogar erschrocken.

»Ist das klar?«, fragte ich noch einmal. »Verstehst du, was ich gesagt habe?«

Da stellte mir Maurice eine Frage.

»Ist es das? Sie wollen einfach nur mein Freund sein?«

»Ja, das ist es.«

Da entspannte sich Maurice sichtlich. Er stand auf und hielt mir die Hand hin. Als ich sie ergriff, schüttelten wir uns die Hände.

»Abgemacht ist abgemacht«, sagte er.

Viel später erzählte Maurice mir, er habe Angst gehabt, als ich mit ihm reden wollte. Bis dato hatten Erwachsene nur dann so mit ihm geredet, wenn sie etwas von ihm wollten. Seine Mutter, seine Onkel, Snake, der Zuhälter, sie alle hatten immer Hintergedanken dabei, einen Plan.

Und jetzt will die weiße Lady auch was von mir, dachte er. Jetzt erfahre ich endlich, warum sie so nett zu mir ist.

Er konnte kaum begreifen, dass ich nur mit ihm befreundet sein wollte.

Also hatten wir eine Abmachung. Einen Freundschaftspakt. Erst Jahre später sollte ich in vollem Ausmaß erkennen können, was unser Handschlag bedeutete.

Ich sagte zu Maurice, er solle den Tisch decken, während ich kochte, und gab ihm Teller, Gabeln und Messer. Dann legte ich drei Hähnchenbrüste auf den Grill, kochte Nudeln und Gemüse und hörte dabei, wie Maurice mit dem Besteck auf dem kleinen Tisch herumhantierte, der meine Essecke darstellte. Nach ein paar Minuten kam er zu mir an den Herd.

»Miss Laura, können Sie mir zeigen, wie man den Tisch deckt?«

Das war das erste Mal, dass er mich bat, ihm etwas beizubringen.

Also ging ich zum Tisch und arrangierte die Teller, Messer und Gabeln, während er mir zusah. Die Gabel links, das Messer rechts, Teller, Serviette, Glas. Als wir uns zum Essen hinsetzten, bemerkte ich, dass Maurice auf meine Hände starrte.

»Was ist los, Maurice?«

»Ich versuche herauszubekommen, was Sie mit Messer und Gabel machen.«

Also hantierte ich langsamer, damit er es sehen konnte. Wieder einmal sagte ich nichts dazu. Ich wollte keinen Vortrag halten, sondern ihn durchs Zusehen lernen lassen. Maurice war neugierig, intelligent und sog alles auf wie ein Schwamm. Er hatte alle Tricks im Drogenhandel gelernt, indem er seiner Mutter und seinen Onkeln nur zusah. Er war ein Überlebenskünstler, weil er zugesehen hatte, wie andere auf der Straße überlebten. Aber er hatte noch nie jemanden einen Tisch decken oder anständig Messer und Gabel benutzen sehen.

Er hatte noch nie bei jemandem zu Hause eine Mahlzeit am Tisch eingenommen.

Jetzt beobachtete er, wie ich Messer und Gabel benutzte, und übernahm es sofort. Tischmanieren sind nicht lebenswichtig, aber ziemlich nützlich. Ich sah, dass Maurice sie unbedingt lernen wollte.

Ich bemerkte auch, dass Maurice nur die Hälfte von seinem Teller aß.

»Schmeckt es dir?«, fragte ich.

»Super«, sagte er.

»Wieso isst du es dann nicht auf? Hast du keinen Hunger?«

Maurice wirkte peinlich berührt.

»Ich wollte meiner Mama was mitbringen«, erklärte er. »Ist das okay?«

»Maurice, in der Küche habe ich noch mehr. Du kannst deine Portion aufessen, und dann mach ich dir einen Teller fertig, den du mit nach Hause nehmen kannst.«

Daraufhin verschlang Maurice den Rest seines Essens.

Danach räumten wir gemeinsam den Tisch ab, und in der Küche gab ich ihm eine Rolle Cookie-Teig.

»Wie wäre es mit ein paar Cookies? Du schneidest sie, ich backe sie.«

Als ich ihm ein Messer gab, wusste er nicht genau, was er tun sollte. Also zeigte ich ihm, wie man die Rolle auspackte, eine etwa zwei Zentimeter dicke Scheibe abschnitt und die noch mal in vier Stücke teilte. Maurice sah zu und machte sich an die Arbeit. Wir legten die Plätzchen auf ein Backblech, schoben sie in den Ofen, und eine Viertelstunde später hatten wir warme Schoko-Cookies mit einem Glas Milch.

Maurice fand Nachtisch einfach toll. So etwas kannte er gar nicht. In seinem Leben gab es nicht viel, womit er sich verwöhnen konnte. Der Nachtisch wurde sein Lieblingsgang bei unseren gemeinsamen Mahlzeiten. Er legte auch vier Cookies für zu Hause beiseite.

Mittlerweile war es fast neun Uhr abends, und ich wollte, dass Maurice heimging. Ich konnte einfach nicht glauben, dass sich niemand fragte, wo er blieb. Ich bereitete einen Teller mit Essen zum Mitnehmen vor. Dann setzten wir uns noch einmal zusammen, bevor er ging.

»Darf ich dich etwas fragen, Maurice? Hast du zu Hause eine eigene Zahnbürste?«

»Nein«, sagte er.

»Und ein Handtuch oder einen Waschlappen?«

»Nein.«

»Hast du Seife?«

»Nein, Miss Laura.«

Ich ging zu meinem Schrank, holte ein Handtuch und einen Waschlappen heraus und legte eine neue Zahnbürste, Zahnpasta und ein Stück Seife dazu. Zusammen mit dem Essen steckte ich alles in eine Plastiktüte. Ich sollte bald lernen, dass alles, was Maurice nach Hause brachte, sofort weg war. Er wusste nicht genau, wer es nahm, ob seine Schwestern oder seine Onkel. Die Sachen verschwanden einfach. Schließlich kaufte ich Maurice einen großen Kasten mit einem Zahlenschloss, worin er seine Sachen aufbewahrte.

»Eines noch«, teilte ich ihm mit. »Ich habe eine Überraschung für dich.«

Sofort wurde er munter.

»Hättest du Lust, am Samstag zu einem Spiel der Mets zu gehen?«

Maurice strahlte. Noch heute sehe ich sein Gesicht in diesem Augenblick vor mir, wie es vor Freude geradezu leuchtete.

»Hör zu, Maurice. Ich brauche von deiner Mutter ein Schreiben, in dem steht, dass sie nichts dagegen hat, wenn ich dich im Auto mitnehme und mit dir zum Spiel gehe, ja? Kannst du ihr das geben, damit sie es unterschreibt?«

Ich tippte ein entsprechendes Schriftstück, das ich ihm in die Hand drückte. Dann bat ich ihn, es mir am Mittwoch zurückzugeben. Gleiche Stelle, gleiche Zeit. »Ohne den Zettel kann ich dich nicht mit zum Spiel nehmen«, erklärte ich. »Du musst ihn unterschreiben lassen und mir wieder mitbringen.« Das versprach er, und wir verabredeten uns für Mittwoch.

»Vielen Dank für das Essen und die Sachen«, sagte Maurice.

Ich brachte ihn hinunter in die Lobby und an Steve vorbei zur Tür.

»Gute Nacht, Maurice«, sagte Steve.

Maurice schrak zusammen. Der Portier kannte seinen Namen.

* * *

Am Mittwochabend wartete ich an der Ecke 56. Straße auf Maurice. Zehn Minuten, fünfzehn und dann zwanzig vergingen. Ich wartete bis fünf vor halb acht.

Maurice tauchte nicht auf.

7

DAS LIED EINER MUTTER

Bei einem meiner ersten Essen mit Maurice – welchem genau, weiß ich nicht mehr – bat ich ihn, mir etwas über seine Mutter zu erzählen. Eigentlich wollte er gar nichts über sie sagen, aber ich drängte ihn ein bisschen. Ich hatte das Gefühl, so viel wie möglich über sie erfahren zu müssen. Schließlich verbrachte ich Zeit mit ihrem Sohn und drang in ihr Territorium ein. Konnte es seiner Mutter wirklich gleichgültig sein, was er machte und mit wem?

»Hat deine Mutter einen Job, Maurice?«, fragte ich.

»Nein.«

»Was macht sie den ganzen Tag?«

»Sie ist zu Hause und macht sauber. Staubt ab und saugt.«

Das konnte ich mir vorstellen, schließlich blieben viele Mütter zu Hause. Vor meinem inneren Auge entstand ein Bild von ihr: verhärmt, erschöpft, zu viele Kinder und kein Mann, der sie unterstützte. Ich versuchte mich mit der Vorstellung anzufreunden, dass ein Junge in seinem Alter nachts auf der Straße herumlief. Welche Mutter erlaubte so etwas?

Und wenn sie es erlaubte, wieso war Maurice am Mittwoch nicht aufgetaucht? Wollte sie nicht, dass er mit mir zu den Mets ging? War seine Mutter überhaupt noch bei ihm?

Als Maurice nicht mit der Erlaubnis erschien, beschloss ich, diese Fragen ohne ihn zu klären. Ich beschloss, zum Bryant Hotel zu gehen und Maurice' Mutter kennenzulernen.

Doch ich wusste nur, was Maurice mir erzählt hatte, nämlich, dass er mit seiner Mutter, seiner Großmutter und seinen Schwestern im Bryant wohnte. Ich wusste auch, dass dies ein Sozialbau war. Zwar hatte ich in den Nachrichten gehört, dass es in New York City viele solcher Wohnheime gab, aber nie eines gesehen, schon gar nicht von innen. Ich hielt es für besser, nicht allein dorthin zu gehen. Daher bat ich meine Freundin Lisa, die auch im Symphony wohnte, mich zu begleiten. So gingen wir am Donnerstag nach der Arbeit zum Bryant, das sich an der Ecke 54. Straße und Broadway befand.

Das Bryant stand in einer betriebsamen, aber etwas heruntergekommenen Gegend mitten in Manhattan, nur ein paar Blocks vom Times Square entfernt. Es war ein gedrungenes, zwölfstöckiges Gebäude, dessen bröckelnder Kalkputz langsam die darunterliegende Backsteinfassade freigab. Weiter den Block hinunter stand das Ed-Sullivan-Theater, wo heutzutage die *David-Letterman-Show* aufgezeichnet wird. Damals wurde dort die CBS-Sitcom *Kate & Allie* gedreht.

Später erzählte mir Maurice einmal, die Sitcom sei für ihn überlebenswichtig gewesen, weil er während der Aufnahmen ins Theater ging, sich ins Publikum setzte, dann hinter die Bühne schlich und vom Büfett aß, das für die Crew gedacht war. Nach einer Weile nahmen die Angestellten an, der

Mann am Ausleger der Kamera, ein großer Afroamerikaner, wäre sein Vater. Sie ließen Maurice dort herumlungern, aber dann wurde die Sitcom abgesetzt. Doch es war gut gewesen, solange es dauerte.

Lisa und ich gingen zum Eingang des Bryant Hotel. Auf dem Bürgersteig davor wimmelte es von Menschen, die sich lautstark unterhielten und lachten. Ein paar Kinder spielten und jagten sich um die geparkten Autos herum. Sie waren etwa in Maurice' Alter, daher hielt ich nach ihm Ausschau, aber er war nicht dabei. Wir gingen die drei Betonstufen zum Eingang hinauf und betraten die große Lobby, wo es ebenfalls sehr geschäftig zuging. Alte Frauen, kleine Kinder und lärmende Männer sorgten für eine chaotische Kulisse. Es roch nach Müll und abgestandener Luft. Die Wände waren mit beiger Lackfarbe gestrichen. Sollte es einmal Möbel gegeben haben, waren sie längst abhandengekommen. Die Böden waren schmierig und mit Zeitungen und Pappbechern übersät. Zwei Neonröhren tauchten das Ganze in ein unheimliches flackerndes Licht.

In einer kleinen Kabine aus Plexiglas saß ein uniformierter Wachmann. Als wir eintraten, blickte er zu uns herüber und schob sein Fensterchen hoch, sodass er uns hören konnte.

»Wir sind Freunde von Maurice Mazyck«, erklärte ich. »Wir würden ihn gern besuchen.«

»Maurice, der kleine Junge?«, fragte er. »Den kennen Sie?«

»Ja, wir sind mit ihm befreundet.«

Der Wachmann sah uns misstrauisch an, kam aber aus seiner Kabine heraus und brachte uns zu den Aufzügen. Der Personenaufzug mit den schwarz gestrichenen Türen und wilden Graffiti funktionierte nicht, daher führte uns der

Wachmann weiter zum Lastenaufzug. Er drückte auf einen Knopf, woraufhin ein weiterer Uniformierter mit dem Aufzug kam, um uns nach oben zu bringen. Der Lastenaufzug ratterte zum fünften Stock hoch. Der Flur sah dunkel und trostlos aus. Kein Teppich, abblätternder Putz, überall Müll und ein durchdringender Geruch nach Frittierfett. Die Fußleisten waren schwarz vor Ruß. Im Vergleich zur Lobby war es hier seltsam ruhig. Hätte man nicht eine ferne Stimme gehört, hätte das Stockwerk vollkommen verlassen gewirkt. Dann erreichten wir Apartment 502, das nur von zwei selbstklebenden Ziffern gekennzeichnet wurde – die 5 fehlte. Der Wachmann blieb zurück und beobachtete uns. Ich blickte zu Lisa und sah ihr an, dass sie genau dasselbe dachte wie ich. Wir hatten eine Welt betreten, von deren Existenz wir bislang nichts gewusst hatten. Ich holte tief Luft und klopfte an die Tür von 502.

Eine ganze Weile passierte gar nichts. Drinnen rührte sich nichts. Ich klopfte erneut. Nichts.

»Los, klopfen Sie noch mal«, sagte der Wachmann.

Endlich hörte ich drinnen ein Geräusch. Jemand kam zur Tür geschlurft. Ein Schlüssel wurde langsam im Schloss gedreht, dann ein zweiter. Quietschend ging die Tür auf.

Eine Frau erschien und lehnte sich gegen den Türrahmen. Sie hatte eine braune Jogginghose an, die ihr so weit heruntergerutscht war, dass man ihre Unterwäsche sah. Sie trug ein fleckiges weißes T-Shirt und war barfuß. Ihre dunklen Haare sahen zerzaust und verfilzt aus. Teilweise bedeckten sie ihr Gesicht, teilweise standen sie steil in die Höhe. Ich konnte nicht sagen, wie alt sie war. Sie hätte achtzehn, aber auch vierzig sein können. Sie war mager und bewegte sich nur in Zeitlupe. Es sah aus, als würden ihr gleich ihre Knie wegknicken. Zwar blickte sie in unsere Richtung, doch ich merkte, dass sie uns gar nicht wahrnahm. Sie befand sich in einer Art Trance, war zwar wach, aber irgendwie nicht bei vollem Bewusstsein. Als sie den Mund öffnete, um etwas zu sagen, kam nur ein undeutlicher Laut hervor. Sie ließ den Kopf an den Türrahmen sinken. Ihre Augen verdrehten sich, bis man das Weiße sah.

Das war Maurice' Mutter Darcella.

* * *

Es gab unzählige Nächte, in denen Darcella nicht wusste, wo sie und ihre Kinder schlafen sollten. Die Mädchen, Celeste und LaToya, waren nicht mal zehn, und Maurice war ein winzig kleines Kerlchen von gerade mal sechs Jahren. Ihr Vater Morris war seit Kurzem weg, und sie waren auf sich allein gestellt. Manche Nächte verbrachten sie in Obdachlosenheimen, andere bei Verwandten. In manchen Nächten ging Darcella mit ihren Kindern zum Haus eines Freundes, um dort Drogen zu nehmen und dann abzudriften. Dort kuschelten sich Maurice und seine Schwestern in einer Ecke zusammen und schliefen bis zum nächsten Morgen.

In anderen Nächten wurde die Familie aufgeweckt und auf die Straße gejagt. Sei es, weil sie die Gastfreundschaft eines Verwandten überstrapaziert hatten, sei es, weil es im Obdachlosenheim Streit gegeben hatte. Dann wanderte Darcella ziellos mit ihren Kindern durch die verlassenen Straßen und sang ihnen etwas vor, damit sie weniger Angst hatten. Sie hatte eine wunderschöne Stimme. Als sie jünger war, hatte sie im Kirchenchor gesungen. Maurice liebte es, sie singen zu hören. Es gefiel ihm, wenn sie aufmunternde Gospelsongs sang, aber richtig toll fand er es, wenn seine Mom spontan Lieder erfand. Dann zeigte sie auf etwas in der Straße und dichtete sofort einen Text dazu: ein verlassener Wagen, eine streunende Katze, ein Junkie in einer Gasse. Der eingängige melodische Refrain war immer derselbe.

Wir vier sind allein,
warum muss unser Leben
nur so verzweifelt sein?

Wenn sie Glück hatten, fanden sie ein Obdachlosenheim, das sie für die Nacht aufnahm.

Darcella, die außergewöhnlich hübsch war und beim Lächeln hinreißende Grübchen hatte, fing kurz nach Maurice' Geburt mit den Drogen an. Damals war jeder in ihrem Umfeld süchtig. Ihr Mann, ihre zahlreichen Brüder, selbst ihre Mutter. Ihre Wohnungen waren Zufluchtsorte für Dealer und Drogensüchtige aller Art. Es war, als hätte eine Flutwelle sie schließlich in die Tiefe gezogen. Als Maurice ein Kleinkind war, wurde sie heroinsüchtig.

Die Sucht zehrte sie völlig auf. Sie spritzte sich vor ihren Kindern den Stoff. Der kleine Maurice sah ihr dabei zu, ohne zu wissen, was dieses Ritual bedeutete. Er merkte nur, dass seine Mutter danach glücklich war, daher fand er es nicht abstoßend oder schrecklich. Er beobachtete, wie Darcella ihr Besteck zusammensuchte, die Kappe einer Ketchupflasche, eine Spritze, einen breiten Gummi, ein Stückchen Alufolie, einen Wattebausch, ein Feuerzeug und eine in

Transparentpapier gehüllte Dosis Heroin. Sie füllte die Kappe mit Wasser und hielt sie mit einer Pinzette fest. Dann kam das Heroin hinein und darauf die Watte, um die Droge aufzusaugen. Das Feuerzeug wurde unter die Kappe gehalten, um alles zu erhitzen. Dann rollte sie die Watte auf, steckte die Spritze hinein und zog das Heroin durch die Nadel. Danach band sie den Arm mit dem Gummi ab, zog das Band eng zusammen, bis eine Vene hervortrat, in die sie die Nadel stechen konnte, um dann den Kolben der Spritze hinunterzudrücken. Irgendwann hatte sie sich so viel gespritzt, dass sie im Arm keine gute Ader mehr fand und sich in die Arterie zwischen Zeigefinger und Mittelfinger spritzte.

Bei der Injektion sagte sie immer: »Ach, ist das gut.« Dann ließ sie ihren Kopf nach hinten kippen. Sie summte, zeichnete die Melodie mit der Hand in der Luft nach und driftete langsam weg, bis der Schmerz vollkommen verschwunden war.

Das war für Maurice das Beste. Wenn seine Mutter endlich ihren Frieden fand. Davor, wenn sie zittrig, wütend, extrem unruhig war, wurde Maurice nervös und wünschte sich nur, ihr irgendwie helfen zu können. Einmal wurde Darcella in der U-Bahn so hektisch und gereizt, dass sie vor aller Augen ihr Besteck herausholte.

»Stellt euch um mich herum«, befahl sie ihren Kindern, worauf Maurice und seine Schwestern einen Schutzwall um sie bildeten, damit niemand sah, dass sie sich etwas spritzte. Kurz darauf war es schon vorbei, und ihre Kinder setzten sich wieder. Darcella driftete weg, und die Leute starrten sie an. Maurice störte das nicht, denn jetzt war seine Mutter glücklich. Nur das zählte.

Maurice begriff nicht, was seine Mutter sich antat. Genauso wenig verstand er, wie sie für ihre Sucht bezahlte. Er sah nur, dass fremde Männer in ihre Wohnung kamen und kurz darauf wieder gingen. Manchmal schafften es die Männer nicht mal durch die Tür, sondern gerieten geradewegs in eine Falle.

Als sie in den gefährlichen Marcy Projects in Bed-Stuy wohnten, lockte Darcella oft Männer in ihre Wohnung und ließ sich für Sex mit Geld oder Drogen bezahlen. Aber ziemlich häufig versprach sie ihnen auch nur Sex. Normalerweise geschah dies spätnachts, wenn Maurice und seine Schwestern im Wohnzimmer auf dem Sofa mit den Tigerstreifen schliefen. Aber manchmal war Maurice noch wach und bekam alles mit. Sein damals sechzehnjähriger Onkel Juice stand mit einer Kurzhantel hinter der Tür und wartete, bis Darcella den Mann in die Wohnung gelockt hatte. Dann stürzte er sich auf ihn und schlug ihn bewusstlos. Danach durchsuchten sie ihn und nahmen alles an sich, was sie brauchen konnten. Am Ende schleifte Onkel Juice den Mann hinunter in die Lobby und ließ ihn dort liegen. Einmal machte er sich nicht mal mehr die Mühe, ihn bis in die Lobby zu bringen, sondern schlug ihn bewusstlos und stieß ihn nur in den Flur hinaus. Kurz darauf klopften die Cops an ihre Tür und fragten Darcella, ob sie den Mann vor ihrer Wohnungstür kenne. Sie zuckte nur mit den Schultern, verneinte die Frage, schloss die Tür, kam ins Wohnzimmer zurück und spritzte sich das Heroin, das sie gestohlen hatte.

In einer anderen Nacht wurde Maurice von Geschrei geweckt. Onkel Juice hatte jemanden niedergeschlagen, ihn aber nicht richtig getroffen, sodass der Mann noch bei

Bewusstsein war – benommen und blutüberströmt, aber nicht bewusstlos. Der Mann rannte an Maurice vorbei in die Wohnung, dicht gefolgt von Juice, und schrie um Hilfe. Er stürzte ins Bad, Juice folgte ihm. Es gab Schläge und weitere Schreie. Maurice, der zutiefst erschrocken, aber neugierig war, spähte ins Bad. Dort sah er den Mann, eingezwängt zwischen Badewanne und Toilette. Er versuchte, sich vor Juices Schlägen zu schützen, kauerte sich zusammen, bettelte und flehte.

Dann kam Darcella herein und sagte: »Rück das Geld raus.« Schließlich hielt ihnen der Mann ein paar zerknüllte Scheine hin. Darcella nahm sie, zählte sie und sagte: »Damit kommen wir nicht weit.« Onkel Juice versuchte, den richtigen Winkel zu finden, um den Mann bewusstlos zu schlagen, der wieder um sein Leben flehte. Da sah Maurice zum ersten Mal nackte Angst im Gesicht eines erwachsenen Mannes. Das erschütterte ihn bis ins Mark. Er war erleichtert, als Grandma Rose endlich ins Bad kam, weil er dachte, sie würde der Sache ein Ende machen und den armen Mann wegschicken. Der Mann schien Ähnliches zu hoffen, denn er sagte zu Rose: »Bitte, bitte, helfen Sie mir.«

Aber Rose sagte nur zu Juice: »Schlag ihn k. o. und dann raus mit ihm. Wir können nicht schlafen.«

Da schlug Juice wieder auf den Mann ein, bis der endlich das Bewusstsein verlor. Sie packten ihn, schleiften ihn aus der Wohnung und schlossen die Tür hinter ihm.

Ab und zu kamen nicht nur Fremde in die Wohnung, sondern auch Polizisten. Lautes Klopfen an der Tür, dann kamen drei, vier Uniformierte herein, packten Darcella, legten ihr Handschellen an und zerrten sie hinaus, während Maurice und seine Schwestern schrien, sie sollten sie loslassen. Später kam Darcella zurück und tauchte in einen neuen Heroinrausch ab.

Viele Jahre danach sollte Maurice erfahren, dass seine Mutter als Informantin für die NYPD, die New Yorker Polizei, arbeitete. Sie verpfiff Drogendealer im Marcy Projects und bekam dafür von den Cops Heroin, das sie konfisziert hatten. Wenn die mit ihr reden wollten, verhafteten sie sie, damit der Bluff nicht aufflog.

Aber dann verschwand Darcella eine ganze Woche. Als sie schließlich zurückkam, saß sie in einem Rollstuhl und hatte beide Beine in Gips. Sie erzählte Maurice, sie habe einen Autounfall gehabt. Er glaubte ihr, bis er das Gerede auf der Straße mitbekam. Die Gerüchteküche besagte, ein Drogendealer habe herausgefunden, dass seine Mutter eine Informantin sei, und ihr beide Beine gebrochen. Als Maurice seine Onkel danach fragte, befahlen sie ihm, still zu sein.

* * *

Drogen gehörten zu Maurice' Leben, seit er denken konnte – und auch schon vorher. Als er gerade ein Jahr alt war, hätten sie ihn fast umgebracht. Nach seiner Geburt im *Kings County Hospital* auf der Clarkson Avenue in Brooklyn zog seine Familie zu Darcellas älterer Schwester Belinda in ein heruntergekommenes, einstöckiges Haus. Der kleine Maurice schlief gern im Bett seiner Tante, das im ersten Stock stand, und ihr war das meist recht. In manchen Nächten nahm Tante Belinda Kokain, und wenn sie zu viel nahm, musste Maurice bei seiner Mutter im Erdgeschoss schlafen.

In einer dieser Nächte setzte Tante Belinda, kurz nachdem sie Maurice weggeschickt hatte, ihr Bett in Brand. Ihr Freund versuchte, es zu löschen, aber er benutzte Alkohol statt Wasser und machte alles nur noch schlimmer. Irgendwann kam die Feuerwehr und löschte das Feuer, da war Tante Belinda schon verbrannt. Das Bett, in dem Maurice normalerweise schlief, war nur noch ein Haufen verkohlter Bretter und Asche.

Zwischen dem Feuer und unserer ersten Begegnung wohnte Maurice in mindestens zwanzig verschiedenen Wohnungen, Obdachlosenunterkünften oder Wohnheimen. Er war öfter umgezogen als die meisten Menschen in ihrem ganzen Leben und hatte häufig nur ein, zwei Tage am selben Ort zugebracht. Eine Weile wohnte seine Familie in den Van Dyke Houses, einem staatlichen Wohnkomplex in Brownsville, in dem Verbrechen und Drogen bis heute an der Tagesordnung sind. Von dort zogen sie ins berüchtigte Marcy Projects, einen ähnlich großen Komplex aus abbruchreifen Gebäuden und Höfen ohne das geringste Grün.

Ihre nächste Station war ein Übergangsheim für Familien, die auf eine dauerhafte Lösung warteten. Kurz darauf landeten sie im Roberto Clemente Shelter in der Bronx: sechshundert Betten in einem Lagerhaus mit zwei Waschräumen. Maurice hatte ein eigenes Bett, aber nicht lang. Es verschwanden Kleider, Darcella beschuldigte jemanden, ein Streit brach aus. Nach nur drei Tagen ging es zurück in das Übergangsheim.

Von dort kamen sie in ein Heim in der Forbell Street an der Grenze von Queens und Brooklyn. Dort war es besser. Es gab acht, neun Zimmer mit jeweils zwanzig Betten. Dazu eine bescheidene Cafeteria und sogar ein kleines Spielzimmer für Kinder. Aber das Forbell war keine Dauerlösung, also mussten sie nach fünf Monaten wieder umziehen. Es folgte eine Reihe schmieriger, gefährlicher Wohnheime: Bullshippers Lodge in Brooklyn, ein Motel am Flughafen in Queens, eine namenlose Unterkunft auf der Washington Avenue. Dort gab es schmutzige, düstere Zimmer mit Spiegeln an der Decke und Mäusen, die die Wände hochhuschten. Zwischendurch wurden die Zimmer von Prostituierten benutzt. Maurice entdeckte oft verräterische Flecken oder Kondome auf den Laken. Nach ein paar Tagen ging es wieder ins Forbell, bevor sie auch da erneut weggeschickt wurden.

Schließlich landete die Familie wieder im Übergangsheim. Da sie schon so lange im System kreisten, wurden sie vor die Wahl gestellt: entweder ins Brooklyn Arms oder auf die Straße. Maurice hatte gehört, dass das Brooklyn Arms das schlimmste der sechzig nicht gerade für ihren guten Ruf berühmten Wohnheime von New York war. Dort konnte man überfallen werden. Oder sogar umgebracht. Viele Arme entschieden sich für die Straße, weil sie sich dort sicherer fühlten. Und nun sollte Maurice ins Brooklyn Arms kommen, den schlimmsten Ort, den er sich vorstellen konnte.

Er war zehn, als er ins Zimmer 305 des Brooklyn Arms zog. Dies war ein großes, gotisch anmutendes Gebäude mit sechzehn Stockwerken in der Ashland Avenue, das einst als *Hotel Granada* bekannt gewesen war, ein vornehmes Haus für Dauergäste, wo reiche Familien Hochzeiten im Forsythiensaal feierten und alte Ladys mit weißen Handschuhen ihren Nachmittagstee tranken. Aber in den Siebzigern verschwanden die reichen Bewohner, und aus dem Hotel wurde das Brooklyn Arms.

Die Flure waren mit Wasser abweisender brauner Farbe gestrichen, Strom und Wasser flossen nur unregelmäßig, und die Ratten waren fast so groß wie Katzen. Auf den Zimmern hatte man keine Kochgelegenheiten. Viele Bewohner benutzten Provisorien: Kochplatten, Grills und Kaffeemaschinen, die natürlich ein großes Sicherheitsrisiko darstellten. Daneben gab es weitere Gefahren – fehlerhafte Stromleitungen, baufällige Treppen, geplatzte Drogendeals. Jede davon konnte sich als tödlich erweisen.

»Wenn Gott es nicht verhütet, dann werden dort Kinder sterben«, sagte der New Yorker Senator Patrick Moynihan in einer Rede über das Wohnheim.

Er sollte recht behalten. Mitte der Achtziger stürzten zwei Jungs, Freunde von Maurice, durch einen Aufzugsschacht in den Tod.

Maurice zog mit Mutter, Großmutter, seinen beiden Schwestern und mit seinen sechs Onkeln in Zimmer 305. Auch der Freund seiner Tante, Onkel Cheese, wohnte dort. Manchmal drängten sich zehn Personen in dem kleinen Zimmer. Maurice' Zeit dort fiel mit der zunehmenden Verbreitung von Crack in New York zusammen. Zwischen 1984 und 1990 gab es in den Vereinigten Staaten geradezu eine Crackepidemie.

Crack ist eine Form von Kokain, die geraucht werden kann. Sie macht extrem süchtig, was eine größere Nachfrage und damit noch mehr Gewalt und Kriminalität zur Folge hat.

Während dieser Crackepidemie verdoppelte sich in den USA die Mordrate bei jungen Afroamerikanern. Unzählige Leben wurden vergeudet, unzählige Kinder ihrer Kindheit beraubt und in Heime abgeschoben. In gewisser Hinsicht waren Wohnheime wie das Brooklyn Arms der Ausgangsherd der Epidemie. Dort wurde das Crack ver- und gekauft, gekocht und geraucht. Dort rottete es ganze Familien aus.

Es war Ironie des Schicksals, dass die Crackwelle das Brooklyn Arms gerade zu einer Zeit überschwemmte, als Maurice' Mutter verzweifelt versuchte, clean zu werden. Kurz nachdem sie dorthin gezogen waren, begab sie sich zu einer Entziehungskur ins *Kings County Hospital*. Sie blieb drei Monate dort und entgiftete ihren Körper. Während sie fort war, weinte sich Maurice jede Nacht in den Schlaf. Schließlich hielt Onkel Dark es nicht mehr aus und brachte Maurice und seine Schwestern zum Krankenhaus, damit sie ihre Mutter sehen konnten. Aber die Besuchszeit war längst vorbei, der Wachmann wollte sie nicht hineinlassen. Onkel Dark sagte: »Ich bin doch nicht umsonst hergekommen.« Er ging ums Krankenhaus herum und rief lautstark nach Darcella.

»Dee Dee«, brüllte er. »Dee Dee, wo bist du?«

Bald kreischte auch Maurice: »Mommy, Mommy, ich bin's!«

So umrundeten sie schreiend das Krankenhaus, bis sie schließlich eine ferne Stimme hörten: »Ich bin hier!« Da entdeckte Maurice seine Mutter an einem Fenster im zweiten Stock. Weinend rief sie: »Meine Babys! Meine Babys!« Sie streckte die Arme aus, als wollte sie ihre Kinder die zwei Stockwerke hochheben. Auch Maurice streckte die Arme nach ihr aus. Schließlich rief sie: »Ihr verschwindet jetzt besser, bevor ich Ärger kriege.«

Aber Maurice wollte nicht gehen. Er weinte, wälzte sich

auf dem Boden und rief: »Ich will nicht, ich will nicht!« Da warf Onkel Dark ihn sich über die Schulter und trug ihn weg. Die Schreie des Jungen drangen durch die Dunkelheit und lockten andere Patienten ans Fenster, während Darcella verschwand.

Ein paar Wochen später kam sie nach Hause, zum ersten Mal seit Jahren clean. Maurice wusste nicht, was eine Entziehungskur war, aber er sah, dass seine Mutter sich verändert hatte, dass es ihr besser ging und sie glücklicher war. Sie verbrachte mehr Zeit mit Maurice und seinen Schwestern und ignorierte alle Onkel, die mit ihren Drogen kamen und gingen. Zum ersten Mal in seinem Leben hatte Maurice eine Mutter, die nicht ständig high war. Zum ersten Mal erlebte er ansatzweise so etwas wie Normalität. Wie sich herausstellte, war es im Brooklyn Arms doch nicht so schlimm.

Bis eines Tages Onkel Dark heimkam und sagte: »Yo, Dee Dee, komm her und probier das. Das ist völlig anders.«

»Nein, Mann, ich bin fertig damit«, erwiderte sie.

»Dee, das ist was anderes als das übliche Zeug. Das ist auf Kokainbasis.«

»Ist mir egal, ganz egal. Ich bin durch damit.«

Onkel Dark legte ein Stück Crack auf den Tisch.

»Du musst das probieren, du weißt nicht, was du verpasst. Und Dee, der Scheiß macht nicht süchtig.«

Eine lange Zeit starrte Darcella auf die zusammengebackenen Kristalle. Schließlich ging sie damit ins Bad. Als sie eine Minute später wieder herauskam, waren ihren Augen glasig und so groß und rund wie Fünfzigcentmünzen. Maurice war zu jung, um zu begreifen, was genau geschehen war, aber alt genug, um zu denken: Das ist nicht gut.

Und damit, einfach so, verließ Darcella den Pfad, der zwei Welten trennte, und taumelte immer weiter auf die dunkle Seite.

* * *

Zimmer 305 wurde zum Crack-Hauptquartier des Brooklyn Arms. Kaum war Darcella auf den Geschmack gekommen, wurde sie die größte Crackdealerin des Hotels – größer als jeder der Onkel. Sie war die Erste, die lernte, aus Kokain Crack zu kochen, und brachte es ihren Brüdern bei. Die Onkel kauften Kokain von den Dominikanern am Broadway und brachten es zu Darcella nach Hause, die daraus Crack machte. Manchmal kaufte sie die Drogen auch selbst. Und scheffelte Geld damit wie noch nie in ihrem Leben.

Jahre später schätzte Maurice, dass seine Mutter und seine Onkel in diesem Zimmer im Brooklyn Arms innerhalb eines knappen Jahres mindestens eine Million Dollar Bargeld in den Händen gehabt haben mussten.

Das Geld sorgte für eine gewisse Stabilität: Zum ersten Mal hatte Darcella die Mittel, ihren Kindern Schuhe, Mäntel und Unterwäsche zu kaufen. Plötzlich wurden sie und die Onkel mit Respekt behandelt. Das färbte auch auf Maurice ab, der sich auf einmal wichtig fühlte. Das Leben gewann an Struktur, das Chaos ordnete sich. Maurice glaubte, dass sie endlich ein richtiges Zuhause hätten.

Dann brach im Brooklyn Arms ein Feuer aus.

1986 verursachten zwei Kinder einen Brand in ihrem Zimmer. Ihre Mutter war nicht da, sie besorgte Drogen. Die Kinder waren noch klein und hatten Angst wegzulaufen. Sie versteckten sich dummerweise in einem Schrank.

Überall war Rauch. Überall rannten schreiende Menschen umher. Maurice stand auf dem Bürgersteig und sah Kinder, die er kannte, brennend und kreischend aus dem Gebäude torkeln. Insgesamt vier Kinder starben durch das Feuer.

Danach prangerte Bürgermeister Ed Koch die Bedingungen in dem Wohnheim an und versprach eine Säuberungsaktion. Kurz darauf gab es im Brooklyn Arms eine Razzia. Polizisten klopften lautstark an Türen und verpassten den Bewohnern Handschellen. Zufällig ging Maurice' Mutter gerade die Treppe hinunter, als die Polizei hereinstürmte. Sie überzeugte die Cops, dass sie nur eine Abhängige war, die Drogen kaufen wollte, keine Dealerin. Die Polizei ließ sie ziehen, aber zwei Onkel von Maurice wurden festgenommen. Wieder einmal stand Maurice auf dem Bürgersteig und sah zu, wie Polizisten und Kamerateams in das Gebäude stürmten, das er als sein Zuhause betrachtete. Am Abend beobachtete er, wie die Fernsehteams abzogen und die Dealer, kaum dass sie weg waren, sich wieder ihren Geschäften widmeten.

Nur ein paar Tage nach der Razzia zerschmetterte Maurice' Onkel Limp volltrunken mit einem Ziegelstein ein Fenster, woraufhin die ganze Familie das Brooklyn Arms verlassen musste.

* * *

Im Bryant blickte ich an Darcella vorbei in das Zimmer, in dem Maurice wohnte. Es war etwa zwölf Quadratmeter groß, hatte zwei Fenster und eine hohe Decke. Im hinteren Teil standen zwei Einzelbetten ohne Kissen oder Decken. Es gab außerdem einen alten, beigen Fernsehsessel und einen kleinen Kühlschrank mit einem Fernseher darauf. Später erzählte mir Maurice, dass im Kühlschrank nie Lebensmittel waren. Er fand dort nur Plastikflaschen mit Wasser und eine Dose Backpulver zum Kochen von Drogen.

Das war es auch schon. Sonst befand sich nichts im Zimmer. Es sah dunkel und kahl aus. Keine Bilder an den Wänden, trübes Licht, keine Vorhänge, keine Küche. Ich entdeckte eine ältere Frau auf dem Fernsehsessel, das musste Rose sein. Sonst war keiner da. Ich sollte aber bald erfahren, dass Maurice mit insgesamt zwölf Personen hier wohnte: seiner Mutter, seiner Großmutter, seinen beiden Schwestern, einer Tante und ihren beiden kleinen Kindern, einem Onkel, der immer da war, und zwei, drei Onkeln, die kamen und gingen. Die fünf kleinen Kinder schliefen nachts in den Betten, während die Erwachsenen aufblieben und sich um das Drogengeschäft kümmerten. Morgens standen die Kinder auf, die Erwachsenen ließen sich auf die Betten fallen und schliefen den ganzen Tag. Die Onkel nächtigten auf dem Boden und manchmal auch im einzigen Schrank des Zimmers.

Hin und wieder ging auch Maurice in den Schrank, um etwas Privatsphäre zu haben.

»Hallo, ich bin Laura«, sagte ich schließlich. »Eine Freundin von Maurice. Sind Sie seine Mutter?«

Die Frau starrte uns nur ausdruckslos an.

»Hat Maurice Ihnen von dem Baseballspiel erzählt? Ich möchte mit ihm zu einem Spiel der Mets und brauche dazu Ihre Erlaubnis, wenn Sie einverstanden sind.«

Die Frau glitt weiter am Türrahmen herunter. Ihre Augen verdrehten sich noch weiter nach hinten. Ich hatte schon Leute gesehen, die zu betrunken waren, um zu stehen, oder zu high, um zu reden, aber noch nie jemanden, der dermaßen weggetreten war. Schließlich richtete sie sich wieder auf, drehte sich um und schlurfte weg. Der Wachmann wandte sich zum Aufzug.

Da kam Grandma Rose zur Tür. Sie war wesentlich wachsamer, musterte uns stirnrunzelnd und fragte: »Was soll das?«

»Hi, mein Name ist Laura, und dies ist meine Freundin Lisa. Wir sind mit Maurice befreundet. Ich weiß nicht, ob er Ihnen von mir erzählt hat.«

»Ja, hat er«, sagte Rose.

»Oh, gut. Das ist gut. Tja, ich wollte Maurice dieses Wochenende zu einem Spiel der Mets mitnehmen und brauche dazu die Erlaubnis seiner Mutter.«

Ich reichte Rose die schriftliche Erlaubnis und einen Stift. Sie nahm den Zettel und setzte ihren Namen darunter. »Schön«, bemerkte sie und gab ihn mir zurück.

»Vielen Dank«, sagte ich. »Könnten Sie Maurice ausrichten, mal in meiner Wohnung vorbeizuschauen, wenn er kann?«

»Ja«, sagte Rose und schloss die Tür.

* * *

Am nächsten Tag summte meine Sprechanlage. Steve, der Portier, meldete, Maurice sei unten am Empfang.

»Schicken Sie ihn herauf«, bat ich.

Als Maurice bei mir erschien, war sein Gesicht ernst. »Miss Laura«, sagte er. »Sie müssen mir versprechen, nie wieder in dieses Haus zu gehen.«

Ich erklärte Maurice, ich hätte die Erlaubnis seiner Mutter einholen müssen.

»Sie müssen mir versprechen, nie wieder dorthin zu gehen«, wiederholte er.

»Ist schon okay, Maurice.«

»Nein, ist es nicht. Nette weiße Ladys sollten sich niemals an solchen Orten blicken lassen. Sie dürfen nicht noch mal dahin. Versprechen Sie mir das?«

Also versprach ich es ihm und hielt mein Versprechen.

Damals dachte ich, Maurice schämte sich nur seiner Lebensumstände, aber als ich mehr über seine Familie erfuhr, wurde mir klar, dass er mich beschützte. Er wusste, wozu seine Onkel fähig waren. Er wusste, wie schnell jemand zum Opfer wurde. Maurice erzählte niemals jemandem aus seiner Familie, wo ich wohnte oder was ich machte.

Er wollte nicht, dass ich auch nur ansatzweise etwas mit seiner Welt zu tun hatte.

Am Samstag holte mich Maurice in der Lobby des Symphony ab, dann gingen wir in die Garage zu meinem Wagen und fuhren die zwanzig Minuten den Grand Central Parkway hinauf zum *Shea Stadium*. Vor lauter Aufregung hibbelte Maurice auf seinem Beifahrersitz herum. Ich hatte meine Chefin Valerie um die Tickets gebeten, und netterweise hatte sie sie mir überlassen. Es waren unglaublich gute Plätze, nur ein paar Reihen hinter der ersten Homebase. Wir gingen durch die Eingangshalle in einen Tunnel. Als wir wieder herauskamen und sich der leuchtend grüne Platz vor uns ausbreitete, blickte ich zu Maurice und sah, wie ihm vor Staunen der Mund aufklappte. Es ist eine Sache, ein Spiel auf einem winzigen Schwarz-Weiß-Fernseher anzuschauen, aber eine

93

ganz andere, die Spieler von Nahem zu sehen, wie sie in ihren strahlend weißen Trikots die Bälle mit einem scharfen Knall des Schlägers treffen. Wie ich schon sagte, ist Baseball für mich nicht wichtig – für Jungs aber schon. Für Maurice war es ein kleines Stück vom Paradies, ein größerer Spaß, als er sich je hätte vorstellen können. Ich glaube, in den folgenden drei Stunden blinzelte er nicht ein einziges Mal. Er saß nur mit großen Augen da, beobachtete das Spiel, aß Hotdogs, trank Cola, jubelte den Spielern zu und verlor sich wie jedes andere Kind im Hin und Her eines ganz normalen Baseball-spiels.

Ich weiß nicht, ob dies für Maurice einer der glücklichsten Augenblicke im Leben war, aber für mich war er das ganz sicher.

8

DAS VERMÄCHTNIS DES VATERS

Was bedeutet es, wenn die Gesellschaft befindet, man sei als Mutter ungeeignet? Gibt es Umstände, die vor diesem Urteil berücksichtigt werden? Was ist, wenn eine Mutter trotz vieler Widrigkeiten ihr Bestes gibt und dennoch nicht den Standards der Gesellschaft entspricht?

Wann verliert eine Mutter ihr Recht, Mutter zu sein?

Es gibt eine Geschichte über eine junge Mutter namens Maria Giuseppe Benedetto, die ihre sechs Kinder allein aufziehen musste, als ihr Mann Pasquale 1914 zur italienischen Armee eingezogen wurde. Maria und Pasquale lebten in Gioia del Colle in Süditalien, einer der ärmsten Regionen des ganzen Landes. Die Männer waren hauptsächlich Bauern, die mit ständiger Trockenheit und kargem Boden zu kämpfen hatten. So auch Pasquale. Dennoch bestellten sie genau wie ihre Vorfahren das ausgedörrte Land und versorgten ihre Familien, so gut sie konnten.

Als Pasquale zu Beginn des Ersten Weltkriegs eingezogen wurde, erwies sich das als Katastrophe. Maria und die Kinder, von denen das älteste dreizehn war, hatten außer einem kleinen Stück Land nichts, um ihren Lebensunterhalt zu sichern. Sie suchten auf den Feldern nach etwas Essbarem, sammelten Löwenzahn und alles, woraus man eine Mahlzeit bereiten konnte. Pasquale durfte hin und wieder am Wochenende nach Hause, um seinem ältesten Sohn Pietro bei der Farmarbeit zu helfen, doch die langen Wintermonate wollten einfach nicht vergehen. In den kalten Nächten lag Maria wach und quälte sich mit der Angst, ihre Kinder würden verhungern.

Dann wurde Maria nach einem von Pasquales Besuchen zum siebten Mal schwanger. Jetzt brauchte sie ihren Mann mehr denn je. Als sie Anfang 1917 im achten Monat war, spannte sie ihr Pferd vor einen Wagen, befahl Pietro, sich um die anderen Kinder zu kümmern, und trat die lange Reise zum Hauptquartier in Bari an. Dort fragte sie nach dem befehlshabenden Offizier, platzte in sein Büro und verlangte die Entlassung ihres Mannes.

»Er hat für sechs hungrige Kinder zu sorgen«, erklärte sie. »Er gehört zu seiner Familie.«

Der Offizier hatte Mitleid mit ihr, konnte ihr jedoch nicht helfen. Er konnte ihr lediglich versprechen, Pasquale von der Front fernzuhalten, sodass er bis zum Ende des Krieges in Sicherheit war.

Also fuhr Maria niedergeschlagen und erschöpft nach Gioia del Colle zurück. Die Straßen waren holprig und steinig. Mitten auf der Fahrt durchzuckte sie plötzlich ein furchtbarer Schmerz im Bauch. Sie schaffte es gerade noch nach Hause, bevor sie ihr siebtes Kind, Annunziata, gebar. Danach war die Lage schlimmer denn je, doch der Tiefpunkt war noch nicht erreicht.

In Bari brach der Kommandeur sein Versprechen und schickte Pasquale zur italienischen Front in Gorizia, wo die Armee am Fluss Isonzo Land von den Österreichern erobern wollte. Das hatte sie schon neunmal versucht und war neunmal gescheitert. Auch dieses Mal sollte sie keinen Erfolg haben.

Zwei Monate nach Annunziatas Geburt erfuhr Maria, dass Pasquale im Kampf gefallen war.

Nun war sie eine Witwe mit sieben minderjährigen Kindern. Die Behörden wurden endlich auf sie aufmerksam und traten in Aktion. Sie befanden, Maria sei nicht in der Lage, für all ihre Kinder zu sorgen, und nahmen ihr zwei weg.

Der kleine Luca wurde auf ein staatliches Jungeninternat geschickt, während Giustina in eine von Nonnen geführte Schule kam. Dort blieben sie mehrere Jahre, fern von ihrer Familie. Maria durfte sie nur einmal im Monat besuchen.

Im Sommer 1917 wurde Marias Mutter krank. Wieder musste sich Pietro um seine Schwestern Rosa und Ana und seinen Bruder Donato kümmern, während Maria mit der Kleinsten zum Haus ihrer Mutter in den nahe gelegenen Hügeln wanderte. Als die Kinder nach der Erledigung ihrer Pflichten auf dem Feld spielten, rannten, hüpften und Stöcke warfen, kam die fünfjährige Ana zum Brunnen der Familie. Dies war ein Loch im Boden, das von weißen Felsbrocken eingefasst war und von einer großen Steinplatte bedeckt wurde. Doch Maria hatte diesmal in der Eile vergessen, den Brunnen zu verschließen. Die kleine Ana versuchte, auf den Steinen den Brunnen zu umrunden, nur zum Spaß.

Sie stolperte und fiel hinein.

Rosa rannte die ganze Strecke bis zum Haus ihrer Großmutter, um Hilfe zu holen, doch es war zu spät. Ana ertrank im Brunnen.

Die Behörden untersuchten den Unfall und befanden Maria für ungeeignet, sich um ihre Kinder zu kümmern. Die kleine, noch nicht mal achtjährige Rosa wurde in die gleiche Klosterschule geschickt wie ihre Schwester.

Die Gesellschaft musste eine Lösung für Marias Probleme finden, und ihre Lösung war es, ihr die Kinder wegzunehmen.

Maria konnte nichts dagegen tun, aber sie tröstete sich mit dem Gedanken, dass ihre Töchter die Zeit auf der Schule genossen. Dennoch kam sie nicht über den Verlust ihrer Kinder hinweg. Sie schwor sich, sie alle eines Tages wieder zusammenzubringen, und schrieb ihrem Bruder Pietro, der mithilfe ihres Schwagers nach Amerika ausgewandert war. Sie bat die beiden Männer, ihrer Familie bei der Auswanderung zu helfen. Sie schickten ihr Geld für die Überfahrt.

Maria holte ihre Kinder aus der Schule, und im Januar 1921 gingen sie im Hafen von Neapel an Bord eines Schiffs namens *Duca d'Aosta*. Auf dem Atlantik geriet das Schiff in schreckliche Stürme, und ein Matrose musste Rosa retten, sonst wäre sie über Bord gespült worden.

Am 19. Februar 1921 erreichte die *Duca d'Aosta* Ellis Island im Schatten der Freiheitsstatue. Maria und ihre Familie durften amerikanischen Boden betreten. Ein paar Wochen mussten sie in Quarantäne auf der Insel bleiben, da Annunziata die Masern hatte, dann endlich durften sie gehen. Sie fuhren mit einer ratternden U-Bahn in die Innenstadt und zogen in eine übervölkerte Mietskaserne in der 112. Straße. Zwar bot ihre kleine Behausung kaum Platz für alle, doch sie besaß ein Waschbecken mit fließend Wasser, einen Ofen und einen Eiskasten – Annehmlichkeiten, die sie bis dato nicht kannten. Von da an lebten sie ihr Leben in Amerika, mit allen Höhen und Tiefen, und ihre Kinder und Kindeskinder hatten ebenfalls ein gutes Leben.

Das muss ich wissen, denn Maria Giuseppe Benedetto war meine Urgroßmutter.

* * *

Die kleine Rosa war meine Großmutter. Ich habe Geschichten darüber gehört, wie verspielt und schlau Rosa war. Als sie noch klein war, musste sie abends den Abwasch machen. Da sah sie, wie der Familienhund seinen Napf sauber leckte, und hatte eine Idee. Sie gab alle Teller dem Hund, der sie ebenfalls sauber ableckte. Ihre Mutter war beeindruckt, wie schnell und gründlich sie ihre Aufgabe erledigt hatte. Rosa wäre damit durchgekommen, hätte ihre Schwester Annunziata sie nicht verpetzt.

In der Grundschule entdeckte Rosa, dass sie eine sehr schöne Singstimme hatte. Sie sang im Kirchenchor, und die Familie kratzte sogar genug Geld zusammen, um ihr ein gebrauchtes Klavier zum Üben zu kaufen. Doch ihre Freude am Singen währte nicht lang. Als junges Mädchen lernte sie einen Mann namens Sebastiano Vito Procino kennen, dunkel, gut aussehend und zehn Jahre älter als sie. Sebastianos Leben war seit frühester Kindheit von ständiger harter Arbeit geprägt gewesen. Er wuchs genau wie Rosa auf einem Bauernhof in Gioia del Colle auf und wurde bereits mit acht Jahren aus der Schule genommen, um eine große Herde Schafe zu hüten. Dazu musste er vor Tagesanbruch aufstehen, etwas Proviant einpacken und dann zwölf Stunden auf die Schafe aufpassen, die auf den Hügeln grasten. Er war allein, nur die Schafe leisteten ihm Gesellschaft.

Diese Erfahrung prägte seine Persönlichkeit. Nachdem er fünf Jahre bei einer Eliteeinheit der italienischen Armee gedient hatte, kam er 1923 nach Amerika und arbeitete zuerst als Bauarbeiter bei der *Erie Lackawanna Railroad Company*, dann als Bauleiter und schließlich als Stuckateur. Das war anspruchsvolle Knochenarbeit. Das oberste Prinzip in seinem Leben war, für die Familie zu sorgen, die er mit Rosa gegründet hatte. Sie hatten sieben Kinder. Er legte größten Wert darauf, ihnen den Nutzen von Entbehrungen und harter Arbeit zu vermitteln. Das hieß für Sebastiano, immer wachsam zu sein, nie weich zu werden und keinerlei Frivolitäten zu dulden.

Singen zum Beispiel konnte Sebastiano nicht dulden.

Also verbot er seiner Frau, im Chor oder sonst wo zu singen. Er glaubte, durch ihre schöne Stimme wäre sie für andere Männer attraktiv. Als pflichtbewusste Ehefrau gehorchte sie natürlich und sang nie mehr in der Öffentlichkeit. Ich fände die Vorstellung tröstlich, dass meine Großmutter nur für sich sang, wenn ihr Mann nicht da war. Ob sie das gemacht hat, lässt sich aber nicht mehr nachvollziehen.

Eine weitere Frivolität für Sebastiano war das Zeigen von Zuneigung.

Er war kein tyrannischer Vater. Am Sonntagmorgen ging er mit seinen Kindern manchmal frische Brötchen und Walnusskringel kaufen, und im Sommer fuhr er mit ihnen zu Carvel, um Eis zu holen. Er war von einem harten Vater aufgezogen worden, der ihm niemals Zuneigung schenkte. Daher dachte er, als Elternteil dürfe man nie Gefühle gegenüber seinen Kindern zeigen. Das wäre ein Zeichen von Schwäche gewesen, und schwach war Sebastiano ganz sicher nicht. Er glaubte, Kinder sollten nicht mit Liebe erzogen werden, sondern mit Disziplin und, wenn nötig, mithilfe körperlicher Züchtigung.

Beim Abendessen lag für alle Kinder sichtbar ein Gürtel über seinem Schoß. Die Kinder wussten, sie durften während des Essens nicht sprechen, sonst bekamen sie eins damit übergezogen.

Da mein Großvater Sebastiano nur sehr selten Zeichen von Liebe und Zuneigung bei seinen eigenen Eltern sah, vermied er es, so etwas gegenüber Frau oder Kindern zu zeigen. Er hatte nie gelernt, seine Liebe zu beweisen und mitzuteilen, wusste nicht, dass so etwas durchaus zulässig war. Für ihn war das ein Tabu. »*Il solo tempo lei dovrebbe baciare i suoi bambini è quando dormono*«, sagte er immer. »Seine Kinder darf man nur küssen, wenn sie schlafen.«

Alle Kinder hatten eine komplizierte Beziehung zu diesem Vater. Marie, meine Mutter, erkannte schon sehr früh, dass sie seiner brutalen Kontrolle entfliehen musste. Daher heiratete sie mit neunzehn einen Mann, von dem sie glaubte, er würde sie aus ihrer Familie retten und in ein neues, glückliches Leben führen.

Nicht immer zieht uns das an, was anders ist als das, was wir kennen und fürchten.

Manchmal zieht uns genau das an.

* * *

Mein Vater Nunziato Carino war neunzehn, als sein Vater Francesco an einem Hirntumor starb. Francesco stammte aus Kalabrien, vom südlichsten Ende des italienischen Stiefels, und er war, wie so viele Immigranten, ein unglaublich harter Arbeiter. Er gehörte zum Schneeräumkommando von Long Island, wo seine Familie sich angesiedelt hatte. An einem besonders schneereichen Tag fiel er vom Lastwagen und erlitt einen Schädelbruch. Sieben Jahre später bekam er chronische Kopfschmerzen, und die Ärzte entdeckten einen inoperablen Hirntumor. Sonst weiß ich nur sehr wenig über meinen Großvater Francesco, weil mein Vater fast nie über ihn sprach.

Doch ich weiß, dass er seinem ältesten Sohn Nunziato den Wert harter Arbeit beibrachte. Mit zwölf hatte Nunziato seinen ersten Job als Schuhputzer. Von diesem Tag an hörte er nie mehr auf zu arbeiten. Nach dem Tod seines Vaters ging er zur Armee und flog fünfundfünfzig Einsätze in einem Bomber. Während dieser Zeit schickte er seiner Mutter jeden Monat fünfzig Dollar. Mit siebenundzwanzig lernte er meine Mutter auf einer Party kennen. Sie war gerade mal achtzehn, still, schüchtern und außerordentlich hübsch. Er ging einfach zu ihr hin und machte ihr Komplimente über ihr Aussehen. Zuerst widerstand sie ihm, aber er war hartnäckig, und schon bald überzeugte er sie.

Meine Großmutter Rosa, die jetzt Rose genannt wurde, nutzte die Fähigkeiten, die sie in der Klosterschule erworben hatte, und nähte Marie ein Hochzeitskleid – eine Kreation aus Brokat und Satin mit langen Ärmeln, einer drei Meter langen Schleppe, einem Mandarinkragen und winzigen Knöpfen auf dem Oberteil. Marie und Nunziato heirateten in der St. Hugh's Roman Catholic Church in Huntington Station, Long Island. Sie feierten eine »Football-Hochzeit«, so genannt nach den dicken, länglichen italienischen Sandwiches, die für den Empfang in Zellophan gewickelt worden waren und den Gästen über die langen Tische hinweg zugeworfen wurden. Die beiden waren ein schönes junges Paar mit italienischen Wurzeln, für das nun ein eigenes amerikanisches Abenteuer begann.

Annette, ihre erste Tochter, schien klug, besonnen und ziemlich frühreif zu sein. Sie war vernünftig, zurückhaltend und eine Einserschülerin. Ihre zweite Tochter hingegen verhielt sich ganz anders. Sie war eine sorglose Rebellin, die ständig Späße machte und Fragen stellte, so hartnäckig und diskussionsfreudig, dass ihre Eltern sie »Quasselstrippe« nannten. Immer musste sie das letzte Wort haben, bis ihre Mutter und ihre Schwestern sie anflehten, doch endlich den Mund zu halten. Sie verlangte Antworten und gab nie Ruhe.

Diese Tochter war ich.

In unserer Kindheit in Huntington Station mussten wir nicht unter Entbehrungen leiden. Wir hatten mehr als genug zu essen, bequeme Betten, saubere Kleidung und Spielzeug, das wir liebten. In unserem ersten Haus aus Backstein, das mein Vater selbst gebaut hatte, teilten Annette und ich uns ein Eckzimmer mit Doppelbett, Rosentapete, gehäkelten Decken und Vorhängen mit Blumenbordüre. Frank hatte sein eigenes Zimmer, während Nancy, die noch ein Baby war, in einer Wiege im Elternschlafzimmer schlief. Wir besuchten gute Schulen, hatten richtige Freunde und führten ein ziemlich stabiles und strukturiertes Leben.

Wie die meisten Familien hatten wir Haustiere, mit denen

wir ziemlich bizarre Dinge erlebten. Mein Vater liebte kleine Kreaturen, angefangen bei dem Chihuahua, den er aus dem Krieg mitbrachte und überallhin mitnahm. Trotzdem gab es eine alarmierende Fluktuation bei unseren tierischen Mitbewohnern. Eine unserer ersten Katzen, Casey, bekam Leukämie und starb jung. Ein Yorkshireterrier, den wir Michael nannten, büxte aus und wurde überfahren. Wir hatten eine einäugige schwarze Perserkatze, die sich bei uns wohlzufühlen schien. Doch als wir neue Möbel bekamen, wurden ihre Haare zum Problem, und wir gaben sie weg. Wir hatten auch einen niedlichen, kleinen goldenen Spitz, der in einem Schneesturm verloren ging. Als ein paar Tage später der Schnee schmolz, fanden wir den armen Kerl erfroren an unserer Hintertür.

Ich ging nie davon aus, dass ein geliebtes Haustier lange bei uns blieb. Für mich war das nur eine weitere Sache, die ich nicht beeinflussen konnte. Rückblickend ist es keine Überraschung, dass die Tiere in unserem Haus nicht sicher waren. Keiner von uns war es.

* * *

Mein Vater trank gern, und das Trinken veränderte seinen Charakter. Ich weiß nicht genau, was geschah, wenn der Alkohol in seinen Magen, seinen Blutkreislauf und schließlich in sein Hirn geriet. Alkohol dämpft unsere Sinne und unsere geistige Klarheit. Er beeinträchtigt die Aufmerksamkeit und die Koordination. Und ich weiß, dass er manche Menschen aufputscht und wütend macht. Doch bei meinem Vater geschah noch etwas anderes. Der Alkohol veränderte ihn von Grund auf.

Nüchtern war mein Vater einer der liebenswürdigsten Menschen, die man sich vorstellen konnte. Witzig, großzügig, warmherzig gegenüber seiner Familie, aufgeschlossen gegenüber Fremden. Noch heute begegnen mir Leute, die erklären, was für ein wunderbarer Mensch er war. Bekannte aus meiner Kindheit sagen: »Ich wünschte, mein Vater wäre mehr wie deiner gewesen.«

Doch jeden Tag nach seiner Schicht als Barkeeper in der Picture Lounge schien es, als hätte er mit einem anderen Mann die Kleider getauscht und ihn an seiner statt nach Hause geschickt. Mein Vater mochte Scotch on the rocks – und den trank er während seiner Schicht und auch noch danach. Wenn er in seinen Wagen stieg, um nach Hause zu fahren, überkam ihn etwas, das wir die »dunkle Wolke« nannten. Er kniff die Augen zusammen, sein ganzes Gesicht spannte sich an, sein übliches Lächeln wich einer finsteren Grimasse. In seinem Inneren begann es zu brodeln, finstere Dämonen stiegen langsam an die Oberfläche und warteten auf den kleinsten Anlass, um zu explodieren. Der Anlass konnte alles Mögliche sein, manchmal brauchte es auch keinen. Wir wussten nie, was ihn auf diesen Fahrten nach Hause so zornig machte oder was den Ausbruch auslöste, wenn er das Haus betrat. Wir wussten nur, wenn die Wutanfälle meines Vaters erst einmal angefangen hatten, waren sie nicht mehr zu stoppen.

Meist kam er um Mitternacht oder später heim, wenn wir schon im Bett lagen. Wir lauschten auf verräterische Geräusche, das Knallen der Haustür oder das Klirren von Eis in einem Glas, was uns verriet, dass er weitertrank. Manchmal hörten wir gar nichts.

Manchmal brach es einfach über uns herein.

Es kam vor, dass mein Bruder Frank tief und fest schlief und mein Vater in seinem Zimmer erschien, eine dunkle Gestalt im Türrahmen. Dann brüllte er und beschimpfte den Jungen, als wäre Frank sein ärgster Feind.

»Frank, du elender, mieser Hurensohn!«

Frank, der damals nicht mal sechs Jahre alt war, schrak auf und lag ganz still da, versteckte sich unter der Decke. Fünf Minuten, zehn Minuten Gebrüll, die uns vorkamen wie eine Ewigkeit. Annette und ich hörten in unserem Zimmer alles und klammerten uns Trost suchend aneinander. Weiter den Flur hinunter weinte die kleine Nancy in ihrer Wiege.

Meine Mutter kam nicht immer angestürzt, um ihren Mann zu beschwichtigen. Sie wusste, Frank in Schutz zu nehmen konnte alles nur noch schlimmer machen, sodass sie am Ende beide etwas abbekamen. In manchen Nächten waren die Ausfälle jedoch so entsetzlich, dass sie einfach hingehen und ihren Jungen schützen musste.

Normalerweise gab mein Vater erst Ruhe, wenn er sich ausgetobt hatte. Dann knallte er die Tür hinter sich zu, trank noch etwas und schlief endlich ein.

Es gab nie einen richtigen Grund für ihn, meinem Bruder derart zuzusetzen. Manchmal reichte es, etwas zu sehen, was ihn an Frankie denken ließ.

Wir alle wurden Opfer seiner Wutanfälle, aber meist richteten sie sich gegen meine Mutter und Frankie. Eines Abends zum Beispiel bat Frankie ihn beim Essen einfach, ihm die Schüssel mit Spaghetti zu reichen. Mein Vater war da schon betrunken, schnappte sie sich und bewarf ihn damit. Frankie saß einfach nur da, während die Soße an ihm heruntertropfte. An einem anderen Abend kaufte mein Vater auf dem

Weg von der Arbeit eine Schachtel mit zehn Eis-Sandwiches. Als er sie auf dem Küchentisch abstellte, war ich so begeistert, dass ich einen Moment lang unsere oberste Regel vergaß, nie etwas zu sagen, das Dad provozieren konnte.

Ich verkündete: »Ach, lecker, am liebsten würde ich alle allein essen.«

Wie Kinder so etwas eben sagen. Damals war ich sieben.

Da erklärte mein Vater: »Gut, dann wirst du jetzt jedes Einzelne essen.«

Beim ersten Anzeichen von Ärger verzogen sich die anderen Kinder. Mein Vater setzte sich an den Tisch und befahl mir anzufangen. Meine Mutter war arbeiten und konnte ihn nicht aufhalten. Ich aß also ein Eis, dann das zweite und das dritte. Beim vierten fing ich an zu weinen. Beim sechsten oder siebten übergab ich mich. Da stand mein Vater zufrieden auf und ging weg. Die anderen Eis-Sandwiches schmolzen in der Spüle. Nach meiner Bestrafung wagte niemand, sie anzurühren.

Wir lebten in ständiger Angst, einen Ausbruch zu provozieren. Wenn mein Vater in der Arbeit war, putzten wir wie wahnsinnig das ganze Haus und versuchten, alles in peinlichster Ordnung zu halten. Irgendetwas übersahen wir immer, und mehr brauchte es nicht. War mein Vater daheim, sprachen wir, wenn überhaupt, nur ganz leise. Wenn Annette und ich uns stritten, dann nur in unserem Zimmer und im Flüsterton. Zwar hob ich vor Wut manchmal die Stimme, aber Annette flehte mich an, leise zu sein. Ich sprach noch lauter, bis sie aus Angst nachgab und sich die Decke über den Kopf zog. So habe ich einige Auseinandersetzungen gewonnen.

Mit anzusehen, wie mein Vater auf jemanden losging, war für mich schlimmer, als selbst das Opfer zu sein. Einmal schenkte ihm meine Mutter zu Weihnachten eine schöne, beige Wildlederjacke. Sie gefiel meinem Vater, der zu dem Zeitpunkt nüchtern war. Sofort zog er sie an und posierte damit, sehr zur Freude meiner Mutter. Aber als er am nächsten Tag betrunken war, hielt er sie meiner Mutter vor die Nase.

»Hältst du mich für einen Zuhälter?«

Dann nahm er die große Schere und zerschnitt die Jacke in kleine Fetzen.

Am schlimmsten war es, wenn er meine Mutter schlug. Das konnte ich kaum aushalten, fühlte mich kreuzend, vollkommen hilflos und hatte Panik. Ich bekam Todesangst, er würde eines Tages zu weit gehen.

Ein Zwischenfall hat sich tief und unauslöschlich in mein Gedächtnis gegraben.

Annette und ich schliefen schon halb, als wir hörten, wie ein lautstarker Streit ausbrach. Worum es ging, weiß ich nicht – das wusste ich nur selten. Er dauerte jedenfalls eine ganze Weile, ebbte ab und schwoll dann wieder an. Allerdings hörte ich nur die Stimme meines Vaters, nicht die meiner Mutter. Sie stritten sich nicht, sie kämpften miteinander.

Dann hörte ich ein schreckliches Klirren – das Geräusch von zerbrechendem Glas. Ich war sicher, mein Vater hatte meine Mutter durch das große Vorderfenster geschleudert. Annette flehte mich an, zu ihnen zu gehen und den Streit zu unterbrechen. Normalerweise hatte ich genauso viel Angst wie sie, aber dieses Mal machte ich mir solche Sorgen um meine Mutter, dass ich »Mom! Mom!« schreiend ins Wohnzimmer lief. Als ich dort ankam, sah ich, dass das Fenster intakt war. Mein Vater hatte eine große Messinglampe mit einem gläsernen Lampenschirm quer durchs Zimmer geschleudert und zerschmettert. Außerdem hatte er eine Schüssel Tomatensoße gegen die Wand geworfen, unser grünes Samtsofa hatte riesige rote Flecken. Stühle waren umgekippt, und meine Mutter lag verletzt und blutend auf dem Boden. Ich stürzte zu ihr hin und erinnere mich bis heute an ihren entsetzten Blick. Nicht, weil sie geschlagen worden war, sondern weil ich sie so sah.

Später, nachdem mein Vater volltrunken ins Bett gesackt war, trösteten Annette und ich meine Mutter. Der arme kleine Frankie hatte zu viel Angst, sein Zimmer zu verlassen. Am nächsten Morgen befahl uns meine Mutter dasselbe wie immer: »Benehmt euch ganz normal, als wäre nichts vorgefallen.« Also gingen wir zur Schule, meine Mutter räumte die Bescherung weg, und der Vorfall wurde nie wieder erwähnt.

So, als wäre es nur ein böser Traum gewesen.

9

DIE BRAUNE PAPIERTÜTE

Nach meinem vierten Montag mit Maurice erzählte ich meiner Chefin Valerie, dass ich den Jungen mit in meine Wohnung genommen und für ihn gekocht hätte. Sie wirkte erst überrascht und dann alarmiert.

»Ich verstehe dich nicht, Laura«, sagte sie. »Du kennst diesen Jungen gar nicht, geschweige denn seine Familie. Vielleicht haben sie ja etwas dagegen.«

Da berichtete ich ihr von dem Treffen mit Maurice' Mutter und sagte, niemand in seiner Familie kümmere sich darum, was er mache oder mit wem. Sie ließ sich nicht überzeugen.

»Laura, du kannst diesen Jungen nicht mit in deine Wohnung nehmen«, entgegnete sie. »Das ist einfach Wahnsinn.« Sie hob ihre Stimme, um zu mir durchzudringen. »Womöglich klopft demnächst einer von der Fürsorge an deine Tür und will wissen, was da vor sich geht. Du musst sehr vorsichtig sein. Schließlich bist du weiß, und er ist schwarz. Du bist erwachsen, und er ist ein Kind. Da könnte einiges schiefgehen und ziemlich hässlich werden.«

Ich wusste, dass Valerie aus aufrichtiger Sorge so redete. Sie war meine Freundin, ich lag ihr am Herzen. Irgendwie war mir klar, dass sie nicht ganz unrecht hatte. Eigentlich wusste ich nicht wirklich, was ich da machte. Eigentlich ging es nicht an, ein fremdes Kind mit in die Wohnung zu nehmen. Das konnte sehr leicht missverstanden werden.

Obwohl Valerie es nicht aussprach, wusste ich auch, dass sie um meine Sicherheit besorgt war. Ihre nachdrücklichen Worte waren genau das, was ich von einem wahren Freund erwartete. Tatsächlich hatten mehrere enge Freunde und meine Schwestern mir genau dasselbe gesagt. Aber am Ende musste ich mich auf mein Gefühl verlassen. Tief im Innern – dort, wohin rationale Erklärungen nicht vordrangen – war ich davon überzeugt, dass ich das Richtige tat.

»Hör mal, Valerie, Maurice ist ein guter Junge«, sagte ich. »Ein wirklich guter Junge mit einem schrecklichen Leben. Er braucht jemanden, an den er sich wenden kann, wenn er Hilfe benötigt.«

Ich konnte Valerie nicht überzeugen, zumindest nicht an diesem Tag. Mit der Zeit jedoch, durch die Erzählungen von meinen Ausflügen mit Maurice, schien ihre Sorge zu verfliegen. Später erzählte sie mir, sie habe mit der Zeit erkannt, dass Maurice und ich eine echte Beziehung zueinander hätten und er von mir die Unterstützung bekomme, die sich auf den Rest seines Lebens auswirken würde.

»Und wer«, fragte sie, »sollte da etwas dagegen haben?« Das war ein kleines Risiko wert, oder nicht?

Meine Freunde und Kollegen bei *USA Today* – Lou, Paul und die anderen, alle gütige und freundliche Menschen – gewöhnten sich ebenfalls an den Gedanken. Auch sie hatten sich Sorgen um mich gemacht, doch je mehr sie von meinen Treffen mit Maurice hörten, desto mehr ließ auch ihre Sorge nach und desto mehr wollten sie über sein Leben erfahren. Sie hörten gern etwas von unseren Ausflügen und Unternehmungen und fingen schließlich an, mich mit Fragen zu löchern. Lou, der ein richtiger Schatz war, hörte sich alle Geschichten über Maurice an und erklärte mehrfach, wie sehr er mich bewundere. Er hatte zwei kleine Söhne und sagte, er könne sich nicht vorstellen, was Maurice durchmachen müsse. Dann kam er eines Tages mit einer großen Tüte in mein Büro.

Diese Tüte war voller Kleider.

Lou erzählte, er habe bei sich die Kleiderschränke durchforstet und alles aussortiert, was er nicht länger brauchte: Hemden, Pullover und Hosen. Er wusste, dass sie Maurice wahrscheinlich ein bisschen zu groß waren, doch zumindest waren sie in gutem Zustand.

»Du hast gesagt, Maurice habe nicht viel anzuziehen«, erklärte er. »Da dachte ich, er könnte das gebrauchen.«

Ich sichtete die Anziehsachen, stapelweise Hemden, Hosen, Pullis, Shorts. Alles ordentlich gefaltet und wie neu. An ein paar Sachen hing sogar noch das Preisschild.

Mir kamen die Tränen. Ich umarmte Lou, dankte ihm für die Kleider, schloss die Tür zu meinem Büro und musste erst einmal weinen.

* * *

Maurice und ich entwickelten eine schöne Routine. Wir mussten uns nicht mehr verabreden, der Montag war unser Jour fixe. Maurice tauchte einfach in der Eingangshalle auf, der Portier sagte mir Bescheid und schickte ihn herauf.

Ganz am Anfang erzählte mir Maurice, der Portier lasse ihn manchmal warten, bevor er ihn hochschicke, weil er sich um andere Mieter kümmern oder telefonieren müsse. Dann scheuchte er Maurice beiseite und wandte sich erst wieder an ihn, wenn die Lobby leer war. Maurice sagte auch, er werde in meiner Gegenwart anders behandelt als allein. Aber das war er gewohnt. Die meisten Erwachsenen taten so, als wäre er unsichtbar.

Einmal, als er auf dem Weg zu mir spät dran war, fragte er einen Passanten nach der Uhrzeit. Der ging einfach wortlos weiter und würdigte Maurice keines Blickes. Als er einen zweiten fragte, verhielt der sich genauso. Sie weigerten sich nicht nur, Maurice die Uhrzeit zu verraten, sondern taten so, als wäre er gar nicht da.

Ich verstand, warum der Portier ihn verscheuchte. Das Symphony war ein luxuriöses Wohnhaus, und der obdachlose Junge in dem schäbigen Jogginganzug erntete missbilligende Blicke von den wohlhabenden Mietern. Mir war klar, dass der Portier sich nicht mit Maurice anfreunden durfte. Dennoch gefiel mir nicht, dass er warten musste oder anders behandelt wurde, wenn ich nicht dabei war. Also blieb ich eines Tages, als ich mit Maurice aus dem Haus ging, am Empfang stehen. Ich schickte Maurice vor und wandte mich an den Portier.

»Ich wollte nur sagen, dass Maurice mein Freund ist und ich möchte, dass er wie jeder andere meiner Freunde behandelt wird«, erklärte ich. »Dies ist mein Zuhause. Er sollte sich hier willkommen fühlen, ist das klar?«

Der Portier wirkte leicht gekränkt, doch die Botschaft war angekommen.

»Selbstverständlich, Miss Schroff«, sagte er.

Es dauerte nicht lange, bis Maurice mit fast jedem der Angestellten gut auskam.

* * *

Maurice konnte einfach nicht sauber bleiben, sosehr er sich auch bemühte. Seine Kleider waren immer schmutzig, und normalerweise roch er ziemlich übel. Daher wurde das Waschen Teil unserer wöchentlichen Routine. Eines Montags jedoch kam er mit einer Tüte voller Kleider zu mir.

»Miss Laura«, sagte er, »würde es Ihnen etwas ausmachen, zusammen mit meinen Sachen auch die meiner Familie zu waschen?«

Ich sah, dass es Kleider von seinen Schwestern und vielleicht auch von seiner Mutter und seinen Verwandten waren. Ich wusch und trocknete sie, und als ich sie ihm zurückgab, war er begeistert über ihre Sauberkeit und Frische. Ich begriff schnell, dass Maurice der Mann im Haus war. Er übernahm Verantwortung und sorgte dafür, dass seine Familie saubere Kleider hatte.

Nach einer Weile fragte ich Maurice nicht mehr, was ich ihm kochen solle, sondern ging mit ihm einkaufen. Im Supermarkt suchten wir Lebensmittel aus, die er mochte: Steaks, Hamburger, Hühnchen und natürlich Schoko-Cookie-Teig. Zurück in meiner Wohnung, deckte Maurice dann den Tisch, während ich kochte. Ich brauchte ihn nicht mehr darum zu bitten, offenbar machte er es gern.

Nach dem Essen half er mir beim Abräumen und Abwaschen. Ich spülte das Geschirr ab, reichte es Maurice, und er steckte es in die Spülmaschine. Als ich eines Abends den Abfall in den Müllschlucker auf dem Flur bringen wollte, sah Maurice mich an und sagte: »Miss Laura, lassen Sie mich das machen. Eine nette Lady wie Sie sollte nicht den Müll rausbringen.«

Wir etablierten Rituale – Tischdecken, Abräumen, Müll rausbringen – und vollzogen sie normalerweise ohne ein Wort. Ihm gefiel es, Pflichten zu haben, und er erledigte sie sehr sorgfältig.

Da wurde mir klar, dass die Rituale an sich für Maurice genauso wichtig waren wie die Mahlzeiten.

Rituale sind das, was uns im Leben erdet, was uns ein Gefühl von Sicherheit und Kontinuität gibt. Auch meine Familie hatte trotz ihrer Probleme feste Rituale gehabt: Wir aßen zu einer bestimmten Uhrzeit zu Abend, gingen jeden Tag zur gleichen Zeit ins Bett und am Sonntag zur Kirche. So war etwas Schlichtes wie den Müll rauszubringen in vielerlei Hinsicht tröstlich für Maurice. Für ihn war es fast etwas Heiliges.

Natürlich hatte er auch ein Lieblingsritual: Cookies backen und essen. Ich wusste jetzt, dass er immer etwas für seine Schwestern mitnehmen wollte, deshalb backte ich stets mehr Kekse. Eines Abends trank er dann seine Milch nicht aus.

»Meinen Sie, ich könnte die Milch mit nach Hause nehmen?«, fragte er.

Er wollte, dass seine Schwestern die Erfahrung machten, nicht nur warme Cookies zu essen, sondern dazu auch noch Milch zu trinken. Von da an kauften wir nicht nur einen Liter Milch, sondern gleich zwei, damit er etwas mit nach Hause nehmen konnte.

Maurice und ich gingen immer ungezwungener miteinander um, sodass ich manchmal vergaß, wer er war, und ihn einfach als ganz normalen Freund betrachtete. Manchmal spielten wir ein Brettspiel, Monopoly zum Beispiel, scherzten und lachten miteinander. Zuweilen beklagte ich mich bei ihm über die Arbeit, wie bei meinen anderen Freunden. Aber ab und zu fiel mir auf, dass Maurice aus ganz anderen Lebensumständen kam als ich. Eines Montags erschien er mit einer ziemlich schlimmen Erkältung bei mir. Er schniefte und schnaufte und bekam seine Nase einfach nicht frei.

Schließlich sagte ich: »Maurice, warum gehst du nicht ins Bad und putzt dir die Nase?«

Er sah mich nur an und fragte: »Was?«

»Putz dir die Nase«, wiederholte ich. »Geh und putz dir die Nase.«

Er starrte mich weiter an, als redete ich in einer unbekannten Sprache. Da dämmerte es mir. Er hatte keine Ahnung, wie man sich die Nase putzte. Das hatte ihm keiner beigebracht. Es hatte ihm nie jemand ein Taschentuch an die Nase gehalten und gesagt: »Schnäuzen.« Schon der Ausdruck war ihm unbekannt. Also nahm ich ein paar Taschentücher, zeigte es ihm, und zum ersten Mal in seinem Leben putzte er sich richtig die Nase.

Kurze Zeit später summte eines Samstagnachmittags meine Sprechanlage. »Hier ist Maurice für Sie«, meldete der Portier. Wir trafen uns immer noch jeden Montag, und wenn ich Zeit hatte, unternahmen wir auch etwas unter der Woche oder am Wochenende. An diesem Tag waren wir jedoch nicht verabredet. Ich bat den Portier, Maurice ans Telefon zu holen.

»Tut mir leid, dass ich störe«, sagte Maurice. »Aber ich hab solchen Hunger. Könnten wir was essen?«

»Selbstverständlich«, sagte ich und erklärte, ich käme gleich zu ihm hinunter. Dann gingen wir zu *McDonald's,* wo er das Übliche bestellte: Big Mac, Fritten und Schokoshake.

»Wann hast du das letzte Mal gegessen, Maurice?«, fragte ich.

»Donnerstag«, antwortete er. Das war zwei Tage her.

Es brach mir das Herz. Wahrscheinlich hatte ich mich jeden Montagabend bemüht, nicht daran zu denken, was er an den anderen Abenden essen würde. Ich wusste, er ging zur Schule, konnte aber nicht sicher sein, dass er tatsächlich etwas zu essen hatte. Doch jetzt konnte ich nicht mehr verdrängen, dass er die meiste Zeit Hunger hatte.

Also dachte ich mir während unseres Essens etwas aus.

»Hör mal, Maurice, es gefällt mir gar nicht, dass du an den Abenden Hunger hast, an denen wir uns nicht sehen. Also gibt es zwei Möglichkeiten: Entweder ich gebe dir Geld für die Woche, mit dem du dann sehr umsichtig umgehen musst. Oder wir gehen Montagabend in den Supermarkt und kaufen für die ganze Woche das ein, was du magst. Dann koche ich für dich das Mittagessen vor, hinterlasse es beim Portier, und du kannst es auf dem Schulweg abholen.«

Maurice sah mich an und stellte mir eine Frage.

»Wenn Sie mir Mittagessen machen, stecken Sie es dann in eine braune Papiertüte?«, fragte er.

Ich begriff seine Frage nicht. »Möchtest du es in einer braunen Papiertüte? Oder soll es anders eingepackt werden?«

»Miss Laura«, sagte er. »Ich will Ihr Geld nicht. Ich möchte mein Mittagessen in einer braunen Papiertüte.«

»Okay, ist gut. Aber warum?«

»Weil ich Kinder mit diesen Tüten in die Schule kommen

sehe. Das bedeutet, dass jemand für sie sorgt. Also kann ich mein Essen bitte auch in einer braunen Papiertüte haben, Miss Laura?«

Ich musste den Blick abwenden, damit Maurice nicht sah, dass mir die Tränen kamen. Eine einfache braune Papiertüte, dachte ich.

Für mich war das gar nichts. Für ihn alles.

* * *

Ich kannte Maurice bereits zwei Monate, als er eines Montags nach dem Abendessen fragte: »Darf ich Sie um etwas bitten, Miss Laura?«

»Natürlich, Maurice.«

»Wir haben Elternsprechtag in der Schule«, erklärte er. »Ich habe mich gefragt, ob Sie wohl hingehen würden.«

Maurice und ich hatten uns hin und wieder über seine Schule unterhalten. Einmal hatte ich ihn gefragt, wie er sich mache, und er hatte geantwortet: »Seit ich Sie kenne, streite ich mich nicht mehr so oft.« Das war eines der ersten Male, dass ich dachte, ich könnte etwas in seinem Leben bewirken. Also war mir sehr daran gelegen, seine Lehrer zu treffen und mehr über ihn zu erfahren. Ich wollte auch, dass seine Lehrer mich kennenlernten. Die Warnungen von Valerie und meiner Familie hatten den Wunsch in mir ausgelöst, jemanden aus Maurice' Leben auf meiner Seite zu haben. Es wäre ein Pluspunkt für mich, wenn seine Lehrer mich kannten und mir vertrauten.

Aber vor allem wollte ich Maurice in seinem Schulumfeld sehen. Ich musste ihn in einer Situation sehen, wo er Kind sein durfte und nicht gezwungen war, sich wie ein Erwachsener zu benehmen. Ich machte mir Sorgen, dass er keinen Zugang mehr zu seiner unschuldigen Seite hatte, dass die Straße ihm jede Möglichkeit geraubt hatte, ein ganz normales, neugieriges und albernes Kind zu sein.

Die traurige Wahrheit ist, dass ich Maurice nur als Bettler kannte.

* * *

Mit dem Betteln begann Maurice, als er neun war. Er machte es nur ein, zwei Stunden pro Tag, bis er genug Geld zusammenhatte, um sich eine Pizza oder einen Hamburger zu kaufen und vielleicht auch ein bisschen Videospiele zu spielen. Die meisten Leute gaben ihm Münzen: fünf, zehn oder fünfundzwanzig Cent, hin und wieder auch einen zerknüllten Eindollarschein.

Zuerst wusste seine Mutter nichts davon, aber irgendwann erfuhr sie, dass er auf der Straße arbeitete und ziemlich erfolgreich war. Also ging sie mit ihm mit, um Geld für ihre Drogen zu erbetteln. Das wollte Maurice nicht und ließ sie einfach stehen. Da suchte sich Darcella andere Kinder aus der Nachbarschaft, meist Vier- oder Fünfjährige, deren Mütter ebenfalls Drogenprobleme hatten. Mit denen zusammen ging sie dann betteln.

Maurice arbeitete wieder allein. Er war zwar gefährdet, schaffte es aber, nicht zu Schaden zu kommen. Nur einmal hatte der Geschäftsführer von *Pizza Hut* auf dem Times Square es satt, ihn ständig am Eingang betteln zu sehen. Er kam heraus, baute sich vor ihm auf und boxte ihm ins Gesicht.

Maurice taumelte zurück, fiel aber nicht hin. Er blickte

den Mann an und sagte: »Wenn Sie Kinder schlagen, sollten Sie sie wenigstens ausknocken können.«

Bevor der Mann ihn noch einmal schlagen konnte, trat das Gesetz der Straße in Kraft. Mehrere Straßenhändler standen in der Nähe und jagten den Mann zurück in seinen Laden. Es waren afrikanische Immigranten, die gefälschte Louis-Vuitton-Taschen und Rolex-Uhren an Touristen verkauften. Maurice kannte die Händler, sie wohnten auch im Bryant, zu sechst in einem Zimmer. Sie wollten nicht tatenlos zusehen, wie ihr kleiner Freund geschlagen wurde.

Einer von ihnen boxte so heftig gegen die Scheibe, dass sie zerbrach. Als ein Streifenwagen heranfuhr, zerstreuten sich die Händler in alle Winde. Ein Cop packte Maurice und fragte ihn, wer das Schaufenster kaputt gemacht habe.

»Kennst du diese Typen?«, fragte er. »Sag mir, wie sie heißen.«

Maurice beteuerte, er habe sie noch nie zuvor gesehen.

Am nächsten Tag stahl er das Kartonmesser.

Wenn er nicht bettelte, ging Maurice zur Schule. Seine Mutter bekam staatliche Unterstützung. Damit die Schecks nicht ausblieben, musste ihr Sohn in der Schule erscheinen. Er ging zwar nicht jeden Tag und tauchte normalerweise zu spät auf. Trotzdem war die Schule, wie ich bald entdecken sollte, sehr wichtig für Maurice.

Als ich ihn kennenlernte, ging er auf die Stadtteilschule in Chinatown, und zwar in eine Förderklasse für Schüler mit sozialen oder entwicklungsbedingten Problemen. Eine seiner ersten Lehrerinnen dort, Miss Kim House, wusste, dass er ein schlauer, aber schwieriger Junge war. Sie bemerkte, dass er normalerweise ziemlich verwahrlost zur Schule kam und jeden Tag dieselben schmutzigen Kleider trug. Seine Hygiene ließ mehr als zu wünschen übrig. Er stank schlimmer als jeder andere Schüler, worüber die übrigen Kinder sich lustig machten. Das brachte Maurice auf die Palme, und er ließ sich nichts bieten. Er war zäh, drahtig und wusste sich zu wehren. Zwar schlug er andere Kinder nie, geriet aber ständig in lautstarke Auseinandersetzungen, in denen geschubst und gestoßen wurde.

Wenn Maurice sich konzentrierte, war er intelligent und lernte eifrig. Miss House glaubte, aus ihm könne etwas werden. Allerdings befürchtete sie auch oft, er würde es nicht schaffen, wenn seine Wut überhandnähme und er einfach nicht mehr zur Schule käme.

Sie wusste nicht, warum er so wütend war. Tatsächlich wusste sie nichts über sein Leben, bis eines Tages Maurice' Mutter zu einem Gespräch in der Schule erschien, wozu sie wegen ihrer staatlichen Unterstützung gezwungen war. Mitten im Unterricht bekam Miss House die Aufforderung vom Direktor, in sein Büro zu kommen. Es gebe ein Problem mit Maurice' Mutter. Als Miss House dort auftauchte, sah sie, dass Darcella den Direktor anschrie. Sie war aufgebracht, wütend, schrie hemmungslos herum, fuchtelte wild mit den Armen, deutete mit dem Finger auf den Direktor und hörte nicht eine Sekunde lang zu. Jemand rief nach dem Sicherheitsdienst.

Miss House fasste Darcella am Arm und sagte: »Kommen Sie bitte mit.« Sie führte sie in einen Waschraum, brachte sie zum Waschbecken und spritzte ihr kaltes Wasser ins Gesicht. Dabei sagte sie: »Ruhig, ganz ruhig, es ist alles in Ordnung.« Da hörte Darcella auf zu schreien.

Miss House wusste nicht, warum sie so wütend gewesen war. Es war ihr auch gleichgültig. Sie sah an Darcellas blutunterlaufenen Augen, dass sie unter Drogeneinfluss stand. Ein paar Minuten blieb sie mit ihr im Waschraum und beschwichtigte sie. Schließlich beruhigte sich Darcella und wirkte nur noch müde.

»Möchten Sie mit nach oben kommen und Ihren Sohn treffen?«, fragte Miss House.

Darcella überlegte kurz, dann sagte sie: »Nein.«

Da riet Miss House ihr, nach Hause zu gehen und ein anderes Mal wiederzukommen. Auf dem Weg hinaus drehte sich Darcella noch einmal zu ihr um und entschuldigte sich.

»Es tut mir leid, wirklich, es tut mir sehr leid.«

»Ist schon gut«, beschwichtigte sie Miss House.

Von da an hatte sie zumindest eine Ahnung, warum Maurice war, wie er war. Alle Jungen aus ihrer Förderklasse hatten ab und zu üble Laune oder Wutausbrüche, aber niemand konnte so zornig werden wie Maurice. Wenn es ganz schlimm wurde, machte er einfach dicht, verdrückte sich in eine Ecke und zog sich in sich selbst zurück. Nun konnte sie sich Maurice' Verhalten zumindest ansatzweise erklären.

Nach Darcellas irritierendem Besuch kam Maurice erst einmal nicht mehr zur Schule. Vier Tage hintereinander ließ er sich nicht blicken. Miss House bat den Direktor um Erlaubnis, Maurice zu Hause zu besuchen und sich nach seinem Verbleib zu erkundigen. Als sie zum Bryant Hotel ging, bot sich ihr das gleiche Bild wie mir. Die Verhältnisse waren schlimmer, als sie es sich vorgestellt hatte. Dann kam Maurice zur Tür und wirkte bei ihrem Anblick genauso geschockt wie sie wegen der Wohnung. Sie konnte nicht fassen, was sie da sah. Er konnte nicht fassen, dass sie nach ihm schaute.

Während Miss House mit Maurice' Großmutter sprach, versteckte er sich hinter einem quer durchs Zimmer gespannten Bettlaken. Miss House merkte, dass er sich schämte. Sie erklärte Grandma Rose, dass Maurice vier Tage nicht in der Schule erschienen war.

»Kriegt er Ärger?«, fragte Rose. »Fliegt er aus der Schule?«

»Nein, er bekommt keinen Ärger«, beruhigte Miss House sie. »Er hat nur gefehlt.«

»Er ist ein guter Junge«, versicherte Rose. »Ein sehr guter Junge. Es ist sehr freundlich von Ihnen, nach ihm zu sehen. Vielen Dank. Vielen, vielen Dank.«

Bevor Miss House ging, verabschiedete sie sich von Maurice.

Sie sah ihm in die Augen und sagte: »Du musst wieder zur Schule kommen.«

Das machte er auch.

Danach achtete Miss House besonders auf Maurice. Nach und nach erkannte sie, was ihn aufbrachte: Chaos, Unordnung, Störungen. Sein Leben zu Hause war erschreckend unbeständig. Was er am dringendsten brauchte, waren Ruhe und Frieden.

Im hinteren Teil des Klassenzimmers gab es zwei Arbeitsplätze für Stillarbeit. Wenn es laut und hektisch wurde, schickte sie ihn dorthin. Es gefiel ihm sehr, dort ganz allein zu sitzen und seine Aufgaben zu erledigen. Er merkte schnell, dass Miss House auf seiner Seite stand. Ihre Unterstützung war für ihn wie ein Rettungsring, an den er sich klammern konnte. Eines Tages nach der Schule folgte er ihr, als sie in eine U-Bahn stieg und dann in eine Bank ging. Während sie in der Schlange stand, entdeckte sie ihn, als er sich in einer Ecke herumdrückte.

»Was machst du denn hier, Maurice?«

»Ich habe nichts zu tun«, erklärte er. »Also bin ich einfach mitgekommen.«

Da kaufte sie ihm einen Hotdog und forderte ihn auf, nach Hause zu gehen.

Obwohl ihre Freundlichkeit ihm guttat, hörten die Probleme mit ihm nicht auf. Er kam morgens zu spät, wirkte erschöpft, einfach zu müde, um sich zu konzentrieren. Seine Noten waren schlecht, und ihm schien nicht das Geringste daran zu liegen, sie zu verbessern. Seine Kleider waren schmutzig und stanken. Und er balgte sich mit den Jungen, die sich über ihn lustig machten. Nur ein paar winzige Fortschritte gaben Miss House Hoffnung: Maurice konnte ein bisschen besser vor der Klasse sprechen und stritt sich nicht mehr ganz so häufig.

Ermutigend fand sie, was sie ihn hin und wieder sagen hörte. Normalerweise erzählte er ihr oder den anderen Schülern nichts von sich. Aber manchmal verkündete er voller Stolz: »Gestern Abend war ich bei Miss Laura zu Hause.«

* * *

Als Maurice mich bat, in seine Schule zu kommen, fragte ich: »Was ist denn mit deiner Mutter? Sollte die nicht mit dir gehen?«

»Nö«, erwiderte er. »Die kommt nicht.«

»Maurice, ich würde gern hingehen, aber vorher musst du

deine Mutter fragen, ob sie dich begleiten kann. Wenn sie nicht kann, komme ich mit.«

Mein kurzer Eindruck von Darcella sprach sehr dafür, dass Maurice recht hatte und sie einfach nicht mitgehen wollte. Dennoch durfte ich sie nicht übergehen. Schließlich war sie seine Mutter. Ich wusste, dass er sie so bedingungslos liebte, wie alle Kinder ihre Eltern lieben. Ich würde niemals etwas sagen oder tun, was dem entgegenstand.

In meiner Kindheit und Jugend hatte ich nie ein böses Wort über meinen Vater sagen dürfen, ganz gleich, wie schlimm sein Verhalten war. Sobald ich damit anfing, unterbrach mich meine Mutter und ermahnte mich streng, das nie wieder zu tun. »Du machst es doch auch«, wandte ich ein. »Du sagst auch böse Sachen über ihn.«

»Ich bin seine Frau, ich darf das«, entgegnete sie. »Er ist dein Vater, vergiss das nie.«

Maurice erklärte sich einverstanden, seine Mutter zu fragen und ihr zu sagen, dass ich einspringen würde, wenn sie nicht konnte. Wir aßen zu Abend, räumten den Tisch ab und backten Cookies. Danach fragte Maurice: »Wenn Sie in meine Schule kommen, Miss Laura, tragen Sie dann Ihre Sachen von der Arbeit?«

Da ich ihn normalerweise direkt nach der Arbeit traf, sah er mich immer in klassischen Kleidern, Röcken und Blusen.

»Ich könnte mich vorher zu Hause umziehen«, erwiderte ich.

»Nein«, gab er zurück. »Tragen Sie ruhig Ihre Arbeitssachen. Das gefällt mir. Sie sehen darin immer so elegant aus.«

* * *

Am Elternsprechtag traf ich Maurice in der Garage, und wir fuhren zu seiner Schule, einem Komplex aus mehreren großen, tristen Gebäuden in der Hester Street. Einer der Seitenflügel bildete einen Halbkreis, das sah nach Guggenheim für Arme aus.

Überrascht bemerkte ich, dass ich nervös war. Ich wollte auf Maurice' Lehrer einen guten Eindruck machen. Als wir in sein Klassenzimmer gingen, wartete Miss House auf uns.

»Hi, ich bin Laura Schroff. Schön, Sie kennenzulernen.«

Miss House drückte mir die Hand. »Ja, ich freue mich auch. Maurice hat viel von Ihnen erzählt.« Das war zwar eine herzliche Begrüßung, aber ich spürte ihre Zurückhaltung. Offenbar wollte sie wissen, wie sie mich einzuschätzen hatte und welche Rolle genau ich in Maurice' Leben spielte.

»Mach doch einen kleinen Spaziergang, Maurice«, sagte sie. »Ich würde gern mit Miss Schroff allein sprechen.«

Maurice erstarrte, und Panik zeigte sich in seinem Gesicht. Er wollte nicht gehen. Vor zwei Monaten hätte ich seine Miene nicht deuten können, aber jetzt wusste ich genau, was ihm im Kopf herumging.

Er hatte Angst, Miss House würde mir mitteilen, er sei ein schlechter Schüler, der ständig in Auseinandersetzungen geriet, und es könnte gefährlich werden, mit ihm zusammen zu sein.

Er hatte Angst, unsere Freundschaft zu verlieren.

Ich blickte Maurice in die Augen und legte ihm eine Hand auf die Schulter. Wortlos sah ich ihn einfach nur an. Worte konnten ihm nicht sagen, was ich ihm unbedingt vermitteln wollte. Er musste wissen, dass ich ihn nie verlassen würde.

Er musste sich sicher sein, dass ich nicht weggehen würde.

Ich lächelte, zwinkerte einmal kurz und nickte. Daraufhin entspannte sich seine Miene, und er erwiderte mein Lächeln.

Er glaubte mir und ging auf den Gang hinaus.

Miss House und ich nahmen auf zwei viel zu kleinen Stühlen Platz.

»Wissen Sie, dass Maurice sehr stolz auf Sie ist?«, begann Miss House. »Er spricht ziemlich oft von Ihnen.«

»Und ich bin sehr, sehr stolz auf ihn«, erwiderte ich. »Er ist ein ganz besonderer Junge.«

»Wie um alles in der Welt haben Sie sich denn kennengelernt?«

Da erzählte ich ihr unsere Geschichte. Dass wir montags zusammen zu Abend essen würden. Dass ich ins Bryant gegangen sei, um nach ihm zu schauen. Dass ich langsam den Eindruck hätte, Maurice' Vertrauen gewonnen zu haben.

»Ich hoffe, ich kann ihm etwas Positives fürs Leben vermitteln«, schloss ich.

»Das tun Sie«, bestätigte Miss House. »Maurice ist kein Kind, das leicht zu lenken ist. Er kommt immer zu spät. Wenn er überhaupt auftaucht. Er gerät ständig in Auseinandersetzungen. Manchmal hat er schlimme Wutausbrüche, doch eigentlich ist er ein kluger, freundlicher Junge. In letzter Zeit hat er sich nicht mehr so oft gestritten.«

Da merkte ich, dass Miss House sich wirklich für Maurice interessierte, ja, dass sie ihn sogar mochte. Sie unterrichtete eine ganze Klasse voller Kinder aus schwierigen Verhältnissen, die alle Probleme und Ängste hatten, und kümmerte sich höchst engagiert um sie. Sie erkannte auch, dass Maurice' Lebensumstände schlimmer waren als die der meisten Kinder. Anstatt sich von ihm abzuwenden, wandte sie sich ihm jedoch zu. Auch sie versuchte ihm etwas Positives zu vermitteln. Gewiss verdiente sie nicht viel Geld damit, doch das war unwichtig. Sie war entschlossen, dieses Kind nicht durchs soziale Netz fallen zu lassen.

»Miss Schroff, ich muss Ihnen etwas sagen«, erklärte sie und neigte sich zu mir. »Kinder wie Maurice werden ständig enttäuscht. Täglich lässt sie jemand im Stich. Ich hoffe, Ihnen ist klar, dass Sie nicht einfach in sein Leben platzen und dann wieder verschwinden können. Wenn Sie für ihn da sein wollen, dann müssen Sie das wirklich verlässlich und dauerhaft machen.« Dabei sah mir Miss House direkt in die Augen. »Sie können nicht eines Tages beschließen, dass es Ihnen zu viel wird.«

Damals kannte ich Maurice erst wenige Monate, doch ich wusste bereits, dass er für lange, lange Zeit Teil meines Lebens sein würde. Das spürte ich tief in meinem Herzen und sagte das Miss House auch.

»Maurice ist mein Freund«, erklärte ich. »Einen Freund würde ich niemals im Stich lassen.«

* * *

Nach unserem Gespräch ging ich zu Maurice, der im Gang wartete. Er war nervös und wollte wissen, was Miss House über ihn gesagt habe. Ich erklärte, darüber würden wir uns beim Essen unterhalten. Wir fuhren ins *Junior's Restaurant* in Brooklyn. Maurice hatte gehört, es gebe dort den besten Käsekuchen der Stadt. Den wollte er unbedingt probieren. Nach dem Essen erzählte ich ihm, was Miss House gesagt hatte.

»Du bist ihr wichtig, und sie möchte, dass du gut in der Schule bist«, sagte ich. »Sie findet dich sehr klug und ist auf deiner Seite.«

Maurice strahlte. Offenbar war er ganz begeistert über diese Rückmeldung.

»Aber sie hat auch gesagt, was sie von dir erwartet«, fuhr ich fort. »Du darfst dich nicht mehr in Auseinandersetzungen verwickeln lassen, du musst deine Hausaufgaben machen, und vor allem musst du pünktlich zum Unterricht erscheinen. Ich weiß, es ist schwer, sich zu Hause zu konzentrieren, wenn alles so unruhig ist. Aber irgendwie musst du eine Möglichkeit finden, deine Hausaufgaben zu machen. Und du musst pünktlich zur Schule gehen. Wenn dein Unterricht um zwanzig vor acht anfängt, musst du da sein, am besten schon um halb acht. Du darfst nicht erst um acht oder halb neun auftauchen. Das geht einfach nicht, Maurice. Verstehst du das?«

Ich wurde sehr nachdrücklich und betonte, wie wichtig Pünktlichkeit in der Arbeitswelt sei und dass er von nun an pünktlich sein und das Beste aus seiner Lage machen müsse. Je mehr ich auf ihn einredete, desto verstörter wirkte er, bis er schließlich den Blick abwandte und anfing zu weinen.

Ich hatte ihn noch nie zuvor weinen sehen. Es brach mir das Herz.

»Maurice, was ist denn los? Warum weinst du?«

»Sie verstehen das einfach nicht, Miss Laura«, sagte er. In diesem Moment kam mir der Gedanke, er meinte, er habe mich enttäuscht.

»Bei mir zu Hause gibt es keine Uhr«, erklärte er. »Ich weiß nie, wie spät es ist.«

»Ach, Maurice, es tut mir leid, dass ich dir so zugesetzt habe. Dafür gibt es bestimmt eine Lösung. Wie wäre es, wenn ich dir einen Wecker kaufen würde?«

»Ja, das würde helfen«, sagte er.

»Gut, dann kaufe ich dir einen Wecker und außerdem eine Armbanduhr. Wenn du heimgehst, versteckst du sie am besten, damit sie dir niemand wegnimmt. Den Wecker behältst du beim Schlafen in deiner Nähe. Du musst mir versprechen, von nun an dein Bestes zu geben, um pünktlich zu sein, ja?«

»Ja, das verspreche ich«, sagte er.

»Ich weiß, dass das nicht leicht ist, Maurice. Mir ist wirklich bewusst, dass dein Leben nicht einfach ist.«

Maurice wirkte erleichtert. Er begann zu begreifen, dass sich auch schwierige Probleme lösen lassen. Er konnte sein Leben verändern und, mit ein bisschen Hilfe von außen, vielleicht sogar ein völlig anderes Leben anstreben.

Maurice erzählte mir, dass er sich lange Zeit für einen Analphabeten gehalten habe. Er war von der Schulbehörde getestet worden, und seine Mutter, die dabei gewesen war, erzählte ihm danach, er könne weder lesen noch schreiben. Das glaubte er zwar nicht, denn er konnte schreiben, wenn auch nur langsam. Doch als er es ständig von seiner Mutter und seinen Verwandten zu hören bekam, war er am Ende selbst davon überzeugt. Je schlechter er in der Schule war, desto mehr bewies das nur, dass er es nie weit bringen würde.

Da erzählte ich ihm, dass ich auch ziemlich schlecht in der Schule gewesen, nie aufs College gegangen war und ein paar Klassen wiederholen musste. Das überraschte Maurice. In seinen Augen wirkte ich nicht wie jemand, der Probleme mit der Schule gehabt hatte. Doch wenn ich sie überwunden hatte und erfolgreich geworden war, gelang ihm das vielleicht auch.

Vielleicht konnte er doch etwas ganz anderes werden, als alle von ihm behaupteten.

10

DER GROSSE TISCH

Es gibt ein Zitat der bekannten Gärtnerin und Schriftstellerin Elizabeth Lawrence, das mir immer gut gefallen hat: »Jede Kindheit hat ihren Garten, einen verzauberten Ort, an dem die Farben leuchtender sind, die Luft weicher und jeder Morgen verheißungsvoller ist als alle zuvor.«

Das gefällt mir, weil es sowohl den Zauber der Natur als auch den der Kindheit einfängt. Und weil es mich an die glücklicheren Momente in Huntington Station erinnert. Wir lebten zwar nicht auf dem Land. Tatsächlich wohnten wir nicht allzu weit von einem der ersten Einkaufszentren auf Long Island entfernt. Trotzdem gab es viel Grün, Bäume, Wäldchen und Gärten, in denen wir auf dem frisch gemähten Rasen herumtollen konnten. Es gab keine abgeschlossenen Haustüren, und wenn wir zum Spielen hinausstürmten, machten sich unsere Eltern nie Sorgen um uns. In den Fünfzigern war Huntington Station ein Hort der Sicherheit.

Es war etwas Besonderes, wenn wir in meiner Kindheit Zeit draußen verbrachten, zum Beispiel wenn meine Mutter

Handtücher und Babyöl einpackte und mit uns für einen ganzen Tag an den Robert Moses Beach fuhr. Oder wenn ich im Garten einem schönen Schmetterling nachjagte oder dachte, ich hätte ein vierblättriges Kleeblatt gefunden. Es reichte manchmal, einfach nur im Gras zu liegen und hoch zu den elefantenförmigen Wolken zu schauen. In diesen Augenblicken war die Welt tatsächlich ein magischer Ort für mich.

So ein Rückzugsgebiet besaß Maurice nicht. Für ihn gab es keinen verzauberten Garten. Ich musste an Lawrence' Zitat denken, als Maurice mir verriet, dass er noch nie einen Tag außerhalb der Stadt verbracht hatte. Er war sein ganzes Leben in der Betonwüste von Manhattan, Brooklyn und Queens eingesperrt gewesen, kannte nur Lärm, Verkehr und verschmutzte Luft. Spaziergänge im Central Park waren seine einzigen Erlebnisse in der Natur.

Als wir uns etwa acht Wochen kannten, rief ich meine Schwester Annette an, die verheiratet war, drei Kinder hatte und in Greenlawn wohnte, einem hübschen Städtchen in der Nähe der Nordküste von Long Island. Ich fragte sie, ob sie einverstanden sei, wenn ich sie mit Maurice besuchen käme. Ihre Kinder waren ungefähr in Maurice' Alter. Colette war elf, Derek neun und Brooke sieben. Ich dachte mir, es würde ihm Spaß machen, einen ganzen Tag lang mit ihnen zusammen das zu tun, was sie normalerweise taten: im Garten schaukeln, Rad fahren und Ball spielen. Annette zögerte keine Sekunde.

»Ich kann es kaum erwarten, ihn endlich kennenzulernen«, erklärte sie.

Also fuhren Maurice und ich am nächsten Samstag auf den Long Island Expressway. Maurice trug die neue Hose, die ich ihm gekauft hatte, ein hübsches, blaues Sweatshirt und war gleichzeitig aufgeregt und nervös. Er hatte keine Ahnung, was ihn erwartete. Zum ersten Mal verließ er New York City, und zum ersten Mal würde er ein Einfamilienhaus betreten.

Auf der Fahrt sang Maurice zur Filmmusik von *La Bamba* mit. An einem unserer Montage waren wir ins Kino gegangen und hatten uns den Film über den bei einem tragischen Flugzeugabsturz umgekommenen Sänger Ritchie Valens aus den Fünfzigern angesehen. Maurice liebte den Film und den Song, daher hatte ich ihm die Filmmusik gekauft. Er spielte sie bei mir in der Wohnung und auch im Wagen ständig. Dann schmetterte er laut den Text und bat mich um unzählige Wiederholungen. Ich hatte die Musik langsam satt, gab ihm jedoch gern nach, weil ich mich freute, dass er sich so in einem Song verlieren konnte.

Wir erreichten Greenlawn und fuhren in Annettes Einfahrt. Ihr Heim war ein einstöckiges Haus im Kolonialstil, das einen großen Vorgarten mit einem wunderbar gepflegten Rasen und einen noch größeren, eingezäunten Garten nach hinten hinaus hatte. Greenlawn war ein recht wohlhabender Ort, ein ziemlicher Fortschritt im Vergleich zu Huntington Station.

Maurice konnte nicht glauben, dass ein so großes Anwesen einer einzigen Familie gehörte. Allein der Rasen vor dem Haus, der sattgrün glänzte, kam ihm unglaublich luxuriös und riesig vor.

Im Haus stellte ich Maurice meiner Schwester, ihrem Mann Bruce, einem netten Kerl, der Sanitätsartikel verkaufte, und ihren drei hinreißenden Kindern vor. Die drei beäugten

Maurice neugierig, wie Kinder das bei jedem neuen Gesicht eben tun. Ihre Mutter hatte ihnen erzählt, dass er aus einer armen Familie kam, dass er nicht das hatte, was sie besaßen, und dass sie nett zu ihm sein sollten. Derek verschwendete keine Zeit.

»Willst du mein Zimmer sehen?«, fragte er und führte Maurice die Treppe hoch. Die Mädchen und ich folgten ihnen. Ich sah, dass Maurice staunte, weil jedes der Kinder ein eigenes Zimmer hatte. Auch das war unfassbarer Luxus für ihn. Derek hatte sein Zimmer mit Baseballwimpeln und Postern geschmückt und die Mädchen ihre mit Rüschen und Stofftieren. Maurice ging wortlos durch die Zimmer und nahm alles in sich auf.

»Los, gehen wir schaukeln«, sagte Derek und führte alle Kinder in den Garten. Eine Weile sah ich Maurice beim Spielen zu. Er schloss offensichtlich mühelos Freundschaft mit Annettes Kindern. Für sie war er nicht unsichtbar wie für so viele Erwachsene. Für sie war er nur ein anderes Kind. Ich sah zu, wie Maurice höher und höher schaukelte und die Füße in den Himmel stieß.

Es gab vieles in Annettes Haus, das Maurice in Erstaunen versetzte. Ein Zimmer nur zum Fernsehen? Waschmaschine und Trockner für eine Familie ganz allein? Ein Bad unten und noch zwei weitere Badezimmer oben? Doch das Esszimmer machte ihn wahrhaft sprachlos. Ein ganzes Zimmer, nur um zu sitzen, zu essen und zu reden? Maurice wohnte mit acht bis zwölf Personen in einem einzigen Raum. Wenn er überhaupt aß, dann an der Stelle, wo man ihm etwas zu essen in die Hand drückte.

Schließlich wollte Derek, der die Aktivitäten bestimmte,

mit Maurice zusammen Rad fahren. Bruce ging in die Garage und holte Dereks altes Fahrrad für Maurice heraus. Sie fuhren die ruhigen Straßen rauf und runter und ließen sich eine Stunde lang nicht blicken.

Bald war es Zeit zum Abendessen. Maurice saß mir gegenüber an dem großen Tisch, als Annette riesige Platten mit Essen hereinbrachte: Hühnchen, Brokkoli, Kartoffelbrei, das ganze Programm.

Maurice entfaltete seine Serviette und legte sie sich auf den Schoß, wie ich es ihm beigebracht hatte. Dann sah er mich an, als wollte er fragen: »So?« Ich nickte unmerklich. Immer wieder huschte sein Blick zu mir, als er die Gabel nahm, sein Hühnchen zerschnitt und sich einen Nachschlag Kartoffelbrei nahm. Dann nickte ich lächelnd und signalisierte ihm damit, dass er sich tapfer schlug.

Annette und ihre Familie behandelten Maurice wie einen Ehrengast und stellten ihm Fragen, ohne ihn auszuhorchen. Später gestand Maurice mir, er könne kaum glauben, dass Menschen beim Essen einfach so beisammensaßen und nur miteinander redeten. Das war eine vollkommen neue Erfahrung für ihn. Ich bemerkte, dass er als Letzter sein Essen beendete. Derek und seine Schwestern waren schon lange fertig, als er seinen Teller noch halb voll hatte. Nicht, weil es ihm nicht schmeckte oder er schon satt war.

Maurice kostete die Mahlzeit aus.

Nach dem Essen sahen die Kinder fern, während meine Schwester und ich uns das Neueste aus unserem Leben erzählten. Ich spähte ein paar Mal ins Zimmer und sah, dass Maurice friedlich auf dem Sofa saß.

»Mach dir keine Sorgen, Laura. Ihm geht's gut«, bemerkte

Annette. Das stimmte zwar, doch irgendwie hatte ich Angst, es würde etwas passieren. Wahrscheinlich hatte es sich bei mir eingeprägt, dass ein friedlicher Nachmittag plötzlich in Chaos umschlagen konnte, obwohl ich wusste, dass Annette sich vor langen Jahren geschworen hatte, ihren Kindern eine ganz andere Kindheit als unsere eigene zu ermöglichen.

Nun hatte sie eine Familie, die einen Nachmittag im Herbst ohne Streit und ohne Angst genießen konnte. Sie hatte eine Zeit lang gebraucht, viele Jahre, um genau zu sein. Heute konnte sie sich wirklich entspannen, auch im Kreis ihrer neuen Familie. An jenem Samstag, als Maurice und ich sie und ihre Familie besuchten, erkannte ich, dass der Traum meiner Schwester in Erfüllung gegangen war. Sie hatte gefunden, was wir alle so lange entbehren mussten: Frieden.

Schließlich war es Zeit zum Aufbruch, und die Kinder verabschiedeten sich von Maurice. Ich beobachtete, wie er Derek die Hand schüttelte, so wie Jungen das eben tun: verlegen und mit schlenkernden, ungelenken Bewegungen. Auf der Heimfahrt war Maurice ganz still und bat mich auch nicht, *La Bamba* zu spielen.

Er hatte einen großartigen Tag erlebt und musste nun zurück in seine eigene Welt. Das war für ihn das Schwerste von allem.

Ich fand es immer schrecklich, von Maurice Abschied zu nehmen, weil ich wusste, wohin er zurückkehrte. Ich wehrte mich gegen den Gedanken, dass es vielleicht grausam war, Maurice eine andere Welt zu zeigen, in der Kinder Spaß hatten und das Essen auf riesigen Tellern hereingetragen wurde.

War es sinnvoll, ihm Zugang zu einem anderen Leben zu verschaffen, nur um ihn gleich darauf wieder auszusperren?

Half ihm das, oder verletzte es ihn nur? Ich dachte lange darüber nach und entschied schließlich, dass es in Ordnung war, solange wir im Gespräch darüber blieben, wie schwer es war, zwischen zwei so unterschiedlichen Lebensstilen hin- und herzuwechseln. Wenigstens sah er, dass es Alternativen zu seinem Leben zu Hause gab. Wenigstens konnte er ab und zu einen Tag sorglos und glücklich verbringen.

Außerdem erklärte mir Maurice später, dass er unsere Freundschaft niemals aufgeben würde, nicht um alles in der Welt.

»Und, was hat dir am besten am Zuhause meiner Schwester gefallen?«, erkundigte ich mich auf der Heimfahrt.

»Der große Tisch«, antwortete er wie aus der Pistole geschossen.

»Der Tisch? Der im Esszimmer?«

»Ja«, nickte er. »Ich fand's toll, dass alle am Tisch saßen und miteinander redeten.«

Dann fügte er hinzu: »Miss Laura, wenn ich erwachsen bin, werde ich so einen großen Tisch für mich und meine Familie haben. Ich möchte mit ihnen zusammensitzen und reden.«

Dies war das erste Mal, dass ich ihn über seine Zukunft sprechen hörte. Dann lehnte Maurice, müde vom vielen Schaukeln und Radfahren, seinen Kopf ans Fenster und schlief ein.

* * *

Da Maurice nun meine Familie kennengelernt hatte, hielt ich es für eine gute Idee, ihn zu Thanksgiving einzuladen. Normalerweise kamen wir alle in Annettes Haus zusammen, doch dieses Jahr hatte ich etwas anderes im Sinn. Ich war gerade ins Symphony gezogen und wusste, dass es im zehnten Stock eine Open-Air-Laufstrecke gab. Von dort aus konnte man den Broadway überblicken, also auch die Thanksgiving Day Parade, die auf dem Weg zu *Macy's* vorbeiziehen würde. Ich dachte mir, Maurice und die Kinder würden ausflippen, die Parade aus so großer Nähe zu sehen – ach, selbst ich würde ausflippen. Also lud ich alle an Thanksgiving zu mir ein.

Es wurde ein wunderbarer Tag. Annette und Bruce mit ihren Kindern waren gekommen, dazu meine jüngere Schwester Nancy und meine beiden Brüder Frank und Steve. Wir waren alle oben auf der Laufstrecke, während der Truthahn im Ofen brutzelte, den ich mit Nancy vorbereitet hatte. Als wir unsere Köpfe Richtung Broadway reckten, sahen wir die riesigen, zauberhaften, mit Helium gefüllten Figuren. Langsam drifteten sie die Straße herunter, schwankten im Wind und zerrten an ihren Schnüren. Es ist umwerfend, sie vom Boden aus zu sehen, aber im zehnten Stock hatten wir sie auf Augenhöhe. Als sie am Symphony vorbeischwebten, hatte ich das Gefühl, ich müsste nur die Hand ausstrecken, um sie zu berühren. Der gute alte Snoopy, Raggedy Ann, Popeye und ein fröhlich auf und ab hüpfender Kermit zogen nacheinander an uns vorbei.

Maurice und die Kinder waren außer sich vor Begeisterung, genau wie ich, ehrlich gesagt. Ich hatte nicht erwartet, die Figuren aus so großer Nähe zu sehen. Es war wie in einem wunderschönen Traum, als die berühmten Charaktere aus den Comics und Fernsehshows in leuchtenden Farben direkt vor uns im Wind schwankten, als würden sie uns zuwinken.

Als am Ende Superman vorbeikam, jubelte ich genauso laut wie die Kinder. Ausgenommen vielleicht Maurice. Bis heute kann ich mich an seinen Gesichtsausdruck erinnern, als die Figuren vorbeischwebten.

Das einzige Wort, das mir dazu einfällt, ist Ehrfurcht.

Außer meinen Geschwistern hatte ich auch unseren Vater eingeladen. 1986 war Nunzie Ende sechzig und etwas milder geworden, doch besaß er noch eine gewisse Macht über uns. Als Annette heiratete, wurde die Freude über ihre Hochzeit von der Furcht gedämpft, unser Vater würde zu viel trinken und dann ausrasten. Bislang hatte sie Bruce von unserem Vater ferngehalten, aber an ihrem Hochzeitstag konnte sie nur das Beste hoffen. Glücklicherweise war er an diesem Tag guter Stimmung, doch wir hielten alle die Luft an, sobald er in der Nähe war. Wir waren erwachsen und hatten unser eigenes Leben, wir lebten nicht länger unter seiner Knute. Doch völlig abschütteln konnten wir unsere Angst und Anspannung nicht.

Zu Thanksgiving zeigte sich Nunzie jedenfalls von seiner besten Seite. Ich sah zu, wie er den Reißverschluss seiner Windjacke zuzog, weil es draußen kühl war. Sein mittlerweile spärlich gewordenes Haar war ergraut und sein gedrungener Körper leicht gebeugt. Er wirkte wie eine gebrechliche Version seines früheren kraftstrotzenden Selbst.

Ich beobachtete ihn, als er mit Maurice redete, konnte zwar nicht hören, was sie sagten, sah aber, dass mein Vater freundlich zu ihm war, ihm Dinge zeigte und ihm die Hand auf die Schulter legte. Es war gleichzeitig befremdend und bewegend, diese beiden so wichtigen Personen aus meinem Leben zusammenstehen zu sehen. Mir kam der Gedanke, dass die

Angst und Ungewissheit, die wir als Kinder wegen meines Vaters ertragen mussten, dem Gefühlschaos ähnelten, das Maurice erleiden musste. Wenn ich auch die Zeit nicht zurückdrehen und alles ungeschehen machen konnte, so konnte ich vielleicht doch dazu beitragen, Maurice zu retten.

* * *

Als Kinder schlüpften wir immer in Rollen, um uns vor den schlimmsten Anfällen unseres tobenden Vaters zu schützen. Annette war die perfekte Tochter, die ihre Eltern niemals enttäuschte. Nancy war die Stille, die im Schatten ihrer Schwestern aufwuchs und sich gern im Hintergrund hielt. Und dann war da noch ich, die Rebellin, der Klassenclown. Was mich wohl schützte, war meine Persönlichkeit, die ich nach Ansicht des Restes meiner Familie von meinem Vater hatte. Vielleicht war ich diejenige, die ihm am ähnlichsten war, und er hatte mich deshalb nicht so auf dem Kieker.

Blieben Frankie und meine Mutter, auf die mein Vater meist losging. Frankie war am häufigsten von den Wutanfällen meines Vaters betroffen. Wir fingen schon sehr früh an, uns Sorgen um ihn zu machen. Er wurde immer stiller und verlor zunehmend seine Lebendigkeit. Je mehr er physisch und psychisch schikaniert wurde, desto mehr schien er sich in sich selbst zurückzuziehen. Als er älter wurde, wehrte er sich und schrie zurück, wenn er angegangen wurde. Dann gab es schreckliche lautstarke Auseinandersetzungen, endloses Gebrüll wegen nichts und wieder nichts. Der dauernde Druck meines Vaters hat ihm eindeutig zugesetzt und wohl leider langsam einen Teil seiner Persönlichkeit zerstört.

Doch er konnte nichts dagegen tun, keiner von uns konnte das. Ruhe hatten wir nur ein, zwei Tage nach den Ausbrüchen. Dann war mein Vater besonders nett zu uns, um alles wiedergutzumachen. Diese Silberstreifen am Horizont waren wirklich sehr schön und zeigten uns, welch ein großartiger Vater er sein konnte, wenn er nüchtern blieb. An solchen Tagen wurden wir magisch zu ihm hingezogen, um so viel Liebe und Zuneigung wie möglich abzubekommen. Doch nach ein paar Tagen fingen wir wieder an, uns für den nächsten Ausbruch zu wappnen. Je länger er nett zu uns war, desto größer wurde unsere Anspannung. Wir wussten, war ein Sturm vorbeigezogen, kam unweigerlich der nächste. Nur in unseren hoffnungsvollsten Momenten träumten wir von einem mächtigen, alles erschütternden Ereignis, das ihn von Grund auf ändern, einem magischen Blitz, der uns alle in ein neues Leben katapultieren würde.

Wir dachten, es wäre so weit, als mein Vater entschied, den Barkeeperjob aufzugeben und Bauunternehmer zu werden. Er hatte unser Haus selbst gebaut. Daher war seine Vorstellung nicht abwegig, er könnte sich damit seinen Lebensunterhalt verdienen. Also verkaufte er unser Anwesen in Huntington Station für 22000 Dollar und zog mit uns in ein kleineres Haus, das er im nahe gelegenen Ort Commack für 16000 Dollar gekauft hatte. Mit dem überschüssigen Geld gründeten er und sein Freund Richie eine Baufirma. Zwar arbeitete er an manchen Abenden in einer Bar in der Bowlinghalle von Commack, aber die restliche Zeit baute er Häuser. Wir alle beteten, er möge Erfolg haben und vielleicht ganz mit dem Trinken aufhören. Dann würden wir, wie durch ein Wunder, endlich eine ganz normale Familie sein.

Leider konnte die Baufirma sich nicht lange halten. Mein Vater und Richie bauten vier oder fünf Häuser und bekamen viel Geld dafür, doch mein Vater war ein extrem schlechter Geschäftsmann, dem das Geld zwischen den Fingern zerrann. Er arbeitete gut und unermüdlich und hatte durchaus Aussichten auf den Erfolg, nach dem er sich so sehnte. Doch er war einfach zu ruhelos, um länger bei einer Sache zu bleiben. Er fand jedes Mal einen Weg, sich selbst zu sabotieren.

Ich weiß noch, dass Dad einen Riesenstreit mit Richie hatte. Er kam betrunken nach Hause und holte die Pläne aller bereits gebauten und geplanten Häuser hervor. Dann warf er sie im Hof auf einen Haufen, zündete sie an und sah zu, wie sie verbrannten. Als Richie davon erfuhr, wurde er fuchsteufelswild und kündigte die Partnerschaft auf. Mein Vater versuchte allein weiterzumachen, aber nach einer Weile ging die Firma den Bach hinunter. Und mit ihr jede Chance auf ein neues, friedliches Leben.

Doch dann schlug wundersamerweise ein neuer Blitz ein. Fünf Jahre nach der Geburt ihres letzten Kindes wurde meine Mutter wieder schwanger. Ich war erstaunt und entzückt und konnte es kaum erwarten, noch ein Geschwisterchen zu bekommen. Außerdem erlaubte ich mir die Hoffnung, eine schwangere Frau und die Aussicht auf ein weiteres Kind könnten meinen Vater davon abhalten, zu viel zu trinken und auszurasten. Vielleicht wäre das endlich der Auslöser dafür, dass er seine Dämonen besiegte.

Eine ganze Weile schien das auch der Fall zu sein. Bis zu jenem kalten, verschneiten Februarabend, als meine Mutter im sechsten Monat war. Unsere Familie war nach Hicksville gefahren, das eine halbe Stunde von unserem Zuhause entfernt lag, um den Tag bei Rose, der Schwester meiner Mutter, und ihrer Familie zu verbringen. Nach dem Abendessen verkündeten mein Vater und Ray, Roses Mann, sie würden etwas trinken gehen, versprachen aber, nicht lange zu bleiben. Als ich das hörte, bekam ich es mit der Angst zu tun. Nach einer Stunde blickte ich aus dem Fenster und sah, dass es mittlerweile heftig schneite. Alle Straßen waren weiß. Ich merkte, dass meine Mutter ebenfalls nervös wurde, aber wir verloren kein Wort darüber.

Dann waren zwei Stunden vergangen. Draußen war es dunkel, und es schneite immer noch. Als ich aus dem Fenster blickte und Ausschau nach den Scheinwerfern von Vaters Auto hielt, sah ich nichts als Weiß. Meine Tante spürte unsere wachsende Angst und schlug vor, bei ihnen zu übernachten. Doch wir alle wussten, dass mein Vater das niemals erlauben würde. Und wenn er getrunken hatte, durfte meine Mutter nicht fahren. Je mehr er trank, desto mehr verachtete er sie. Nie im Leben hätte er sich ihren Fahrkünsten anvertraut.

Schließlich brachen Dad und Ray durch die Tür. Ganz offensichtlich hatten sie zu viel getankt. Für uns war mehr als deutlich, dass mein Vater in düsterster Stimmung war, auch wenn das Rose und Ray wohl entging. Ich geriet langsam in Panik und sah meiner Mutter an, dass es ihr ähnlich ging. Nun mussten wir uns nicht nur wegen des Schneesturms Sorgen machen, sondern auch wegen Dad, der bei der leisesten Provokation explodieren würde. Meine Tante hatte eine große Kanne starken Kaffee gekocht, und mein Vater trank eine Tasse. Doch als sie vorschlug, wir könnten bei ihnen übernachten, unterbrach mein Vater sie und befahl uns, unsere Mäntel zu holen. Meine Mutter hütete sich, ihn zu fragen, ob sie fahren solle.

Wie verurteilte Gefängnisinsassen trotteten wir langsam und wortlos zum Wagen. Meine Mutter saß vorn, wir Kinder quetschten uns auf die Rückbank. Wir drängten uns aneinander und hielten uns heimlich an den Händen. Ich betete im Stillen, dass nichts passieren möge. Mein Vater fuhr den Wagen langsam auf die verschneite Straße und auf eine zweispurige Landstraße. Vor lauter Angst, ihn zu provozieren, wagte ich fast nicht zu atmen.

Wir fuhren in absolutem Schweigen. Die Spannung im Wagen war fast unerträglich. Der Schnee lag ziemlich hoch, und man konnte kaum etwas sehen. Glücklicherweise waren wegen des Schneesturms nur wenige Autos auf der Straße unterwegs.

Auf einmal beschleunigte mein Vater aus unerfindlichen Gründen den Wagen. Wir machten einen Satz nach vorn, und der Schnee knirschte unter den Reifen. Von dreißig Meilen in der Stunde beschleunigten wir auf fünfzig. Der Wagen schlingerte im dichten Schneetreiben von einer Straßenseite zur anderen. Meine Mutter starrte entsetzt zu meinem Vater und flehte ihn an, damit aufzuhören. Gerade als er die Kontrolle über den Wagen zu verlieren drohte, trat er auf die Bremse, worauf wir heftig ins Schleudern gerieten und uns einmal um die eigene Achse drehten, bevor wir wieder langsam geradeaus rollten. Eine Meile fuhren wir mit normaler Geschwindigkeit, dann gab mein Vater wieder Gas.

Er spielte mit uns.

Der Wagen geriet erneut ins Schleudern, und mein Vater trat auf die Bremse. Fast hätten wir uns gedreht, wieder bekam er den Wagen in letzter Sekunde unter Kontrolle. Erneut flehte meine Mutter ihn an, damit aufzuhören. Mittlerweile weinten wir auf der Rückbank alle – aber leise. Wieder trat mein Vater aufs Gas, forderte rücksichtslos das Schicksal heraus und ignorierte die Bitten meiner Mutter. Ich war sicher, wir würden jeden Augenblick verunglücken. Da rief meine Mutter in Todesangst, er solle endlich aufhören, worauf wir alle ihn anflehten, doch bitte, bitte langsamer zu fahren. Mein Vater wandte nicht mal den Kopf nach uns. Schließlich schrie meine Mutter, so laut sie konnte, mein Vater solle sofort rechts ranfahren.

»Um Himmels willen, halt an! Halt endlich an!«

Doch mein Vater gab Gas.

In diesem Augenblick bogen zwei Scheinwerfer um eine Ecke und kamen direkt auf uns zu. Ein Bus. Ich bin sicher, mein Vater sah ihn, aber aus irgendeinem Grund wurde er weder langsamer noch wich er aus. Er fuhr stur weiter geradeaus. Der Busfahrer hupte durchdringend und wich uns in der letzten Sekunde aus. Das ohrenbetäubende Hupen vermischte sich mit unserem Heulen und Schreien, als er vorbeidonnerte. Ich glaube, er verpasste uns nur um wenige Zentimeter. Erst als wir knapp diesem Zusammenstoß entkommen waren, kam mein Vater zur Vernunft.

Noch viele Jahre später durchfährt mich ein Schauer, wenn ich daran denke, wie nahe wir einer Kollision waren – und was bei einem Zusammenstoß aus uns geworden wäre.

Es war meine Mutter, die explodierte, als wir anhielten. Ich glaube, ich habe sie niemals so zornig gesehen. Sie wehrte sich nur selten gegen meinen Vater, denn sie wusste, dass ihn das nur aufbrachte. Aber hier, auf der Straße, mitten in einem Schneesturm, musste sie ihm einfach entgegentreten. Sie würde nicht zulassen, dass dieser volltrunkene Irre ihre Kinder umbrachte.

Sie stieg aus dem Wagen, umrundete ihn und riss die Fahrertür auf. »Steig aus dem Wagen!«, brüllte sie meinen Vater an. »Steig aus!«

Mein Vater rührte sich nicht.

»Nunzie, ich lasse nicht zu, dass du weiterfährst«, sagte sie. »Um Himmels willen, steig aus und lass mich fahren.«

Wir auf der Rückbank flehten ihn an, bitte, bitte auszusteigen. Schließlich machte er es. Aber er setzte sich nicht auf den Beifahrersitz, sondern ging einfach weg. Meine Mutter klemmte sich hinters Steuer und rief ihm nach, er solle einsteigen. Aber er hörte nicht, sondern lief einfach weiter. Ich wusste, in seinem Vollrausch war er schlicht zu stur, sich von ihr fahren zu lassen. Lieber ging er mitten in einem Schneesturm zu Fuß nach Hause. Wir waren mindestens zwanzig Minuten von unserem Haus entfernt. Mein Vater würde es in seinem Zustand niemals so weit schaffen.

Meine Mutter hatte keine Wahl. Sie ließ den Motor an und fuhr los, während wir Kinder Dad zuriefen, er solle doch bitte zurückkommen. Als wir weit genug von unserem Vater entfernt waren, hielt sie an, damit wir uns alle etwas beruhigen konnten. Für sie war es das Wichtigste, uns sicher nach Hause zu bringen. Sie versicherte uns, unser Vater komme schon klar. Sobald sie uns zu Hause abgesetzt hätte, würde sie zurückfahren und ihn holen. Sie wollte auch seinen Bruder anrufen, damit der nach ihm sah.

Wir fühlten uns gleich besser. Meine Mutter fuhr uns langsam und vorsichtig durch den dichten Schnee nach Hause, und wir hörten endlich auf zu weinen. Dennoch machte ich mir Sorgen um meinen Vater, der zu Fuß an der Straße entlangging.

Zu Hause angekommen, rief meine Mutter Onkel Sammy an und brach wieder auf, um meinen Vater zu suchen. Sie befahl uns, ins Bett zu gehen, aber dazu waren wir alle zu aufgeregt.

Eine Stunde verging, und ich nickte irgendwann ein, wurde jedoch wach, als mein Vater Türen knallend heimkam. Ich lauschte angestrengt, ob meine Mutter nicht zurückkehren und nach uns sehen würde, hörte jedoch nur, wie mein Vater im Haus herumschlurfte und es dann still wurde. Erst eine halbe Stunde später kam auch meine Mutter heim. Sie hatte über eine Stunde in dem Schneesturm vergeblich nach meinem Vater gesucht. Wie sich herausstellte, hatte er einen Wagen angehalten und dem Fahrer fünfzig Dollar dafür gezahlt, dass er ihn heimbrachte. Als meine Mutter eintraf, schlief er glücklicherweise tief und fest. Wäre er wach gewesen, hätte unser Albtraum eine Fortsetzung bekommen.

Als meine Mutter in unser Zimmer kam, trösteten Annette und ich sie wie üblich. Wir umarmten sie und versicherten ihr, es würde alles wieder gut, genau so, wie sie es viele Male bei uns gemacht hatte. Doch natürlich wusste ich es besser, und meine Mutter, die mit dem fünften Kind von meinem Vater schwanger war, wusste es auch.

* * *

Nachdem alle Figuren der Thanksgiving-Parade vorbeige-
schwebt waren, gingen wir wieder hinein und verspeisten
unseren Truthahn. Maurice liebte es, dicht gedrängt mit uns
allen an meinem kleinen Tisch zu sitzen, zu reden, zu essen
und zu lachen. Wieder fiel mir auf, dass er so langsam aß, als
wollte er nicht, dass das Essen jemals aufhörte. Selbst mein
Vater schien sich zu amüsieren. Er trank ein bisschen, aber
nicht viel, und sein Gesicht verzog sich nicht zu der finsteren
Grimasse, die wir alle so gut kannten. Am Ende des Abends
gab er Maurice die Hand und tätschelte ihm sachte die
Schulter.

Unwillkürlich dachte ich, was für ein toller Vater er doch
manchmal war – und immer hätte sein können, hätte er nur
gewusst, wie.

11

DER VERPASSTE TERMIN

Als meine Mutter richtig dick und rund wurde, ging sie ins *Huntington Hospital,* um ihr Baby zu bekommen. Wir blieben zu Hause und warteten auf Neuigkeiten. Endlich, spät in der Nacht, rief mein Vater an: Wir hatten ein neues Brüderchen, Steven Jude Carino. Mein Vater sagte, er sei ein kräftiger kleiner Bursche, über vier Kilo schwer und dreiundfünfzig Zentimeter groß. Er wirkte fast so aufgeregt wie ich, was ich als gutes Zeichen betrachtete. Ich gab mich der Hoffnung hin, dieses vier Kilo schwere Baby könnte meinen Vater grundlegend verändern.

Sobald meine Mutter zu Kräften gekommen war, arbeitete sie wieder als Kellnerin im *Huntington Townhouse.* Wir brauchten das Geld. Die Baufirma meines Vaters war pleite, und er plante sein nächstes Projekt. Daher ließ meine Mutter samstags das Baby bei uns und machte Zwölf-Stunden-Schichten. Doch obwohl unsere Eltern beide arbeiteten, war das Geld noch knapp. Mein Vater konnte einfach nicht damit umgehen.

Manchmal kaufte er aus einer Laune heraus einfach ein neues Auto, irgendeinen gebrauchten Cadillac, den er wieder flottmachen wollte. Ich wusste, es brachte meine Mutter um, wenn er derart mit dem Geld um sich warf. Trotzdem würde sie ihm deswegen niemals Vorwürfe machen. Ihr blieb nichts anderes übrig, als ihm ihre Schecks zu geben und aufs Beste zu hoffen.

Eines Morgens sollte meine Mutter mit uns zum Zahnarzt gehen. Den Tag zuvor hatte sie gearbeitet, daher verschlief sie erschöpft, und wir verpassten den Termin. Eigentlich hätte es meinem Vater egal sein können, ob wir zum Zahnarzt gingen oder nicht. Solche Sachen überließ er stets meiner Mutter. Aber da er in der Nacht zuvor zu viel getrunken und einen Kater hatte, nahm er den verpassten Termin zum Vorwand, meine Mutter zu schikanieren. Und dieses Mal drehte er wirklich durch.

Erst beschimpfte er meine Mutter und schrie sie vor unseren Augen an. »Du blödes Weib!« Meine Mutter kam in das Zimmer, das ich mir mit Annette teilte, und verzog sich mit uns ins Bett. Mein Vater folgte ihr. Er schimpfte und brüllte weiter so laut, dass ihm die Spucke aus dem Mund flog. »Wie kann man nur so dämlich sein?« Meine Mutter zog uns enger an sich und wartete, dass der Anfall vorbeiging.

Er ging nicht vorbei. Zwar verließ mein Vater das Zimmer, kehrte aber mit zwei vollen Scotchflaschen zurück, die er dicht über unseren Köpfen gegen die Wand schmetterte. Scherben und Whiskeyspritzer regneten auf uns herab. Wir zogen uns zum Schutz die Decke über den Kopf. Mein Vater holte die nächsten zwei Flaschen und schmetterte sie gegen die Wand. Vom Krachen wurde mir übel. Dabei brüllte und fluchte mein Vater schlimmer, als ich ihn je gehört hatte. Als er keine Flaschen mehr hatte, ging er in die Küche, stieß den Tisch um und zertrümmerte die Stühle.

In diesem Augenblick klingelte das Telefon, und meine Mutter rannte hin. Sie schrie dem Anrufer zu, er solle Hilfe holen. Da nahm ihr mein Vater das Telefon ab und riss den Apparat aus der Wand. Meine Mutter rannte zurück zu uns, während mein Vater weiter um sich trat und Möbel zerschmetterte, unaufhörlich und wie von Sinnen.

Als er langsam müde wurde, klopfte es an der Tür. Mein Vater öffnete und sah sich zwei Polizisten gegenüber. Die Anruferin war meine Tante gewesen, die sofort den Notruf gewählt hatte.

»Uns ist eine Störung gemeldet worden«, sagte einer der Polizisten. Wenn er nur einen Schritt ins Haus gekommen wäre, hätte er den Schaden gesehen, den mein Vater angerichtet hatte. Aber die Cops blieben vor der Tür stehen, und mein Vater erklärte ihnen ruhig und gefasst, es sei alles in Ordnung. Merkwürdigerweise glaubten sie ihm und verschwanden wieder. Dieses Mal jedoch war mein Vater zu weit gegangen. Die Küche war vollkommen zertrümmert, als hätte ein Wirbelsturm sie verwüstet. Mein Bett war übersät mit Scherben und klatschnass vom Alkohol.

Also scharte meine Mutter schweigend alle fünf Kinder um sich und steckte uns in den Wagen, um zum Haus ihrer Mutter in Huntington zu fahren. Nicht einmal Kleider packte sie ein. Meine Großmutter nahm uns bei sich auf, und die nächsten drei Tage blieben wir bei ihr. Das waren die besten drei Tage, die wir je erlebt hatten. Endlich mussten wir uns keine Sorgen wegen unseres Vaters machen. Hier konnte er uns nichts tun.

Am dritten Tag hörte ich, wie meine Mutter mit meiner Großmutter sprach und dann zu weinen anfing.

»Dein Platz ist bei deinem Mann«, sagte meine Großmutter. »Du musst zu ihm zurück.«

Ich weinte auch und flehte meine Großmutter an, bei ihr bleiben zu dürfen, doch das stand nicht zur Debatte. Damals verließen Frauen ihre Männer nicht, zumindest nicht in italienischen Familien. Sie ertrugen das Elend einfach. Das hatte die Mutter meiner Mutter getan, und das musste meine Mutter jetzt auch. Also packte sie uns alle in den Wagen und fuhr nach Hause.

Ganz leise schlichen wir uns hinein, voller Angst. Ich ging in die Küche und wusste nicht, was mich erwartete. Die Unordnung war notdürftig beseitigt worden. Mein Vater hatte als Ersatz für den zertrümmerten Tisch die Picknickbank aus dem Garten hereingeholt. Aber das Loch in der Wand, wo er den Telefonapparat herausgerissen hatte, war noch da. Was mein Vater nicht aufgeräumt hatte, mussten meine Mutter, Annette und ich in Ordnung bringen. Wie immer verlor keiner ein Wort über den Ausbruch. Wir machten einfach weiter wie bisher und taten so, als wäre nichts passiert.

Das war der einzige Versuch meiner Mutter, meinen Vater zu verlassen.

* * *

Nach diesem Vorfall wurde mein Vater ruhiger. Der kleine Steven trug sicher einiges dazu bei, denn mein Vater liebte ihn abgöttisch. Er freute sich aufrichtig, wie lustig, fröhlich und klug sein jüngster Sohn war. Steven zeigte sehr früh Zeichen außerordentlicher Intelligenz. Da er erheblich jünger war als wir, verbrachte er viel Zeit allein mit unserer Mutter. Auch das beschleunigte seine Entwicklung. Meine Mutter las ihm vor, spielte mit ihm und förderte seine natürliche Neugier. Als Steven vier war, konnte er die Namen, Geburtstage und Todestage jedes einzelnen amerikanischen Präsidenten auswendig. Mein Vater war begeistert.

Mir fiel auf, dass er mit Steven Dinge machte, die er mit Frank nie gemacht hatte. Er nahm ihn mit zur Arbeit und brachte Platten mit populären Songs mit, die Steven ständig abspielte, zum Beispiel *Winchester Cathedral* und *Barbara Ann*. Zum ersten Mal schien mein Vater zu Hause glücklich zu sein, und er ging nicht mehr so oft in Bars. Zwar trank er noch, wurde aber viel langsamer betrunken. Da er nicht allein war, konnte er sich auch nicht in eine solche Raserei hineinsteigern wie draußen. Denn es geschah immer in seinem Wagen auf der Heimfahrt von der Bar, dass es in ihm zu brodeln anfing. Zu Hause trank er normalerweise, bis er einfach umkippte. Dann fanden wir am nächsten Tag neben der Couch einen großen Glasaschenbecher voller Kippen, verstreute Aschehäufchen und hin und wieder ein Brandloch im Teppich zwischen Sofatisch und Couch. Damit konnten wir leben.

Als mein Vater seine Baufirma aufgab, arbeitete er wieder Vollzeit als Barkeeper. Nur dass er dieses Mal die Bar kaufte, die *Windmill* am Jericho Turnpike. Meine Mutter arbeitete dort als Kellnerin. Annette und ich mussten als Teenager Muscheln öffnen und Hamburger servieren.

Außerdem zogen wir zurück nach Huntington Station, in

ein einstöckiges Haus im Kolonialstil, das mein Vater gebaut hatte. Es stand zurückgesetzt an einer ruhigen Straße, fünfzig bis hundert Meter vom nächsten Haus entfernt und hatte eine lange Kiesauffahrt. Die Aufteilung der Zimmer war ziemlich eigenwillig. Wenn man durch die Haustür trat, gelangte man ins Familienzimmer, in dem am meisten los war und die größte Unordnung herrschte. Das Wohnzimmer auf der rechten Seite wurde kaum benutzt und war nur spärlich möbliert. Man musste erst durch den Wirtschaftsraum gehen, bevor man ins Bad gelangte. Mein Vater verkleidete das Haus mit Schindeln, und da er etliche übrig hatte, wurde auch eine Wand im Familienzimmer damit verziert. Es gab einen hübschen kleinen Garten mit großen Ulmen.

Ich freute mich, wieder in Huntington zu sein und neue Freunde zu finden. Außerdem waren meine Eltern wegen des neuen Hauses und der Bar oft viel zu beschäftigt oder zu erschöpft, um sich zu streiten.

Etwa zu dieser Zeit mieteten unsere Eltern ab und zu ein Ferienhaus am Strand von Long Island. Das waren unsere ersten richtigen Familienurlaube seit Langem. Wir verbrachten eine Woche auf einer Klippe hoch über dem Long Island Sund und konnten den Strand nur über hundert Stufen erreichen. Die Ferien am Meer fanden wir alle toll. Ich werde nie vergessen, wie wir lange aufblieben, Spiele spielten und am nächsten Morgen im Schlafanzug frühstückten. Dort draußen war das Leben ganz anders – glücklicher und viel ruhiger. Ich erinnere mich kaum an Auseinandersetzungen. Am Strand konnten wir alle durchatmen und uns für ein paar kostbare Tage im Jahr entspannen.

Daher hatte mein Bruder Steven in seiner frühen Kindheit

keine Ahnung, wie mein Vater wirklich war. Er kannte ihn nur als freundlichen, zugewandten und fürsorglichen Dad. Erst mit fünf bekam er zum ersten Mal etwas von seiner dunklen Seite mit. Mein Vater hatte damals eine große Ladung Sand auf seinem Pick-up und ließ Steven und einen seiner Freunde mit kleinen Schaufeln darauf spielen. Aber Steven schaufelte, ohne es zu merken, Sand in den Benzintank. Als mein Vater in den Wagen stieg und ihn anlassen wollte, blinkten Warnlämpchen auf. Der Motor war kaputt. Daraufhin zerrte mein Vater Steven vom Truck und trat ihm heftig in den Hintern. Steven heulte so laut, dass meine Mutter herausgestürzt kam und ihn auf den Arm nahm. Nicht einmal Steven, den er so offenkundig liebte, war vor seinem Zorn sicher.

Dennoch machten wir weiter und versuchten, nicht aufzufallen. Ich ging zur Junior Highschool, fand neue Freunde und fing an, mich mit Jungs zu treffen. Von außen besehen wirkte mein Leben völlig normal: Ich verbrachte viel Zeit mit meinen Freunden, hing im Einkaufszentrum herum und ging samstagabends in die Kirchendisco.

Doch als ich älter wurde, machte sich der Stress unseres problematischen Familienlebens auch bei mir bemerkbar. Meine schulischen Leistungen verschlechterten sich. Meine Noten waren unterirdisch, und die Lehrer behaupteten, ich würde nie aufpassen. Meistens war ich einfach zu erschöpft, um mich zu konzentrieren. Aus offensichtlichen Gründen konnte ich nachts kaum schlafen. Wenn ich endlich wegschlummerte, schrak ich kurz darauf wieder aus einem Albtraum hoch. Für mich war der Schlaf nie eine Zuflucht vor der Angst, sondern seine Fortsetzung.

Erholung fand ich nur, wenn ich bei einer meiner Freundinnen übernachten durfte. Meine beste Freundin hieß Sue und war ein witziges, quirliges Mädchen, das genauso gern Streiche machte wie ich. Ich übernachtete unheimlich gern bei ihr. Sues Mutter war Sekretärin, und ihr Vater arbeitete bei IBM. In meinen Augen waren sie die perfekte Familie. Sues Dad kam um sechs nach Hause, um sieben gab es Abendessen, und um neun war Bettgehzeit. Am nächsten Morgen machte uns Sues Mutter, die immer eine Schürze über ihrem Kleid oder Rock trug, Rührei mit Speck und Würstchen zum Frühstück. Auf der Anrichte warteten Gläser mit Orangensaft und eine Reihe von Vitaminpräparaten. Auch für mich gab es immer Orangensaft und Vitamine. Dann setzten wir uns an den Tisch, redeten und lachten.

Alles fühlte sich leicht und sorglos an. Ich spürte geradezu, wie die Anspannung aus meinem Körper wich. Nachts schlief ich ohne Sorge, Angst oder Beklemmung und wachte immer frisch und munter auf. Ich weiß, es klingt oberflächlich, aber am meisten gefiel mir an Sues Familie, wie sich ihr Vater anzog. Wenn er das Haus verließ, trug er einen schönen schwarzen Anzug mit einem makellos weißen Hemd und einer schmalen, dunklen Krawatte. Er sah aus wie jemand aus der Fernsehwerbung. Ich erinnere mich, dass ich mir wünschte, mein Vater wäre mehr wie er. Denn ehrlich gesagt schämte ich mich, dass mein Vater Barkeeper war. Es missfiel mir, dass er abends arbeitete, und ich hasste es, dass wir alle auf Zehenspitzen herumhuschen mussten, wenn er betrunken nach Hause kam. Sues Familie hatte sicher auch ihre Probleme, aber für mich war sie alles, was wir nicht waren: glücklich, liebevoll, normal.

Manchmal, aber nur selten, lud ich Sue ein, bei mir zu übernachten. Das war riskant, da ich nie wusste, ob mein Vater auch in ihrer Anwesenheit explodieren würde. Eines Nachts schliefen Sue und ich in meinem Zimmer, als ich aufwachte, weil ich die Stimme meines Vaters unten hörte. Ich verstand zwar nicht, was er sagte, aber das war ganz gleich. Ich wusste, was kommen würde. Also rüttelte ich Sue wach und befahl ihr, sich anzuziehen.

»Was ist denn los?«, fragte sie verschlafen.

»Zieh dich an. Du musst nach Hause.«

Um zwei Uhr morgens schob ich Sue aus dem Haus, Annette und ich fuhren sie heim. Den Grund erklärte ich ihr erst Jahre später. Ich wollte nicht, dass meine Freunde mitbekamen, wenn mein Vater einen seiner Wutanfälle hatte. Ich hätte es einfach nicht ertragen, wenn sie gewusst hätten, wie ich leben musste.

Etwa zu der Zeit ging es mit der *Windmill Bar* bergab. Ich bin sicher, dass mein Vater für Tausende von Dollars Freigetränke spendierte. Langsam, aber stetig ging es mit der Bar Richtung Abgrund. Zu Hause wurde das Geld noch knapper. Meine Eltern arbeiteten immer länger, machten aber immer weniger Gewinn. Die Lage spitzte sich zu. Größere Ausbrüche hatte es schon eine ganze Weile nicht mehr gegeben, aber wir spürten alle, dass etwas in der Luft lag. Es war nur eine Frage der Zeit.

Ich war gerade bei Sue, als eines Nachmittags das Telefon klingelte. Sue sagte, es sei meine Schwester Annette. Ich griff nach dem Hörer und hörte schon an Annettes Stimme, dass etwas Furchtbares passiert war.

»Komm nach Hause«, sagte sie. »Auf der Stelle.«

Ich sprang auf mein Rad und raste die kurze Strecke heim.

Als ich ins Haus trat, bemerkte ich sofort, dass die Plastikpflanze, die normalerweise im Flur stand, mitten im Familienzimmer lag. Mit angehaltenem Atem ging ich in Richtung Geschrei. Normalerweise kamen die Ausbrüche meines Vaters nachts, sodass ich mich in mein Zimmer verkriechen, alle Lampen löschen und mich in der Dunkelheit verstecken konnte. Aber jetzt war es Nachmittag, helllichter Tag. Ich konnte mich nicht verstecken. Ich hörte, dass meine Mutter meinen Vater anflehte. Ein Teil von mir wäre am liebsten die Treppe hinaufgerannt, zu den anderen, die sich irgendwo zusammendrängten. Doch das durfte ich nicht. Ich war sechzehn. Ich konnte nicht mehr so tun, als wäre nichts.

Ich ging in die Küche. Der Tisch und die Stühle, die mein Vater vor nicht allzu langer Zeit neu gekauft hatte, waren wieder zertrümmert. Meine Mutter lag zusammengerollt auf dem Boden. Und mein Vater stand über ihr und trat sie brutal.

Da rastete etwas in mir aus. Ich hatte schon früher versucht, ihre Streitereien zu schlichten und meinen Vater angeschrien, wenn er Frank schikanierte, aber das war etwas anderes. Ich stürzte auf ihn zu, brüllte, er solle aufhören, und fing an, auf ihn einzuschlagen. Doch er fegte mich mit einem Arm zur Seite, sodass ich quer durch den Raum segelte und gegen die Wand krachte. Dann trat er wieder nach meiner Mutter.

Ich war selbst schockiert, dass ich mich sofort wieder auf ihn stürzte. Ich wusste nicht, ob ich verletzt war, aber das war mir auch egal. Das Adrenalin befeuerte mich. Ich ging zu meinem Vater und ballte die Faust. Ich hielt sie ihm unter die Nase und schrie ihn lauter an als je zuvor. Meine Mutter flehte mich an, zu verschwinden und ihn in Ruhe zu lassen. Ich weiß, sie wollte nicht, dass mein Vater mir wehtat. Doch ich wich keinen Zentimeter zurück, sondern drohte ihm mit der Faust und steigerte mich ebenfalls in eine heftige Raserei.

»Hör auf oder ich rufe die Polizei«, brüllte ich. »Hör sofort auf oder ich lass dich einsperren!«

Ich weiß nicht, ob ich zu ihm durchdrang, weil ich genauso in Rage war wie er. Ich weiß nicht, ob mein Vater mir ansah, dass ich keine Angst hatte. Ich weiß auch nicht, ob es an meiner Drohung lag, die Cops zu holen – was bisher noch keiner gewagt hatte. Was auch immer es gewesen sein mochte, es funktionierte. Mein Vater hörte auf, meine Mutter zu treten, und erschlaffte, als würde alle Luft aus ihm weichen. Seine Schultern sackten nach vorn. Verwirrt, niedergeschlagen und untätig stand er eine Weile da. Schließlich schlurfte er davon.

Ich wandte mich meiner Mutter zu. Kurz darauf kam Annette nach unten, gefolgt von Nancy, Frankie und dem kleinen Steven. Wir alle saßen in unserer zertrümmerten Küche und sahen zu, wie sie schluchzte. Später fuhr sie selbst zum Krankenhaus.

Sie hatte ein Dutzend Blutergüsse und drei gebrochene Rippen. Man legte ihr einen Verband an und schickte sie ohne Fragen wieder nach Hause.

Mit der Zeit heilten die Wunden meiner Mutter. Auch nach diesem Vorfall verließ sie meinen Vater nicht, das geschah niemals. Aber für mich änderte sich etwas an diesem Tag. Ich hatte mich gegen ihn gewehrt. Es war, als hätte ich eine wirksame Waffe gefunden, die ich gegen ihn einsetzen konnte, einen Ausweg.

In vielerlei Hinsicht war dies der Tag, an dem ich erwachsen wurde.

12

AUSSEN VOR

Kurz nach unserem gemeinsam verbrachten Thanksgiving fragte ich Maurice, was er normalerweise an Weihnachten mache.

»Nichts«, antwortete er achselzuckend.

»Was soll das heißen? Feiert ihr nicht?«

»Nein.«

Als ich nachhakte, erzählte mir Maurice, dass seine Familie normalerweise nicht feierte. Er konnte sich erinnern, dass seine Mutter während der Feiertage ein paar Mal etwas Besonderes gekocht hatte. Das letzte Weihnachten hatte Maurice ganz allein bei der Heilsarmee verbracht. Er aß das Gratisessen, das dort angeboten wurde, und danach führte ihn einer der Mitarbeiter zu einem Behälter mit Spielzeug für die mittellosen Kinder. Maurice suchte sich einen weißen Teddybären aus.

Das war das einzige Weihnachtsgeschenk, das er je bekommen hatte.

Als ich ihn fragte, ob er Lust habe, Weihnachten mit mir

und meiner Familie zu verbringen, sagte er sofort zu und strahlte.

Am Samstag vor Weihnachten gingen wir zusammen einen Weihnachtsbaum kaufen. Bei einem Straßenverkäufer suchten wir einen schönen aus und schleppten ihn nach Hause. Dort holte ich meinen Baumschmuck hervor, kleine rote Äpfel, Lametta und bunte Lichterketten. Ich legte ein Album Weihnachtslieder auf und machte uns Kakao. Dann schmückten wir den Baum.

Danach aßen wir zusammen zu Abend und backten selbstverständlich Cookies. Schließlich gab ich Maurice einen Zettel und bat ihn aufzuschreiben, was er sich dieses Jahr vom Weihnachtsmann wünsche.

»Den gibt es doch gar nicht«, lachte er.

»Kann sein«, entgegnete ich. »Trotzdem solltest du einen Wunschzettel schreiben.«

Also kritzelte Maurice etwas auf den Zettel. Ganz oben auf seiner Liste stand ein ferngesteuertes Auto.

Maurice fragte mich, ob er sich einfach hinsetzen und den Baum anschauen könne. Also dimmte ich das Licht in der Wohnung. Wir setzten uns aufs Sofa, betrachteten den Baum und lauschten schweigend der Weihnachtsmusik. Eine ganze Weile lang saßen wir einfach nur so da, im Schein der Lichterketten. Schließlich sagte Maurice:

»Danke, dass Sie Weihnachten so schön für mich machen. Kinder wie ich – wir kennen Weihnachten. Wir sehen es im Fernsehen. Aber wir sind immer außen vor. Kinder wie ich wissen, dass wir das nie selbst haben können. Also denken wir nicht daran.«

Wieder einmal staunte ich, wie weise Maurice trotz seiner

Lebensumstände war. Obwohl noch so jung, hatte er eine eigene, von seinen Erfahrungen geprägte Sicht aufs Leben. Ihm war sein Platz in der Gesellschaft mehr als bewusst. Er konnte sich zwar nicht richtig die Nase putzen, wusste aber mehr vom Leben als viele Menschen, die doppelt so alt waren.

* * *

Ein paar Tage später war Heiligabend, und Maurice kam zu mir in die Wohnung. Meine Schwester Nancy, die dreißig Blocks südlich von mir wohnte, war auch da. Sie hatte Maurice bereits kennengelernt und mochte ihn wirklich gern. Als Maurice meine Wohnung betrat und das Dutzend schön verpackter Geschenke unter dem Baum sah, riss er die Augen auf. Er muss geahnt haben, dass wenigstens ein paar davon für ihn waren. Wir aßen ausgiebig zu Abend und setzten uns danach wieder vor den Christbaum, um Weihnachtslieder zu hören. Dann durfte Maurice eines seiner Geschenke auspacken.

Ich wusste, es gab viele praktische Dinge, die er brauchte: Socken, T-Shirts, Unterwäsche, Handschuhe, eine Mütze, eine Winterjacke und so weiter. In den Monaten seit unserer ersten Begegnung hatte ich darauf geachtet, ihm nur das Notwendigste zu kaufen. Ich wollte nicht die »reiche Lady« sein, die ihn mit unnützem Kram überhäufte. Aber Maurice hatte noch nie richtig Weihnachten gefeiert, daher war dies die Gelegenheit, ihn ein bisschen zu verwöhnen. Zwar hatte ich ihm viel Kleidung gekauft, aber es gab ein ganz besonderes Geschenk.

Vorsichtig packte Maurice es aus und quiekte vor Freude,

als er das ferngesteuerte Rennauto entdeckte. Er und Nancy bauten alles zusammen, während ich den Tisch abräumte. Dann fragte Maurice, ob er es mit zu Annette nehmen dürfe, damit Derek und er damit spielen konnten.

So unglaublich es klang, war es das erste extra für ihn ausgesuchte und verpackte Geschenk.

Am Weihnachtsmorgen kamen Maurice und Nancy wieder zu mir, und wir fuhren gemeinsam zu Annette. Als wir dort ankamen, staunte Maurice, wie groß Annettes Christbaum war, etwa doppelt so groß wie meiner. Darunter lagen eine Million glänzender Pakete – zumindest sah es so aus.

Annette liebte es, ihr Haus weihnachtlich mit Kränzen, einer Krippe und Lametta zu schmücken. Mit großen Augen ging Maurice durch die Zimmer. Kurz darauf war es Zeit, sich im Wohnzimmer zu versammeln und die Geschenke auszupacken. Jeder hatte ein Geschenk für Maurice, auch Derek und seine Schwestern. Ich hatte Maurice geholfen, für sie ebenfalls Geschenke auszusuchen. Die Kinder verschwanden fast in dem Haufen Geschenkpapier, aber ich sah, dass Maurice T-Shirts bekommen hatte. Dazu Mütze und Handschuhe, eine Winterjacke und sogar ein Hemd von Tommy Hilfiger, was ihn wirklich umhaute. Er bekam seinen eigenen Basketball, ein Paar Turnschuhe und viele Kleinigkeiten. Er konnte kaum glauben, dass das alles für ihn war.

Dann zeigte Maurice Derek sein neues ferngesteuertes Auto, und die beiden ließen es durch die Flure und das Familienzimmer rasen. Ich glaube, es hat mir noch nie so viel Spaß gemacht, einem Kind beim Spielen zuzusehen.

An dem großen Esstisch, den Maurice so mochte, fassten wir uns alle an den Händen und sagten Danke. Nach dem

Essen teilte Annette Liedtexte aus, und wir sangen Weihnachtslieder. Steven begleitete uns dazu auf demselben Keyboard, auf dem er schon unserer Mutter vorgespielt hatte.

Ich weiß nicht, ob es an Maurice lag, aber es war das schönste und herzlichste Weihnachten seit Jahren, das unsere Familie erlebte.

Als es Zeit wurde, halfen Nancy und ich Maurice, seine Geschenke einzupacken, verabschiedeten uns von meiner Familie und fuhren nach Manhattan zurück. Maurice fragte, ob er sein Rennauto und die anderen Spielsachen bei mir in der Wohnung lassen könne. Er erklärte, er wolle mit ihnen spielen, wenn er mich besuche. Mir war klar, dass er Angst hatte, sie würden ihm im Bryant gestohlen. An jenem Abend nahm er nur seinen neuen Parka und ein paar andere Kleidungsstücke mit, dazu eine Tüte mit gebrauchter Kleidung für seine Schwestern und ein Paket mit Essen von Annette. Maurice hatte ein so schönes Weihnachten wie nie zuvor erlebt und wollte seine Schwestern ein bisschen daran teilhaben lassen.

Als er gegangen war, blickte ich zum Sofa, wo das wunderbare Geschenk lag, das Maurice mir zu Beginn des Tages gegeben hatte. Er war in meine Wohnung gekommen, hatte es mir mit verlegener Miene überreicht und gemurmelt: »Frohe Weihnachten, Miss Laura.« Jetzt ging ich zum Sofa, nahm es und betrachtete den Baum, den Maurice und ich gemeinsam geschmückt hatten.

Er hatte mir das Einzige geschenkt, was er überhaupt besaß.

Den weißen Stoffteddy von der Heilsarmee.

Ich saß da und dachte darüber nach, was dieses Weihnachten für Maurice und für mich bedeutete. Er hatte es mit einer fremden Familie verbracht, was traurig war. Doch das waren Menschen, die ihn ins Herz geschlossen hatten und sich um ihn sorgten. Und das war gut. Er musste nicht allein zur Heilsarmee gehen, sondern bekam einen Eindruck von einer glücklichen, liebevollen Familie.

Als ich mir vorstellte, wie die Familie meiner Schwester wohl auf Maurice gewirkt haben mochte, wurde mir klar, dass meine Schwester den Traum verwirklichte, den wir beide als kleine Mädchen geträumt hatten. In vielen Nächten hatten wir darüber geredet, wie unsere eigenen Familien aussehen, in welchen Häusern wir wohnen, was unsere Ehemänner beruflich machen und in welche Schulen unsere Kinder gehen würden. Für Annette und mich war der Traum von einer eigenen Familie, die sicher und geborgen leben konnte, mehr als nur eine Kleinmädchenfantasie gewesen. Sie war eine Überlebensstrategie, unsere einzige Möglichkeit, das, was in unserer Kindheit schiefgegangen war, wieder geradezubiegen. Wir wünschten es uns nicht nur, wir brauchten es.

So dachte ich an diesem Weihnachtsabend darüber nach, dass Annettes Traum wahr geworden war. Ich dachte auch an meinen eigenen Traum, meine eigene Sehnsucht nach einem liebenden Ehemann, entzückenden Kindern und einem großen Haus in einem Vorort. Hier saß ich, sechsunddreißig, Single, allein. Warum war mein Traum nicht wahr geworden? Warum war ich nicht Ehefrau und Mutter? Die Wahrheit ist: Ich hatte es versucht.

Ganz am Anfang hatte Maurice mich gefragt, ob ich Kinder hätte, und ich hatte das verneint. Das stimmte auch.

Aber ich hatte ihm etwas verschwiegen, was ich den meisten verschwieg.

Ich hatte ihm verschwiegen, dass ich verheiratet gewesen war.

* * *

Ich lernte Kevin auf einem Bahnsteig der *Long Island Railroad* kennen, als ich zwanzig war und noch zu Hause wohnte. Kevin, das muss ich anfügen, ist nicht sein richtiger Name. Ich habe ihn geändert, um ihn zu schützen. Damals arbeitete ich für *Icelandic Airlines* und hatte Kevin schon mehrfach auf dem Bahnsteig gesehen, während ich auf meinen Zug wartete. Er sah umwerfend gut aus, hatte hellbraune Haare, tief liegende haselnussbraune Augen und ein sorgloses Selbstvertrauen, das ich äußerst anziehend fand. Wir warfen einander Blicke zu und grüßten uns nach einer Weile mit einem Nicken. Als sich schließlich eines Abends unsere Züge verspäteten, setzten wir uns zusammen und unterhielten uns.

Die Chemie zwischen uns stimmte auf Anhieb. Ich erfuhr, dass er mit seiner Familie in einem schicken Städtchen auf Long Island wohnte, etwa eine halbe Stunde von meinem Heimatort entfernt. Sein Vater hatte eine eigene Firma in der Innenstadt von New York, und Kevin arbeitete für ihn.

Kurz nach unserem ersten Gespräch verabredeten wir uns und gingen in ein Restaurant in Manhattan. Ich konzentrierte mich nur darauf, wie viel er trank. Annette, Nancy und ich hatten uns geschworen, niemals mit einem Trinker auszugehen. Hätte Kevin sein Glas zu schnell geleert oder es irgendwelche Hinweise auf ein Alkoholproblem gegeben, wäre ich wahrscheinlich sofort wieder gegangen.

Doch unsere erste Verabredung war einfach wundervoll, und wir verliebten uns ziemlich schnell ineinander. Als Kevin mich zu seinen Eltern einlud, war ich begeistert, wie freundlich und warmherzig sie waren. Sie wirkten so ruhig, so gelassen, so herrlich normal. Zwar waren sie ziemlich wohlhabend und kultiviert, hießen mich aber herzlich willkommen. Ich schloss sie sofort in mein Herz.

Ich weiß noch, wie ich Kevins Vater beobachtete, als er den Hund ausführte. In unserer Familie hatte es auch Hunde gegeben, aber wir ließen sie frei im Garten herumlaufen. Kevins Dad jedoch führte seinen Weimaraner an der Leine Gassi. Für mich war die Leine ein wichtiges Symbol. Sie band Kevins Vater an seinen Hund und auch an seine Familie. Damit stand sie für ein Maß an Verantwortung und Schutz, das ich nie erfahren hatte. Ich glaube, in diesem Augenblick verliebte ich mich in Kevins Familie – und vielleicht auch in Kevin.

An unsere Hochzeit kann ich mich ehrlich gesagt kaum erinnern. Ich weiß nur, dass ich begeistert war, weil mein Traum von einer eigenen Familie endlich wahr wurde. Kevin hatte zuvor verkündet, dass er das Familienunternehmen verlassen und auf eigenen Füßen stehen wolle. Ich unterstützte ihn dabei, ein Vorstellungsgespräch für einen Job als Berater zu bekommen. Berater besuchen Unternehmen, analysieren die Firmenstruktur und empfehlen Veränderungen.

Kevin war wirklich klug und wurde vom Fleck weg engagiert. Er verdiente gut, und zusammen mit meinem Gehalt konnten wir uns eine schöne Wohnung in Forest Hills in Queens leisten. Allerdings war Kevin durch seinen Job von montags bis freitags unterwegs – nicht gerade ideal für eine

Ehe, schon gar nicht für ein frisch verheiratetes Paar. Aber da ich wusste, wie viel Kevin an seiner Arbeit lag, machte ich das Beste daraus. Ich dachte mir, das wäre das Opfer, das moderne Paare bringen müssten. Ich erklärte, ich würde alle Haushaltspflichten übernehmen, einkaufen, kochen und putzen, damit wir, nachdem ich ihn freitagabends abgeholt hatte, jede Sekunde des Wochenendes miteinander genießen konnten.

Nach etwa einem Jahr musste Kevin für eine Firma in South Carolina arbeiten. Ich hoffte eigentlich auf Aufträge, die in der Nähe lagen, sodass er unter der Woche ab und zu heimkommen konnte. Außerdem hoffte ich, in naher Zukunft unseren Kinderwunsch in die Tat umzusetzen, wusste aber, dass das warten musste, bis Kevin häufiger zu Hause war. Ich redete mir ein, alles würde gut werden. Schließlich hatte ich allen Grund zur Hoffnung.

Doch als ich Kevin eines Freitagabends vom Flughafen abholte, fiel mir auf, dass er meinem Blick auswich. Keinerlei Augenkontakt, keine Begrüßung, nichts. Ich hatte das dringende Gefühl, dass etwas nicht stimmte. Schließlich fragte ich: »Was ist los? Warum siehst du mich nicht an?«

»Hack nicht so auf mir herum«, war seine Antwort.

Danach veränderte er sich. Unsere Telefonate wurden kürzer und schwieriger. Er interessierte sich immer weniger und schließlich gar nicht mehr für Sex. Als wir an einem Wochenende an den Strand fuhren, bemerkte ich, dass sein Ehering weg war. Er behauptete, er habe ihn beim Schwimmen im Meer verloren. Ich war geschockt, dass ihm das völlig egal zu sein schien.

Wir waren gut zwei Jahre verheiratet, als wir beschlossen, Urlaub in Aruba zu machen. An unserem ersten Abend nahm er ein Buch mit ins Restaurant. Ich war wie vor den Kopf geschlagen. Interessierte er sich mehr für das Buch als für mich?

»Soll das ein Witz sein?«, fragte ich. »Wir haben uns eine Woche nicht gesehen, und du willst hier lesen?«

Er bot mir keinerlei Erklärung, weder für das Buch noch für alles andere, sondern wirkte immer distanzierter.

Ich wusste, dass etwas nicht stimmte, kam nur nicht darauf, was. Als er sich eines Abends telefonisch aus South Carolina meldete, sprach er die Situation endlich an.

»Ich bin sehr verwirrt«, sagte er.

»Worüber?«

»Ich bin verwirrt«, wiederholte er. »Ich brauche Zeit zum Nachdenken.«

»Kevin, komm nach Hause. Ich weiß, irgendetwas nagt an dir. Was immer es ist, komm nach Hause. Wir lösen das Problem gemeinsam.«

»Ich brauche nur etwas Zeit«, sagte er noch einmal. »Deshalb bleibe ich übers Wochenende hier.«

Das war das erste Wochenende, an dem Kevin nicht nach Hause kam.

Ich konnte es nicht fassen. Schlimmer noch, ich hatte keine Ahnung, warum er wegblieb. Als ich ihn am Samstag im Hotel anrufen wollte, erklärte man mir am Empfang, er habe ausgecheckt. Da es damals noch keine Handys gab, hatte ich keinerlei Möglichkeit, ihn zu erreichen. Ich konnte nur abwarten und grübeln, was los war.

Sonntagabend rief er mich schließlich an.

»Du bist jung, hübsch und hast einen tollen Charakter«, erklärte er. »Aber ich liebe dich nicht und will mich scheiden lassen.«

Kevin beendete unsere Ehe am Telefon.

Meine Reaktion auf seinen Anruf war nackte Hysterie. Das überstieg einfach meinen Verstand. Mein Traum würde so enden? Ich konnte einfach nicht glauben, dass es keine Möglichkeit geben sollte, alles in Ordnung zu bringen.

Kevin hatte mir nie eine Nummer gegeben, unter der ich ihn erreichen konnte. Und nun rief er mich überhaupt nicht mehr an. Seine Eltern baten mich, ihm seine Kleider, Bücher und Golfschläger zu schicken. Die restlichen Dinge aus unserem gemeinsamen Leben interessierten ihn nicht.

Ich glaube, einen Monat lang befand ich mich im Schockzustand. Ich war verzweifelt, weinte ununterbrochen, suchte Trost bei meiner Mutter und fragte ständig seine Eltern, was schiefgegangen sei. Doch auch die wussten keine Antwort. Sie schworen, das Ganze sei ein Rätsel für sie.

Nicht ein einziges Mal kam mir der Gedanke, dass Kevin eine Affäre hatte.

Als ich schließlich drei quälend lange Tage nichts von ihm gehört hatte, packte ich alles zusammen, was wir besaßen, und lagerte es ein. Kurz darauf zog ich zu meiner Familie zurück. Da all meine Freunde mir rieten, zu einem Scheidungsanwalt zu gehen, gehorchte ich schließlich widerstrebend.

Dieser Anwalt namens Richard Creditor blickte mir in die Augen, nachdem ich meine Geschichte erzählt hatte, und verkündete: »Miss Schroff, ich weiß, Sie haben viel durchgemacht, und ich möchte Ihnen nicht wehtun. Aber Ihr Mann hat eine Geliebte.«

»Unmöglich«, erwiderte ich. »Das würde Kevin niemals tun. So einer ist er nicht.«

»Ich will Ihnen nicht die Illusionen nehmen, aber Ihr Mann hat eine andere. Ich habe schon viele Scheidungen für Männer wie ihn übernommen.«

Da ich das einfach nicht glauben konnte, überredete mich Mr. Creditor, einen Detektiv zu engagieren. Dem gab ich die einzige Kontaktadresse von Kevin, die ich hatte, ein Postfach in South Carolina. Der Detektiv überprüfte alles und lieferte mir Beweisfotos. Kevin hatte tatsächlich eine andere. Ich war ersetzt worden. Kevins Anruf mit seinem Scheidungswunsch war schrecklich genug gewesen, aber diese Nachricht erschütterte mich bis ins Mark. Etwas in mir zerbrach unwiederbringlich.

Ich versank in einer Düsternis, von der ich nicht einmal gewusst hatte, dass es sie gab. Wochenlang war ich nicht ich selbst. Für mich war eine Familie nicht nur etwas, was ich mir wünschte, sondern meine einzige Rettung. Es war die einzige Lösung für das unlösbare Problem mit meinem gewalttätigen Vater. Meine einzige Chance, so glücklich zu werden, wie es mir als Kind verwehrt gewesen war. Nun war mir das von einer Sekunde auf die andere unmöglich gemacht worden. Mit dreiundzwanzig hatte ich das Gefühl, mein Leben sei zu Ende.

Meine Mutter schickte mich zu unserem Pfarrer, und der freundliche alte Mann erklärte mir, ich könne meine Ehe annullieren lassen. Eine Annullierung bedeutete, dass unsere Ehe quasi nie existiert hatte und ich später noch einmal römisch-katholisch heiraten könnte. Damit war ich nicht einverstanden.

»Soll ich etwa so tun, als ob unsere Ehe nie stattgefunden hätte?«, fragte ich. »Wollen Sie wirklich, dass ich seinen Betrug vergesse?«

Ein ganzes Leben lang hatte ich so getan, als gäbe es die Wutanfälle meines Vaters nicht. Als hätte er nicht die Küche verwüstet, meine Mutter verprügelt und meinen armen Bruder Frank terrorisiert. Jetzt wollte ich nicht länger lügen. Ich konnte nichts ungeschehen machen, indem ich mir die Decke über den Kopf zog.

»Nein, Pater, ich will nicht so tun, als wäre das alles nicht passiert. Es ist passiert, und zwar mir.«

Also reichte ich die Scheidung ein. Mr. Creditor, der eine starke Sympathie für mich und eine ebenso starke Antipathie gegen Kevin entwickelt hatte, versprach mir, ihn kräftig bluten zu lassen. Mir war das Geld egal, zumal wir ohnehin nicht viel hatten.

Doch ich stellte Kevin telefonisch wegen seiner Geliebten zur Rede, und das war eines der schlimmsten Gespräche meines ganzen Lebens. Danach trauerte ich um das, was ich verloren hatte. Tagelang, monatelang, jahrelang.

Rückblickend vermute ich, dass ich zu naiv, zu schnell in diese Ehe geflüchtet bin und mich eigentlich mehr meinem Traum als diesem Mann hingab. Gewiss liebte ich Kevin, und zwar sehr, aber reicht Liebe allein? Wollte ich nicht vor allem meinem Vater und meiner Familie entkommen und war daher blind für das, was ich doch hätte sehen müssen? Damit will ich nicht seinen Betrug beschönigen.

Heute weiß ich, dass Kevin seine Entscheidungen sprunghaft und unüberlegt trifft. Unsere Ehe war traurigerweise nur eine in einer ganzen Reihe falscher Entscheidungen. Doch wenn ich ehrlich bin, muss ich zugeben, dass das Päckchen, das ich mit in unsere Ehe brachte, zumindest zu ihrem Ende beitrug.

Ich war erst dreiundzwanzig und hatte noch viel Zeit, meinen Traum zu verwirklichen. Vielleicht hätte ich mich schnell wieder vom Debakel meiner Ehe erholt, wäre nicht gleichzeitig eine weitere Katastrophe über mich hereingebrochen.

Meine Scheidung raubte mir den Glauben an die Menschen und an die Liebe.

Aber was dann kam, zerbrach mir das Herz.

13

BITTERSÜSSES WUNDER

Genau an dem Wochenende, als Kevin mich anrief und um die Scheidung bat, erfuhr meine Mutter, dass der zwei Jahre zuvor bei ihr diagnostizierte Gebärmutterkrebs zurückgekehrt war. Der Arzt wollte sie sofort zu weiteren Untersuchungen ins Krankenhaus schicken, aber nachdem meine Mutter von der Sache mit Kevin erfahren hatte, weigerte sie sich. Stattdessen bestand sie darauf, dass ich nach Hause kam und mich von ihr trösten ließ. Genau das tat ich auch.

Erst nach ein paar Wochen, als ich wieder zu Hause eingezogen war, erzählte sie mir von der Diagnose. Mir kam meine Mutter nicht schwächer oder krank vor, doch genau das war der Fall. Beim ersten Mal hatten wir alle Angst gehabt, der Krebs würde sie uns nehmen, und inständig für ihre Heilung gebetet. Anscheinend wurden wir erhört, denn sie war eine starke Frau, die an ständige, kräftezehrende Schmerzen gewöhnt war. Sie überlebte.

Ich glaube, meine Mutter kämpfte vor allem wegen ihrer

Kinder. Zu dem Zeitpunkt waren Annette und ich schon aus dem Haus, aber Frank, Nancy und Steven lebten noch bei ihr. Meine Mutter wollte sie nicht im Stich lassen, wollte nicht, dass sie nur von meinem Vater aufgezogen wurden. Dagegen kämpfte sie mit allen Mitteln, die ihr zur Verfügung standen.

Doch nun war der Krebs wieder da. Wir wappneten uns für einen weiteren langen und harten Kampf. Ich beschloss, eine Weile zu Hause zu bleiben, um für meine Mutter da zu sein. Das fiel mir nicht leicht. Für meine Mutter würde ich alles tun, was in meiner Macht stand, aber mit meinem Vater wollte ich nichts mehr zu tun haben. Ich hatte ihn hinter mir gelassen und ihn, zumindest innerlich, aus meinem Leben verbannt.

Ich war ihm gegenüber entschiedener und härter aufgetreten als meine Geschwister. Die fühlten sich hin- und hergerissen zwischen dem Wunsch, er würde einfach verschwinden, und ihrer Liebe zu ihm. Dieser Liebe, die sie jedes Mal wieder dazu brachte, ihm zu verzeihen. Mir jedoch war klar, dass ich meinen Vater zwar liebte, ihn aber nicht mehr ertrug. Ich war einfach zu wütend darüber, wie er Frank behandelt hatte und wie grausam er zu meiner Mutter war. Das konnte ich nicht mehr mit ansehen.

Daher zog ich nach ein paar Monaten aus meinem Elternhaus aus und in eine Mietwohnung in Manhattans 83. Straße Ost. Meine Mutter war sehr krank, und ich weiß, dass einige nicht verstanden, warum ich einfach ging. Aber ich hatte keine andere Wahl.

Kurz darauf verschlimmerte sich der Zustand meiner Mutter, und mein Vater steckte sie ins *Memorial Sloan Kettering*

Hospital in Manhattan. Das lag etwa fünfzehn Blocks von meiner Wohnung entfernt.

Später erfuhr ich, dass mein Vater sich erkundigt hatte, welches das beste Krankenhaus sei, meine Mutter dorthin gebracht und sie jeden Tag besucht hatte. Zwar blieb er immer nur eine Stunde, weil er einfach nicht länger still sitzen konnte. Doch zumindest kam er täglich und ließ keinen einzigen Tag aus. Er küsste meine Mutter auf die Stirn, hielt ihre Hand und sah mit ihr fern. Am Wochenende brachte er Nancy und Steven mit, damit sie Zeit mit ihrer Mom verbringen konnten. Dann wurde er unruhig, verabschiedete sich und ging.

Heute ist mir klar, dass er sein Bestes gab. Das Tragische im Leben meines Vaters ist, dass er meine Mutter aufrichtig liebte und große Angst hatte, sie zu verlieren. Er hörte nie ganz auf, trank aus Angst jedoch viel weniger. Er konnte sich nicht von Grund auf ändern, versuchte es aber zumindest.

Ich besuchte meine Mutter jeden Abend nach der Arbeit. Oft unterhielten wir uns nur, und die Abende mit ihr waren wirklich etwas Besonderes. Wir redeten darüber, was Kevin mir und mein Vater ihr angetan hatte, und kamen zu dem Schluss, dass die Frauen in unserer Familie wegen ihrer problematischen Männer stark sein mussten. Sie verriet mir, dass sie nicht verstand, warum Gott zuließ, dass ich derartig verletzt wurde. Doch, fügte sie hinzu, bürde Gott einem Menschen nie mehr auf, als er tragen könne.

»Also, Laurie, ich weiß, dass dies alles sehr schmerzlich für dich war«, sagte sie. »Aber sei gewiss, dass du die Kraft hast, es zu überwinden. Vergiss das nie.«

Da entdeckte ich etwas vom stillen Kampfgeist meiner Mutter in mir.

Meine Mutter bekam Methadon gegen ihre zunehmenden Schmerzen. Ihr Onkologe Dr. Ochoa zeigte Annette und mir, wie wir ihr das Mittel injizieren konnten. Er kam mit einer Spritze und ließ uns an einer Apfelsine üben. Bei ihm sah es ganz einfach aus, aber ich hatte Angst vor Nadeln. Mit der Zeit gewöhnte ich mich jedoch daran, und die Injektionen wurden Teil unserer Routine.

Als ich sah, dass der Zustand meiner Mutter sich nicht verbesserte, fing ich an, mit ihr zu verhandeln. »Du musst wieder gesund werden«, sagte ich. »Du kannst uns nicht mit Dad allein lassen. Du hast ihn geheiratet, nicht wir. Ohne dich kommen wir nicht klar. Außerdem braucht Dad dich wirklich. Wir alle brauchen dich.«

Eigentlich musste ich sie gar nicht so bearbeiten. Ich wusste, dass sie schon mit aller Kraft kämpfte.

Eines Abends, als ihre Schmerzen besonders schlimm wurden, verließ ich ihr Zimmer und wandte mich an Dr. Ochoa.

»Es geht ihr immer schlechter, und sie hat Angst. Was können wir tun?«

Da erklärte mir Dr. Ochoa, dass meine Mutter nur noch aus reiner Willenskraft am Leben blieb. Was sie nun brauchte, sei jemand, der ihr die Erlaubnis gab zu gehen. Ich traute meinen Ohren nicht. Sollte ich etwa meiner Mutter erklären, dass sie ruhig sterben durfte? Wie sollte ich ihr das sagen? Was konnte ich überhaupt sagen?

Da legte mir Dr. Ochoa seine Hand auf die Schulter und meinte: »Sie werden schon die richtigen Worte finden.«

»Doktor, wie soll ich denn wissen, wann es Zeit ist? Wie soll ich dieses Gespräch anfangen?«

»Wenn die Zeit kommt, werden Sie es wissen«, erwiderte er nur.

Ein paar Tage später drückte sich der Krebs bereits durch die Bauchhaut meiner Mutter, so sehr hatte er gestreut. Zuerst war da nur eine kleine, bläuliche Blase, dann erschienen weitere, die sich im Verlauf der nächsten Wochen über ihren gesamten Bauch und die Beine ausbreiteten. Eines Abends nahm meine Mutter meine Hand und sah mich unter schweren Lidern traurig an.

»Laurie, ich werde nicht mehr gesund. Der Krebs ist zu weit fortgeschritten.«

Ich drückte fest ihre Hand, weil ich spürte, dass ihre Äußerung eigentlich eine Frage war. Werde ich gesund? Oder muss ich sterben? Meine Mutter hatte Todesangst.

Genau wie Dr. Ochoa vorhergesagt hatte, wusste ich in diesem Augenblick genau, was ich antworten musste.

»Weißt du noch, Mom, was du gesagt hast, als ich wegen Kevin so außer mir war? Du hast gesagt, dass uns Gott nie mehr aufbürdet, als wir tragen können. Daran musst du dich jetzt halten. Schon sehr bald wird Gott dich erlösen, und dann wirst du nie wieder Schmerzen haben.«

Da schenkte meine Mutter mir ein trauriges Lächeln. Wir saßen einfach nur da, hielten uns an der Hand und schwiegen. Es war spät. Ich musste am nächsten Tag arbeiten, daher stand ich auf, um zu gehen. Als ich mich über sie beugte, um ihr einen Gutenachtkuss zu geben, blickte sie zu mir auf. »Danke, Laurie. Ich habe dich sehr lieb.«

* * *

Wir beschlossen, unsere Mutter nach Hause zu holen und uns dort um sie zu kümmern. Der Schrank unseres Hauswirtschaftsraums wurde mit einem großen Vorrat an Methadon und Spritzen bestückt. Ich zeigte Nancy, wie man Mom eine Injektion gab. Selbst mein Dad übte an einer Apfelsine, aber er war zu ungeduldig, um es richtig zu lernen. Meine Mutter hatte im Laufe des Jahres so viele Spritzen bekommen, dass wir kaum noch eine Stelle an Armen oder Beinen fanden, an der sich kein Bluterguss befand. Wir gaben einfach unser Bestes und versuchten, ihr alles so angenehm wie möglich zu machen. Wieder einmal entschied ich mich, zu Hause bei meiner Mutter zu wohnen und zur Arbeit zu pendeln.

Damals war mein Bruder Frank bei der Navy. Wir hatten ihm nicht erzählt, wie schlimm es um unsere Mutter stand. Es war ein Schock für ihn, als wir ihn schließlich anriefen und baten, nach Hause zu kommen. Ständig dachte ich an das, was Dr. Ochoa gesagt hatte. Dass ich wissen würde, wann meine Mutter bereit war zu gehen. Ich wollte, nein, ich musste da sein, wenn es so weit war. Also wohnte ich bei ihr.

An einem Donnerstagabend gegen zehn erwachte meine Mutter aus dem Schlaf und bat mich, den kleinen Steven zu wecken.

»Er soll Keyboard für mich spielen, so wie früher«, sagte sie.

Wir saßen bei meiner Mutter, während Steven in seinem gestreiften Schlafanzug ein paar der Songs spielte, die sie so gern hörte. *Please Release Me, Spanish Eyes* und ein paar andere Lieder von Engelbert Humperdinck. Eine ganze Stunde spielte er für sie. Schließlich erklärte sie, sie wolle schlafen.

Ich gab ihr eine Spritze, und sie schloss die Augen. Dann schlief sie auf dem Liegestuhl ein, der ihr Bett geworden war.

Der nächste Tag war mein fünfundzwanzigster Geburtstag. Ich hatte zwar das Gefühl, mit meiner Mutter würde es bald zu Ende gehen, trotzdem wollte ich zur Arbeit. Auf der Zugfahrt hatte ich ständig Dr. Ochoas Bemerkung im Ohr: »Sie werden es wissen.«

Kaum war ich im Büro angekommen, wusste ich, dass ich wieder zurückfahren musste. Als ich zu Hause ankam, schlief meine Mutter unnatürlich tief und fest. Ich hatte sie oft wegdriften sehen, aber diesmal kam es mir anders vor. Ich sah ihr an, dass sie nicht nur schlief. Mein erst dreizehnjähriger Bruder Steven spürte, was los war, und bat mich, bei meiner Mutter im Familienzimmer bleiben zu dürfen, wo wir ihr Krankenlager aufgeschlagen hatten. Da wurde mir bewusst, dass ihm keiner die schreckliche Wahrheit erklärt hatte. Also ging ich mit ihm vor die Tür, setzte mich mit ihm hin und erzählte ihm alles.

»Steven, Mom ist sehr krank und kommt bald in den Himmel. Darauf musst du dich gefasst machen. Wir alle müssen das.«

Steven war untröstlich und weinte. Ich legte meinen Arm um ihn und zog ihn an mich. Er erklärte, er wolle nicht mehr in seinem Zimmer schlafen, sondern bei unserer Mutter. Also machte ich für ihn ein Lager im Wohnzimmer zurecht, direkt neben dem Familienzimmer. An jenem Abend versuchte er so lange wie möglich wach zu bleiben, aber irgendwann kippte er einfach um. Mein Vater musste zwar nicht arbeiten, konnte jedoch den Anblick unserer Mutter nicht ertragen und war etwas trinken gegangen. Im ganzen Haus war es unheimlich still. Irgendwann wachte meine Mutter auf, sah mich an und nahm meine Hand.

»Ich fühle mich komisch«, sagte sie. »Bitte geh nicht. Ich möchte heute Nacht nicht allein sein.« Ich versprach ihr, dafür zu sorgen, dass sie keine Sekunde allein sein würde.

Nancy und ich wachten abwechselnd. Gegen drei Uhr morgens ging ich in Nancys Zimmer, weckte sie und bat sie, sich zu Mom zu setzen.

»Schlaf nicht ein«, sagte ich. »Du musst wach bleiben und auf sie aufpassen. Ich muss kurz die Augen zumachen.«

Nancy, die damals siebzehn war, versprach mir, wach zu bleiben. Mein Vater war mittlerweile heimgekommen, betrunken, aber nicht wütend. Er schlief tief und fest in seinem Bett. Ich machte ein Nickerchen in Nancys Zimmer, das in der Nähe des Familienzimmers lag.

Um fünf Uhr morgens hörte ich Nancy schreien. Ich rannte ins Familienzimmer, wo Nancy über meine Mutter gebeugt stand und versuchte, sie zum Reden zu bewegen. Meine Mutter lag einfach nur da. Sie atmete, reagierte aber nicht. Sie war ins Koma gefallen.

Wir riefen den Notarzt. Kurz bevor der Krankenwagen kam, wachte meine Mutter auf und weinte. Ich erklärte ihr, wir würden sie ins Krankenhaus bringen, um ihr Sauerstoff zu verabreichen. Mir fiel nichts anderes ein, um sie zu beruhigen.

»Ich will aber nicht«, erwiderte sie. »Wenn ich jetzt gehe, komme ich nie wieder nach Hause.«

Die Sanitäter kamen mit einer fahrbaren Tragbahre und rollten sie direkt an Steven vorbei, der nur ein paar Meter entfernt auf seinem provisorischen Lager lag. Trotz der

Sirenen und des geräuschvollen Hin und Hers rührte er sich nicht, sondern schlief einfach weiter. Ich war froh darüber, denn es war besser, wenn er nicht alles mitbekam. Ich glaube immer noch, dass Gott ihn vor einem schockierenden Anblick schützte.

Mein Vater wachte ebenfalls nicht auf. Aus Angst, er könnte Chaos anrichten, beschlossen wir, ihn schlafen zu lassen.

Stattdessen fuhren Annette und ich allein zum *Sloan Kettering Hospital*. Dr. Ochoa hatte Dienst und fragte, ob wir einen Priester wünschten. Dann sahen wir zu, wie meine Mutter in der Notaufnahme die Letzte Ölung bekam. Es fiel ihr immer schwerer zu atmen, und schließlich hörte sie ganz damit auf. Dr. Ochoa blickte erst sie an und dann uns.

»Sie ist von uns gegangen«, sagte er.

Annette und ich umarmten uns und weinten. Ich hatte das Gefühl, meine Mutter hätte zu lange gekämpft und unglaubliche Schmerzen ausgehalten.

Ich hätte erleichtert sein müssen, dass sie endlich ihren Frieden gefunden hatte, stattdessen überwältigte mich die Trauer.

Ich war tieftraurig darüber, wie das Leben meiner Mutter verlaufen war. Ich weinte, weil sie so viel Kummer und Leid erlebt hatte. Ich weinte, weil sie alles Glück der Welt verdient, aber nicht gefunden hatte.

Auf einmal fiel einer Krankenschwester etwas auf.

»O mein Gott«, rief sie. »Ihre Mutter lebt! Reden Sie mit ihr, so reden Sie doch mit ihr!«

* * *

Die Schwester hatte bemerkt, dass meine Mutter die Augen geöffnet hatte. Als wir sie ansahen, wandte sie uns ihr Gesicht zu und schenkte uns ein überaus warmherziges und friedvolles Lächeln. Wir waren starr vor Schock. Meine Mutter versuchte etwas zu sagen und hatte zuerst Schwierigkeiten. Dann sprach sie so klar und deutlich, als wäre in ihrem Gehirn ein Schalter umgelegt worden.

»Ich habe die Kraft bekommen, euch alles zu sagen, was ich euch immer sagen wollte, aber nicht konnte.«

Dr. Ochoa war genauso fassungslos wie wir. Die Schwester prüfte die Vitalfunktionen meiner Mutter und erklärte, sie seien besser als seit Monaten. Plötzlich war meine Mutter vollkommen klar und bewegte ihre Arme und Beine wie schon seit Wochen nicht. Es war, als hätte sie einfach beschlossen, nicht länger krank zu sein. Doch sie wirkte gleichzeitig vollkommen ruhig und gelassen. Ein seltsamer Frieden ging von ihr aus. Ich trat zu ihr und küsste und umarmte sie unter Tränen.

Dann fragte meine Mutter: »Wo ist euer Vater?« Ich erklärte ihr, dass er und Steven auf dem Weg seien. Frank und Nancy waren noch zu Hause.

»Ich möchte mit euch allen sprechen«, sagte sie.

Sie war vollkommen ruhig und Herr ihrer Sinne. Ich ließ sie mit Annette allein, damit sie miteinander reden konnten. Als sie fertig waren, kam Annette zu mir und schluchzte. »Mom will jetzt dich sehen.«

Da ging ich zu Mom, setzte mich zu ihr ans Bett, nahm ihre Hand und hörte einfach nur zu.

»Du warst immer eine so wunderbare Tochter«, begann meine Mutter. »Manchmal habe ich dich nicht verstanden, aber ich weiß, du bist stark und gütig. Ich bin sehr stolz auf dich, Laurie, und ich habe dich sehr lieb.«

Mir kamen die Tränen, denn meine Mutter hatte noch nie so mit mir gesprochen. Zwar hatte sie mir gesagt, dass sie mich lieb hatte und stolz auf mich war, aber es in diesem Augenblick von ihr zu hören bedeutete mir unendlich viel.

Da trafen endlich mein Vater und Steven ein. Meine Mutter wollte zuerst mit ihrem Mann sprechen.

»Die jüngeren Kinder werden dich brauchen, also sei bitte für sie da. Sieh in dein Herz und finde dort die Kraft, deinen Kindern mit Güte zu begegnen. Bitte bemühe dich, nicht zu trinken und dann auszurasten. Kannst du mir das versprechen, Nunzie? Bitte?«

Und dann sagte sie ihm, dass sie ihn liebte.

Danach war Steven an der Reihe. Sie erklärte ihm, er sei ein wunderbarer Sohn gewesen und werde bestimmt zu einem wunderbaren Mann heranwachsen. Sie bat ihn, keine Angst zu haben, denn sie liebe ihn und werde ihn immer lieben. »Ich bin sehr stolz auf dich«, sagte sie. »Du bist so klug und ein ganz besonderes Kind.«

Da umarmte Steven sie, als wollte er sie nie mehr loslassen.

Dr. Ochoa besorgte uns ein Einzelzimmer, damit wir alle ungestört zusammen sein konnten.

Als Frank und Nancy schließlich kamen, bat sie sie, sich zu ihr ans Bett zu setzen. Zu Frank sagte meine Mutter, es tue ihr leid, wie mein Dad ihn behandelt habe, und sie bitte ihn um Verzeihung, dass sie ihn nicht besser geschützt habe. Nancy erklärte sie, es tue ihr leid, dass sie ihre Jugend habe opfern müssen, um sich um sie zu kümmern. Sie sei ihr unendlich dankbar dafür und liebe sie sehr.

Dann setzte sie sich auf, erklärte, sie habe keinerlei Schmerzen, und erzählte uns mit leuchtenden Augen, was geschehen war, als Dr. Ochoa sie für tot erklärt hatte.

»Ich habe die andere Seite gesehen«, verkündete sie. »Es ist viel schöner und friedlicher, als wir uns es je vorstellen könnten. Tief im Herzen weiß ich, dass ich von dort aus über euch wachen kann. Ich werde sehen können, was ihr macht, und dafür sorgen, dass alles gut wird. Bitte glaubt mir, es wird alles gut. Euch allen wird es gut ergehen.«

Ich ging zu Dr. Ochoa und fragte ihn, ob wir meine Mutter mit nach Hause nehmen könnten. Schließlich hatte ich ihr das versprochen. »Wir können uns nicht erklären, was vor sich geht«, sagte er. »Wenn Sie möchten, können Sie sie nach Hause bringen.« Als ich das meiner Mutter mitteilte, erwartete ich, dass sie sich genauso freuen würde wie ich.

Doch sie sagte: »Ich möchte nicht nach Hause.«

»Was? Was meinst du damit, Mom?«

»Ich möchte nicht nach Hause, sondern hierbleiben, bis es Zeit ist, in mein neues Zuhause zu gehen.«

Ich war fassungslos, genau wie alle anderen. Wir hatten uns der Hoffnung hingegeben, ihre Spontanheilung sei eine Art Wunder und es gehe ihr einfach plötzlich besser. Aber vielleicht war das falsch.

Da wir nicht wussten, was wir tun sollten, blieben wir einfach im Krankenhaus. Wir waren alle in ihrem Zimmer, als sie etwa zwei Stunden später aufblickte und ausrief: »Ach Gott, ich muss gehen.« Dann fing sie an, italienisch zu sprechen. »*Padre, vengo a casa pronto.* – Vater, ich kehre bald ein in Dein Haus.« Wir nahmen uns bei den Händen und beteten mit ihr zusammen.

»So, gebt mir alle einen Kuss, sagt mir, dass ihr mich liebt, und lasst mich in Frieden gehen.« Danach legte meine Mutter den Kopf aufs Kissen, schloss die Augen und fiel ins Koma.

Ich blieb mehr oder weniger rund um die Uhr im Krankenhaus. Am nächsten Tag kamen die anderen sie besuchen, aber dieses Mal wachte sie nicht mehr auf. Mein Vater und ich waren als Einzige da, als an einem Mittwoch um fünf Uhr morgens eine Schwester uns im Besucherraum weckte und aufforderte mitzukommen. Mein Vater und ich setzten uns an je eine Seite ihres Betts und fassten sie bei der Hand. Wir lauschten, wie ihr Atem langsamer wurde, bis er schließlich ganz aussetzte.

So starb meine Mutter im Alter von siebenundvierzig Jahren.

Damals fand ich es grausam von Gott, sie aufwachen zu lassen, nur um sie uns dann wieder zu entreißen. Monatelang hatten wir uns auf das Schlimmste gefasst gemacht, und als es eintraf, meinten wir, vorbereitet zu sein. Dann erwachte sie gesund und stark von den Toten, und wir glaubten, sie sei zu uns zurückgekehrt. Doch wieder wurde sie uns genommen.

Natürlich erkannten wir schnell, dass Gott uns ein unglaubliches Geschenk gemacht hatte. Er hatte meiner Mutter die Kraft verliehen, uns zu sagen, dass es uns allen gut gehen würde. Er hatte uns gezeigt, dass meine Mutter ihren Frieden gefunden hatte.

Ein halbes Jahr nach ihrem Tod, in der Nacht, als ich mir vor meinem Vorstellungsgespräch in den Finger schnitt, erschien mir meine Mutter im Traum. Ich weiß noch, dass ich sie sah und zu ihr rannte. Ich umarmte sie, und sie fühlte sich echt und lebendig an. Ich sagte: »Mom, hast du gehört? Ich habe mir in den Finger geschnitten.« Sie antwortete: »Das weiß ich natürlich, Laurie.« Ich erzählte ihr, ich hätte ein Vorstellungsgespräch für einen Job, den ich unbedingt haben wollte, und fürchtete, es würde nicht klappen.

»Keine Sorge, Laurie«, beruhigte sie mich. »Du wirst dich morgen großartig schlagen und den Job bekommen. Versuch noch etwas zu schlafen.«

Dann küsste sie mich, und ich wachte tränenüberströmt auf. Am nächsten Morgen fühlte ich mich seltsam ruhig und zuversichtlich. Plötzlich hatte ich überhaupt keine Angst mehr – im Gegenteil, ich wusste, ich würde den Job bekommen, denn das hatte meine Mutter gesagt. Und sie hatte recht.

Seitdem habe ich das Gefühl, dass sie bei mir ist und mir über die Schulter schaut. Als ich sagte, ich wisse nicht, warum ich mich damals auf dem Broadway umgedreht habe und zu Maurice zurückgegangen sei, entsprach das nicht ganz der Wahrheit. Vielleicht war es mir nicht bewusst, aber heute habe ich keinerlei Zweifel, was mich veranlasste umzukehren.

Ich weiß, es war meine Mutter, die vom Himmel auf mich herabschaute und mich zu Maurice führte.

14

EIN EINFACHES REZEPT

Die meisten Montage, die ich mit Maurice verbrachte, verliefen ruhig und unspektakulär. Angesichts meiner und sicher auch seiner Kindheit war das etwas Gutes. An diesen Tagen versuchte ich einfach, Maurice eine gute Freundin zu sein, kein Elternersatz. Ich erzog ihn nicht und hielt ihm keine Vorträge, damit er später ein besseres Leben hatte, sondern versuchte, ihm zu zeigen, war mir im Leben wichtig war. Ich weiß, dass er in gewisser Hinsicht auch dadurch etwas lernte.

Eines Montags wollten wir einen Kuchen backen, und zwar Schokokuchen mit Schokoglasur. Ich holte ein paar Schüsseln, einen Rührbesen, einen Messbecher und ein paar andere Utensilien heraus. Dann legte ich das Rezept auf die Küchentheke. Maurice warf einen Blick darauf und fragte, was das sein sollte.

»Das Rezept für den Kuchen«, erklärte ich. »Darin steht, wie man ihn backt.«

Das verstand er nicht. Er hatte noch nie jemanden nach

Rezept backen oder kochen sehen. Die Vorstellung war ihm völlig fremd.

»Wieso können wir nicht einfach alle Zutaten zusammenrühren?«, fragte er.

»Weil man dann nicht weiß, was dabei herauskommt. Wenn es gut werden soll, muss man die richtige Menge der Zutaten nehmen.«

Ich zeigte Maurice, wie das ging. Zuerst musste er den Messbecher wie im Rezept angegeben mit Mehl füllen. Dann brauchten wir genau einen Teelöffel gemahlene Vanille.

Ich ging das ganze Rezept der Reihe nach durch, erklärte jede Zutat und betonte häufig, dass es darauf ankam, ganz genau zu messen. Ich weiß, damit brachte ich Maurice nicht nur bei, wie man einen Kuchen backt. Er lernte auch, dass Disziplin und Sorgfalt sich auszahlen. Vielleicht lernte er sogar, dass das, was man im Leben bekommt, davon abhängt, was man investiert.

Maurice rührte den Teig gut zusammen, dann wurde er in die Form gefüllt und in den Ofen geschoben. Nachdem der Kuchen fertig gebacken und abgekühlt war, überzogen wir ihn mit einer Glasur. Maurice durfte davon naschen. Einen Augenblick lang bewunderten wir unser Werk. Dann bekam jeder von uns ein Glas Milch und ein riesiges Stück Kuchen.

Eine ziemlich köstliche Methode, etwas zu lernen.

Ein anderes Mal entdeckte Maurice einen Aschenbecher in meiner Wohnung und fragte mich, ob ich rauchte. Ich erwiderte, dass ich früher geraucht und es inzwischen aufgegeben hatte. Ich erklärte ihm, warum er niemals rauchen oder Alkohol trinken oder Drogen nehmen sollte. Ich beschrieb ihm ganz genau, was im Gehirn und Körper vor sich ging, wenn man berauschende Substanzen zu sich nahm. Ich wusste, Maurice hatte mit eigenen Augen gesehen, wie Drogen einem Menschen psychisch und physisch schaden können. Er wusste, dass die Drogen seine Mutter zerstörten. Aber er sollte von mir hören, dass er diese schädlichen und potenziell tödlichen Laster meiden musste, wenn er ein glückliches Leben führen wollte. Ich hielt ihm keine Predigt, dafür bin ich nicht der Typ. Aber ich erklärte alles anschaulich und nachdrücklich. Möglicherweise war ich der einzige Erwachsene, der das jemals getan hat.

Einmal fragte er mich, wann ich denn endlich das Kleingeld in dem riesigen Glas ausgeben würde. Er war ganz fasziniert davon und begriff nicht, warum ich immer nur Münzen hineintat und niemals etwas herausnahm. Ich erklärte, ich würde dieses Geld für Zeiten sparen, in denen ich es vielleicht brauchte. Auch diese Vorstellung war ihm völlig fremd. Er begriff nicht, warum man Ersparnisse haben sollte. In seinem Leben wechselte Geld sehr schnell den Besitzer. Außerdem hatten die Menschen um ihn herum keine Möglichkeit, etwas beiseitezulegen. Ich erzählte ihm von meinem Sparkonto und meinem Plan, mir vielleicht irgendwann ein schöneres Auto oder ein Haus zu kaufen und Geld für einen Notfall aufzubewahren. Ich erinnere mich, dass Maurice vom Anblick der vielen, vielen Münzen ganz gebannt war. Es waren Tausende, die für mehrere Hundert Mahlzeiten gereicht hätten.

Ich kann mir vorstellen, dass er vielleicht sogar in Versuchung geriet, sich ein paar Geldstücke aus dem Glas zu nehmen. Doch kann ich mit absoluter Gewissheit sagen, dass er das nie gemacht hat – nicht, weil ich sie gezählt oder gemessen hätte. Ich hätte nie gemerkt, wenn er ein, zwei Handvoll Münzen eingesteckt hätte. Nein, er wusste einfach, dass es das Risiko nicht wert war. Dieses alte Glas mit Kleingeld lehrte Maurice, was es bedeutete, Ersparnisse zu haben. Gleichzeitig lernte er die wertvolle Lektion, ein Risiko gegen die Belohnung abzuwägen. Er lernte, in die Zukunft zu blicken.

Manchmal sprachen wir über seine und meine Zukunft. Ich weiß noch, dass ich einmal zu ihm sagte, er müsse anständig und zielstrebig bleiben. Er solle immer zuerst darüber nachdenken, was das Richtige sei, dann den richtigen Weg zu diesem Ziel wählen und sich nicht mehr von diesem Weg abbringen lassen. Wir sprachen darüber, dass einen Versuchungen vom rechten Weg abbringen und Pläne zunichtemachen können. Wir überlegten gemeinsam, was man brauchte, wenn sich einem Widerstände in den Weg stellten: Konzentration, Mut und Ausdauer. Auch dabei hielt ich keinen Vortrag, sondern beantwortete nur Maurice' Fragen und erzählte von meinen Erfahrungen.

Wegen einer Sache setzte ich Maurice allerdings doch manchmal unter Druck. Ich fragte ihn häufig, was er werden wolle, wenn er groß sei. Ich hielt es für wichtig, dass er sich Ziele setzte und einen Traum hatte. Er sollte sich nicht nur für eine Zukunft entscheiden, sondern sie sich bildlich vorstellen. Eines Abends stellte ich Maurice wieder einmal diese Frage, woraufhin er eine ganze Weile gar nichts sagte. Ich merkte, dass er wirklich darüber nachdachte, was er werden wollte.

Schließlich sagte er: »Ich möchte Polizist werden.«

Viele Jahre später erzählte er mir, warum er sich ausgerechnet das gewünscht habe. Als er noch klein war, ging er einmal zu einer Telefonzelle und warf eine Münze ein, um zu telefonieren. Aber der Apparat schluckte die Münze einfach, und mehr Geld hatte Maurice nicht. Vor lauter Frustration trat er gegen den Apparat, bis er plötzlich einen heftigen Schmerz im Knie verspürte. Er sank zu Boden, und als er aufblickte, sah er einen Polizisten über sich stehen, der einen schwarzen Knüppel in der Hand hielt. Der Cop hatte Maurice aufs Knie geschlagen, und jetzt lachten er und sein Partner ihn aus.

»Der Apparat hat meine Münze geschluckt«, erklärte Maurice.

Die Polizisten lachten einfach weiter. Da stand Maurice auf und rannte weg, warf vorher aber einen Blick auf die Polizeimarken der beiden.

»Ich hab Ihre Nummern«, brüllte er ihnen über die Schulter hinweg zu. »Ich werde Sie beide melden.«

Dabei wusste er genau, dass das nichts bringen würde. Ihm war bewusst, dass es nur eine Möglichkeit gab, Polizisten davon abzuhalten, die Armen und Schutzlosen zu schikanieren. Er musste selbst Polizist werden.

Ich sagte zu Maurice, das sei eine großartige Idee und er habe alle Chancen der Welt, seinen Traum zu verwirklichen, wenn er nur zielstrebig und anständig bleibe.

Manchmal machte Maurice nur seine Hausaufgaben bei mir. Nach einer Weile tauchte er auch samstagnachmittags auf und fragte, ob er bei mir bleiben dürfe. Wenn ich Zeit hatte, spielten wir etwas oder sahen fern. Manchmal hatte ich etwas vor. Dann durfte Maurice allein in meiner Wohnung bleiben. Er erzählte mir, dass er solche Nachmittage besonders toll fand, weil er dann alles tun konnte, was er wollte, ohne dass ihn jemand störte – essen, lesen, fernsehen, schlafen. Das war das erste Mal in seinem Leben, dass er ein richtiges Zuhause mit Essen, Strom und fließend Wasser ganz für sich allein hatte.

An manchen Montagen gingen wir Kleider einkaufen. Ich achtete darauf, Maurice nicht zu viel zu schenken. Außer zu Weihnachten bekam er nie modische Designersachen. Meist gingen wir jedoch Lebensmittel einkaufen, zum Beispiel Truthahn, Roastbeef und anderen Aufschnitt für die Pausenbrote, die ich für ihn beim Portier hinterlegte. Ich versuchte, die Sandwiches so gehaltvoll wie möglich zu machen. Sie waren vielleicht die einzige Mahlzeit, die er an diesem Tag bekam. Außerdem gab es noch Obst, Apfelkompott oder saure Gurken und immer frische Cookies, seine Leibspeise. All das kam in eine braune Papiertüte, genau wie er es sich erbeten hatte. Freitags steckte ich manchmal einen Umschlag mit zehn Dollar dazu, damit Maurice sich übers Wochenende etwas kaufen konnte.

Eines Samstagnachmittags bat Maurice den Portier, ihn bei mir anzumelden. Als er heraufkam, war er tränenüberströmt. Ich hatte Maurice erst ein einziges Mal weinen sehen und kannte ihn als ausgesprochen tapferen kleinen Kerl. Ich bot ihm einen Platz an, brachte ihm ein Glas Saft und fragte, was los sei.

»Meine Mutter ist beim Dealen erwischt worden und sitzt im Gefängnis«, erklärte er.

Er hatte mir erst ein einziges Mal von seiner Mutter erzählt. Damals hatte er gesagt, sie sei zu Hause, um zu kochen und zu putzen. Erst jetzt erzählte er mir die Wahrheit über sie.

»Sie ist in Riker's Island«, sagte er. »Das ist ein sehr schlimmer Ort mit sehr schlimmen Menschen.«

Eine ganze Weile saßen wir zusammen und unterhielten uns über seine Mutter. Er erzählte, dass sie schon früher im Gefängnis gewesen war und dass er nie wusste, wann sie wieder zurückkam. Er hatte nicht die geringste Ahnung, wie lange sie dieses Mal im Gefängnis bleiben musste. Er gab zu, mich wegen seiner Mutter angelogen zu haben. Die Idee von einer Mutter, die zu Hause blieb, hatte er aus der Werbung. Er gestand, dass sie drogensüchtig war und stahl, um ihre Sucht befriedigen zu können. Sie tauschte ihre Lebensmittelmarken gegen Geld und kaufte damit Drogen, deshalb hatten sie so gut wie nie etwas zu essen im Haus. Seit sie mit Crack angefangen hatte, war ihre Sucht noch schlimmer geworden.

Maurice sagte, er habe mir nicht die Wahrheit erzählt, weil er Angst gehabt habe, mich damit zu vergraulen.

»Ich finde es schrecklich, dass meine Mutter drogensüchtig ist«, erklärte er.

Ich sagte nicht viel, sondern hörte hauptsächlich zu. Ich wollte Maurice' Mutter nicht verurteilen. Es gab Eltern mit schlimmen, gefährlichen Neigungen, dagegen halfen keine billigen Ratschläge. Maurice konnte auch nicht damit abgespeist werden, dass alles wieder gut werden würde. Ich war mir ziemlich sicher, dass seine Mutter wieder Drogen nehmen und dealen würde, sobald sie aus dem Gefängnis herauskam. Wahrscheinlich brauchte Maurice einfach jemanden, der ihm zuhörte. Also überließ ich das Reden ihm.

Später erzählte er mir, er habe zum ersten Mal im Leben das Gefühl gehabt, mit einem Problem nicht allein zu sein.

* * *

Als Maurice' Geburtstag im April nahte, war seine Mutter noch in Haft. Daher beschloss ich, ihm die schönste Feier seines Lebens zu schenken. Ich fragte ihn, was er am allerliebsten tun wollte, und er musste nicht lange überlegen.

»Können wir zu Annette?«, fragte er.

Am allerliebsten wollte er also in einen Vorort zu meiner Schwester und ihrer Familie. Natürlich erklärte ich mich einverstanden, drängte ihn aber, sich noch etwas zu wünschen.

Als er eine Zeit lang überlegt hatte, sagte er, demnächst werde ein Wrestling-Event im Madison Square Garden stattfinden, das *Wrestlemania*. Dort könne man die besten professionellen Wrestler sehen. Er ratterte lauter Namen herunter, die ich noch nie gehört hatte: Hulk Hogan, Ricky Steamboat, Randy Savage, Rowdy Roddy Piper. Er hatte schon ein paar Mal vom Wrestling erzählt. Daher wusste ich, dass es zu den wenigen Dingen gehörte, die ihm wirklich Spaß machten.

Damals hatte er schon mitbekommen, dass die Kinder meiner Schwester mich »Tante Laurie« nannten, und mich gefragt, ob er mich ebenfalls »Laurie« nennen dürfe.

»Laurie«, sagte er. »Könnten wir zu *Wrestlemania* gehen?«

»Ich mache mich mal kundig«, versprach ich.

Also rief ich im Madison Square Garden an und kaufte die besten Karten, die noch verfügbar waren. Die verpackte ich als Geschenk und gab sie Maurice ein paar Tage vor seinem Geburtstag. »Ein vorzeitiges Geschenk«, erklärte ich.

Als er die Karten sah, machte er einen Luftsprung bis fast an die Decke. Auf der Veranstaltung schrie sich Maurice dann zwei Stunden lang vor lauter Begeisterung fast die Lunge aus dem Leib. Der Madison Square Garden war mit aufgeregt kreischenden Kindern gefüllt, alle etwa in Maurice' Alter. Ich war überaus glücklich, dass er inmitten dieser tobenden Menge wenigstens einen Abend lang ein ganz normaler Junge sein konnte.

Teil zwei seiner Geburtstagsfeier war ein Essen im *Hard Rock Café* am Samstagabend. Dazu lud ich auch meine Schwester Nancy und meinen Bruder Steven ein. Maurice fragte, ob er wieder Steak essen dürfe, und wusste diesmal mit Messer und Gabel umzugehen. Die Kellnerin brachte ihm einen kleinen Kuchen mit Kerzen, und das ganze Restaurant sang für ihn *Happy Birthday*.

Am Sonntag fuhren wir schließlich zu einem Geburtstagsessen zu Annette. Das war Teil drei der Feierlichkeiten. Maurice bekam noch einen Kuchen und weitere Geschenke. Auf dem Heimweg war er so müde, dass er im Wagen einschlief. Mir gefiel die Vorstellung, dass er von Wrestlern in verrückten Kampfanzügen träumte, die sich ins Getümmel stürzten.

In der Stadt angekommen, parkte ich den Wagen und brachte Maurice zu Fuß nach Hause. Dort gab er mir einen dicken Schmatzer auf die Wange und dankte mir für seinen Geburtstag.

»Das war der schönste Geburtstag, den ich je hatte«, erklärte er.

Er wandte sich zum Gehen, drehte sich dann aber noch einmal zu mir um.

»Bye, Laurie«, sagte er. »Ich habe dich lieb.«

Das war das erste Mal, dass er das zu mir sagte.

15

DAS NEUE FAHRRAD

Maurice' Mutter wurde kurz nach der Geburtstagsfeier aus Riker's Island entlassen. Sie verließ das Gefängnis clean und nüchtern und war gesünder als seit Jahren. So sah das Muster bei vielen langjährig Süchtigen aus: Jahre exzessiven Drogenmissbrauchs machten sie zu Zombies an der Schwelle zum Tod, bis ein Gefängnisaufenthalt ihnen buchstäblich das Leben rettete. Die Zeit in Haft gab ihnen die Möglichkeit, physisch und psychisch gesund zu werden, und schenkte ihnen zumindest ein paar zusätzliche Jahre. Doch die neu gewonnene Energie und Gesundheit nutzten viele nur dazu, sich wieder in die Drogenwelt zu stürzen und den Teufelskreis erneut in Gang zu setzen. Maurice' Mutter blieb nach ihrer Rückkehr ins Bryant ein paar Wochen standhaft, verfiel jedoch leider wieder dem Crack.

Die nächsten zwei Jahre trafen Maurice und ich uns regelmäßig montags und oft auch samstagnachmittags. Alle paar Wochen fuhren wir am Samstag zu Annette. Das Familienabendessen liebte Maurice über alles.

In dieser Zeit musste ich ständig staunen, wie oft Maurice etwas zum ersten Mal erlebte. Ich erinnere mich an einen Heiligen Abend bei Annette, als ihre Tochter Brooke weinend vom Besuch bei einer Freundin heimkam. Sie hatte vom Weihnachtsmann gesprochen und war ausgelacht worden, weil sie noch daran glaubte. Kaum war sie zu Hause, fragte sie ihre Geschwister, ob es den Weihnachtsmann wirklich nicht gebe. Als sie das bestätigten, war Brooke untröstlich.

Am Abend wollten wir alle zu einem Krippenspiel in die Kirche gehen. Brooke spielte einen Engel und trug bereits ihren Heiligenschein und die Flügel, doch sie konnte sich einfach nicht wegen des Weihnachtsmanns beruhigen und weinte in einem fort. Wir hatten schon unsere Mäntel an und wollten gehen, aber Brooke weigerte sich. Maurice beobachtete das Ganze. Er sah, dass wir durch Brookes Gefühlsausbruch zu spät zu kommen drohten. Als Bruce zu seiner weinenden Tochter ging, ließ er ihn nicht aus den Augen. Er wusste, wie Väter so etwas zu regeln pflegten, und war sich sicher, was jetzt kam.

Bruce setzte sich neben Brooke, nahm sie in die Arme und streichelte ihr über den Kopf. Er versicherte ihr, alles würde wieder gut werden, bis sie zu weinen aufhörte. Maurice traute seinen Augen nicht. In seiner Welt wäre ein weinendes Kind angeschrien und meist auch geschlagen worden.

Später erzählte er mir, er habe noch nie gesehen, wie ein Elternteil sein trauriges Kind tröstete.

Zu seinem fünfzehnten Geburtstag wollte ich Maurice sein erstes Fahrrad schenken. Er radelte sehr gern mit meinem Neffen und beneidete ihn ganz sicher um sein schickes

Rad. Ein paar Wochen vor seinem Geburtstag fuhr ich nach Greenlawn und ging mit Bruce, Annette und Derek zusammen in einen Fahrradladen. Dort entdeckte ich ein umwerfendes verchromtes Fahrrad von Ross mit zehn Gängen. Doch wir alle hatten denselben Gedanken: So ein tolles Rad würde Maurice nur in Gefahr bringen. Ich wusste, wenn er es ins Bryant mitnähme, wäre es innerhalb von Sekunden gestohlen oder demontiert. Aber ich wollte mich einfach nicht damit abfinden, dass Maurice nur wegen seiner Lebensumstände kein schönes Fahrrad besitzen sollte. Er war ein Junge, und es war nicht seine Schuld, dass er in solchen Verhältnissen leben musste. Ich dachte mir, wenn er es im Fahrradkeller vom Symphony unterstellte und aufpasste, wohin er damit fuhr, würde es keine Probleme geben.

Also kaufte ich ihm das Rad und ließ es im Geschäft, bis wir es an Maurice' Geburtstag abholten. Ich erzählte Maurice, Derek bekäme ein neues Fahrrad, und wir würden mit Bruce, Annette und den drei Kindern ins Geschäft gehen. Dort kam der Geschäftsführer mit einem brandneuen Rad, das eine große rote Schleife trug, in den Verkaufsraum. Er schob es zu Maurice.

»Herzlichen Glückwunsch zu deinem neuen Rad, Junge.«

Maurice zeigte auf Derek. »Nein, das ist für ihn.«

Da brüllten wir alle wie aus einem Mund: »Überraschung!«

Maurice brauchte volle zwei Minuten, um wirklich zu begreifen, dass das Rad für ihn gedacht war.

Wir nahmen es mit zu Annette, wo Maurice und Derek sofort mehrere Stunden in der Gegend herumradelten, bis Bruce sie zum Abendessen hereinrief. Selbst da wäre Maurice am liebsten noch weitergefahren.

Ich denke ziemlich oft an diesen Tag zurück. An Maurice' Überraschung und seine überschäumende Begeisterung, als er an diesem Nachmittag wie ein Verrückter in der Gegend herumradelte. Ich denke an die Unschuld dieses Augenblicks, an Maurice' reine Freude. Ich denke daran, was es für ihn bedeutet haben muss, dieses Fahrrad zu besitzen. Aber ich denke auch daran, wie flüchtig solche unschuldigen Momente sind und dass gute Absichten, blauäugiger Optimismus und sogar Liebe uns nur eine Zeit lang vor der harten, korrumpierenden Realität des Lebens schützen können. Für Maurice war das glänzend neue Fahrrad sicher etwas Magisches.

Aber Magie ist, genau wie der Weihnachtsmann, nicht real.

* * *

Ein paar Wochen, nachdem Maurice sein Fahrrad bekommen hatte, rief meine Schwester Nancy mich an. Sie wollte mich mit einem Mann verkuppeln, den sie von ihrer Arbeitsstelle kannte. Ich war achtunddreißig und seit über zehn Jahren geschieden. Zwar hatte ich seitdem ein paar Affären und auch ein, zwei Beziehungen gehabt, doch nichts davon hatte funktioniert. Als ich älter wurde, kamen Zweifel in mir auf, ob ich je den Richtigen treffen würde. Doch träumte ich davon, eine eigene Familie zu gründen, und war nicht bereit aufzugeben. Verabredungen mit Unbekannten fand ich nicht gerade toll, dennoch erlaubte ich meiner Schwester, ein Treffen zu arrangieren.

Michael betrieb mit seinem Onkel einen lukrativen Autoverleih für Reisende in Europa. Er war geschieden und hatte zwei Söhne im College-Alter. Wir trafen uns zusammen mit meiner Schwester und ihrem Verlobten John im *El Quijote,* einem traditionellen mexikanischen Restaurant im Chelsea-Distrikt von Manhattan. Ich weiß noch, dass ich ein schickes blaues Kostüm trug und Hummer aß. Außerdem erinnere ich mich, dass ich mich bei einer Verabredung lange nicht mehr so wohlgefühlt hatte. Michael war warmherzig, witzig, liebenswürdig und kultiviert. Als ich mich verabschiedete, war ich bereits ziemlich angetan.

Ein paar Tage später rief er mich an, bat um ein weiteres Treffen, und wir gingen in ein Restaurant in meinem Viertel. Beim ersten Essen hatten wir über Mandy Patinkin gesprochen, und jetzt brachte Michael eine CD mit Songs von ihm mit. Bei unserem dritten Date holte mich Michael ab und reichte mir ein Päckchen L&M. Ich war verwirrt, schließlich wusste er, dass ich nicht rauchte. Doch dann begriff ich. L&M stand für Laura und Michael. Bei unserer vierten Verabredung gingen wir in ein Restaurant in einem Vorort von White Plains, wo er wohnte. Ich folgte ihm mit meinem Wagen dorthin, und an einer Mautstelle sagte der Angestellte: »Der gut aussehende Gentleman vor Ihnen hat die fünfundzwanzig Cent Maut schon für Sie bezahlt.«

Nett, dachte ich. Das hat Klasse.

Es waren zwar nur fünfundzwanzig Cent, aber trotzdem.

Direkt nach der ersten Verabredung erzählte ich Maurice von Michael. Ich sagte, ich hätte einen netten Mann kennengelernt und sei gespannt, wohin das führen mochte. Maurice hatte mich hin und wieder gefragt, warum ich keinen Freund hätte, worauf ich stets mit einem Achselzucken reagiert hatte. Jetzt wollte ich ganz offen mit ihm darüber sprechen, weil ich dachte, er würde sich vielleicht Sorgen machen, dass ein Freund unsere Routine stören oder gar beenden könnte. Ich wollte ihm versichern, dass das nicht geschehen konnte. Aber Maurice war ganz aufgeregt und schien sich aufrichtig für mich zu freuen.

»Es wurde langsam Zeit, dass du einen netten Mann kennenlernst«, sagte er. »Jemand, der sich mal um dich kümmert.«

Natürlich erfuhr auch Michael von Maurice. Ich erzählte ihm, ich hätte auf der Straße einen wunderbaren Jungen kennengelernt. Wir seien Freunde geworden, würden uns jeden Montag treffen und spielten eine wichtige Rolle im Leben des anderen. Michael nickte und sagte: »Das ist ja toll«, wirkte aber nicht besonders interessiert. Ich war es gewohnt, dass die Leute viele Fragen über Maurice stellten. Michael fragte nichts.

Am Wochenende des Memorial Day fuhren wir zu seinem brandneuen Boot, einer zwölf Meter langen Jacht, die gerade aus Singapur eingetroffen war. Michael hatte das Boot *Paddington Station* genannt. Ich war noch nicht oft auf einem Boot gewesen, fand es aber sofort toll. Als Michael fragte, ob ich Lust hätte, mit ihm auf eine zweiwöchige Tour zu gehen, die am Nationalfeiertag anfangen sollte, sagte ich sofort Ja.

Ich erzählte Maurice davon. Schließlich würden wir uns zwei Montage nicht treffen. Das war die erste richtige Unterbrechung unserer Routine. Wieder einmal reagierte Maurice erstaunlich. Er sagte, er freue sich für mich, ich solle mir keine Sorgen um ihn machen, ich hätte es verdient, etwas Schönes zu erleben, und er wünsche mir viel Spaß. Er vermittelte mir das Gefühl, es sei vollkommen in Ordnung zu fahren.

Dennoch nagte es an mir, dass dafür zwei Montage ausfallen sollten. Ich musste daran denken, was Miss House gesagt hatte: *Sie können nicht eines Tages beschließen, dass es Ihnen zu viel wird.* Aber das tat ich nicht. Ich nahm mir nur zwei Montage frei. Doch ich wurde einfach das Gefühl nicht los, Maurice im Stich zu lassen.

Nach unserem Bootstrip bat Michael mich, zu ihm nach Westchester zu ziehen. Mittlerweile hatte ich mich in ihn verliebt. Ich fand, dass Michael mir alles bot, was ich mir von einem Mann erhoffen konnte. Er war freundlich, aufmerksam, großzügig und ganz bestimmt ein guter Vater. Außerdem neigte er weder zu Wutausbrüchen noch trank er. Liebend gern wäre ich mit ihm zusammengezogen, doch wieder beschäftigte mich der Gedanke an Maurice. In Manhattan wohnten wir nur zwei Blocks voneinander entfernt. Da konnte Maurice jederzeit vorbeikommen, um Zeit in meiner Wohnung zu verbringen. Und nun sollte ich die Stadt verlassen und in einen Vorort ziehen, der fünfundvierzig Minuten entfernt lag? Allein bei der Vorstellung, Maurice das zu erzählen, kamen mir die Tränen. Ich befand mich in einer Zwickmühle, aus der ich einfach nicht herausfand. Wie sollte ich meinem Herzen folgen und mit Michael zusammenziehen, ohne das aufzugeben, was ich mit Maurice hatte?

Kurioserweise stand auch Maurice kurz vor einem Umzug. Seine Mutter hatte im Rahmen eines staatlichen Hilfsprogramms für Einkommensschwache eine eigene Wohnung in Brooklyn zugewiesen bekommen. Das würde für Maurice das erste richtige Zuhause seines Lebens sein. Am Labor Day-Wochenende sollte der Umzug stattfinden – genau an dem Wochenende, an dem ich auch zu Michael ziehen wollte.

Als ich sah, wie aufgeregt Maurice über seinen Umzug war, ließen meine Schuldgefühle etwas nach. Ich wusste, selbst wenn Maurice nach Brooklyn zog, konnte er mich problemlos in Manhattan besuchen. Wohnte ich aber erst in Westchester, wäre es mit unserem bisherigen Arrangement aus und vorbei.

Als ich mich mit ihm zusammensetzte und ihm von meinem Umzug erzählte, musste ich weinen. Wir würden uns weiterhin jeden Montag in der Stadt treffen, telefonieren und unsere Freundschaft pflegen. Trotzdem war ich tieftraurig, weil etwas ganz Besonderes zu Ende ging. Die schönen Abende in meiner Wohnung, wo wir Cookies backten, Maurice den Tisch deckte, seine Wäsche wusch und den Christbaum schmückte, würde es nicht mehr geben. Wieder einmal war es Maurice, der mich von meinem Kummer erlöste.

»Laurie, wir sehen uns doch jeden Montag«, tröstete er mich. »Wir können weiterhin ins *Hard Rock* gehen. Alles wird sein wie immer.«

Dieses Straßenkind versicherte mir, ich könnte problemlos nach Westchester ziehen.

Dann fügte er hinzu: »Mach dir um mich keine Sorgen. Ich komme klar. Jetzt bist du mal an der Reihe, Laurie.«

* * *

Ich packte meine Sachen zusammen, ließ sie nach White Plains transportieren und fuhr am Labor-Day-Wochenende in mein neues Zuhause, ein ziemlich unscheinbares, einstöckiges Splitlevelhaus mit einem kleinen Bach im Garten. Maurice bat ich, mich anzurufen, sobald er sich in seiner neuen

Wohnung eingelebt hätte. Auch er hatte seine Habseligkeiten gepackt – außer seinem Fahrrad, das im Keller des Symphony bleiben durfte. Ich hatte dem Portier etwas zugesteckt, damit Maurice kommen und gehen konnte, wann er wollte.

Als Maurice mich das ganze Wochenende nicht anrief, wurde ich unruhig. Am Montag schließlich meldete er sich. Er weinte so heftig, dass ich nicht verstehen konnte, was er sagte. Ich bat ihn, sich zu beruhigen und mir alles zu erzählen. Da holte Maurice tief Luft und stieß hervor: »Man hat mir das Fahrrad geklaut. Und meine Mutter wurde verhaftet.«

Er erzählte, er sei mit seinem Rad in Manhattan herumgefahren und habe unglücklicherweise nicht auf die Zeit geachtet. Er hatte mir versprechen müssen, niemals nach Einbruch der Dunkelheit draußen herumzuradeln. Bis dahin hatte er sich an sein Versprechen gehalten. Doch am Wochenende seines Umzugs war er aus irgendeinem Grund spätabends unterwegs gewesen. Er behauptete, zwei ältere Jungen hätten sich auf ihn gestürzt, ihn vom Rad geschubst und wären damit davongerast. Er hätte vergeblich versucht, sie zu verfolgen. Er fühlte sich schrecklich, dass mein Geschenk weg war, aber ich beruhigte ihn, deswegen müsse er sich keine Gedanken machen.

»Es ist doch nur ein Fahrrad. Hauptsache, dir ist nichts passiert.« Mir war allerdings klar, dass das Rad für Maurice nicht nur ein Fahrrad war. Für ihn war es ein Symbol für etwas Wichtiges gewesen, und dieses Wichtige war ihm grausam entrissen worden.

Erst Jahre später erfuhr ich, dass Maurice die Geschichte über den Fahrraddiebstahl erfunden hatte. Zwar verlor er sein Rad tatsächlich an jenem Wochenende, aber nicht so wie beschrieben. Maurice war mit dem Rad unterwegs und hatte angehalten, um sich mit ein paar Jugendlichen aus dem Bryant zu unterhalten. Es war auch nicht abends, sondern helllichter Tag. Da kam ein Mann Mitte zwanzig zu ihm und äußerte sich anerkennend über sein Fahrrad. Maurice kannte den Mann vom Sehen, aber sie hatten sich noch nie unterhalten.

»Kann ich mal damit fahren?«, fragte der Mann.

Maurice, der auf dem Rad saß, lehnte ab.

»Komm schon«, beharrte der Mann. »Nur ganz kurz. Ich will es nur mal testen.«

Dann holte er seine Brieftasche heraus und gab Maurice seinen Führerschein.

»Herrgott, ich will's dir doch nicht klauen«, sagte der Mann. »Mit meinem Führerschein als Pfand weißt du, dass ich es zurückbringe.«

Maurice wollte nicht, dass der Mann auf seinem Rad fuhr. Sein Instinkt befahl ihm, einfach wegzufahren. Aber er missachtete diesen Instinkt und entschied sich, dem Mann zu vertrauen. Er nahm den Führerschein, gab ihm sein Fahrrad und sah zu, wie der Mann davonradelte.

»In zehn Minuten bin ich wieder da«, sagte der noch.

Geduldig wartete Maurice zehn Minuten an der Ecke. Er ahnte, dass es länger dauern würde, schließlich war es ein tolles Fahrrad. Eine halbe Stunde verging, dann eine ganze. Der Nachmittag wich dem Abend, dann wurde es Nacht.

Maurice stand volle sieben Stunden an der Ecke.

Der Führerschein war gefälscht und damit wertlos, das Rad weg. Maurice fühlte sich hin- und hergerissen zwischen Schock, Wut und Traurigkeit. Doch vor allem war er entsetzt, dass er etwas verloren hatte, was ich ihm gekauft, ihm anvertraut hatte. Er beschloss, mir auf gar keinen Fall die Wahrheit zu sagen, denn die hätte ihn leichtsinnig und dumm wirken lassen. Stattdessen behauptete er, zwei Diebe hätten ihm das Rad gewaltsam geraubt.

Rückblickend betrachtet ist mir vollkommen klar, warum Maurice gegen seinen Instinkt gehandelt hat. Meinetwegen. Weil er erlebt hatte, dass ich ihm vertraute. Ich hatte ihn in meine Wohnung gelassen, ohne zu befürchten, er könnte mir Geld aus dem großen Glas stehlen. Er hatte ständig von mir gehört, das Wichtigste sei Vertrauen. Er war in den Genuss meiner Freundlichkeit gekommen, was ihn dazu bewog, sich einem anderen gegenüber ähnlich freundlich zu verhalten. Er hatte die Konzepte von Freundschaft und Vertrauen so verinnerlicht, dass er bereit gewesen war, sie selbst in die Tat umzusetzen.

Und ausgerechnet der Erste, dem er beschloss zu vertrauen, betrog ihn.

Hatte ich Maurice gefährdet, weil ich hochfliegende Ideale in seinen Kopf pflanzte, die nichts mit seinem Leben zu tun hatten? Durchlöcherte ich den Schutzschild, den er brauchte, um auf der Straße zu überleben? Hatte ich mir etwas vorgemacht, weil ich dachte, ein paar warme Mahlzeiten und ein neues Fahrrad könnten sein Leben verändern?

Ich musste mir die schwierige Frage stellen, ob ich mehr Schaden anrichtete als Gutes bewirkte.

Dann erzählte mir Maurice, seine Mutter sei verhaftet worden. Auch da verriet er mir nicht die ganze Geschichte.

In den Tagen vor ihrer Verhaftung freute sich Maurice unbändig auf die neue Wohnung. Sein ganzes Leben hatte er mit bis zu einem Dutzend Personen in winzigen Unterkünften gewohnt. Nun hätte er eine Dreizimmerwohnung nur für sich, seine Mutter und seine Schwestern. Der Umzug versüßte ihm den Umstand, dass ich nach White Plains zog.

Obwohl er niemals auch nur ansatzweise durchblicken ließ, dass er Angst um unsere Freundschaft hatte, war er wegen meines Umzugs ziemlich erschüttert. Da Maurice sein ganzes Leben lang von Erwachsenen im Stich gelassen worden war, musste er einfach erwarten, dass auch ich ihn verlassen würde. Er hatte sich so daran gewöhnt, in meine Wohnung zu kommen, seine Hausaufgaben machen und seine Wäsche waschen zu können. Er hatte es genossen, Zeit mit mir zu verbringen – und jetzt zog ich fort. Maurice zeigte mir das jedoch nie. Erst später erfuhr ich, dass er Panik hatte, mich zu verlieren.

Zumindest bekam er ebenfalls eine neue Wohnung. Seine Familie hatte sich dafür jahrelang durch das Behördendickicht gekämpft. Endlich war sie an der Reihe. Zwei Tage vor dem Umzug wartete Maurice aufgeregt auf seine Mutter, um mehr über die Wohnung zu erfahren. Aber an jenem Freitag kam Darcella nicht nach Hause. Und am Samstag auch nicht. Maurice dachte sich, sie würde irgendwo ihren Drogenrausch ausschlafen. Sie musste erst Montag pünktlich für den Umzug zurück sein.

Am Montag erfuhr er von seiner Großmutter, dass seine Mutter verhaftet worden war.

Sie hatte an Manhattans Busbahnhof in der etwas anrüchigen Gegend abseits des Times Square gedealt. Eine Frau versuchte sie in einem Treppenhaus auszurauben. Darcella verprügelte sie, bis sie blutend am Boden lag. Der Aufruhr rief die Polizei auf den Plan, die in Darcellas Taschen Tütchen mit

Crack fand. Darcella wurde wegen Drogenbesitzes, Dealerei und versuchten Mordes verhaftet.

Statt umzuziehen, begaben sich Maurice und seine Großmutter am Montag zu einem Gerichtsgebäude in Manhattan. Ein Pflichtverteidiger erklärte ihnen, wenn der Richter den Fall abweisen würde, könnten sie in ihre neue Wohnung ziehen. Er wollte auf mildernde Umstände plädieren, die elenden Lebensumstände der Familie ins Feld führen und dem Richter darlegen, dass eine neue Wohnung auf sie wartete, ihre einzige Hoffnung auf die Wende zum Guten.

Maurice sah, wie seine Mutter mit Handschellen in den Saal geführt wurde. Der Anwalt erklärte dem Richter, Darcella und ihre Familie hätten sieben Jahre auf der Straße oder in Notunterkünften gelebt und bekämen nun endlich eine eigene Wohnung. Konnte der Richter da nicht Gnade walten lassen und der Familie diese winzige Chance auf ein normales Leben nicht nehmen?

»Haben Sie die Frau gesehen, die Ihre Klientin verprügelt hat?«, fragte der Richter.

»Sie hat sich nur verteidigt«, erwiderte der Anwalt.

»Das war keine Selbstverteidigung«, gab der Richter zurück. »Das war Bösartigkeit mit dem Vorsatz, so viel Schaden wie möglich anzurichten.«

Der Richter wies den Fall nicht ab, sondern beraumte einen neuen Gerichtstermin an, bis zu dem Darcella in Haft blieb. Maurice sah zu, wie seine Mutter in einem Zimmer hinter der Richterbank verschwand.

Damit war die neue Wohnung weg.

Wegen versuchten Mordes konnte Darcella eine Haftstrafe bis zu fünfundzwanzig Jahren bekommen. Sie akzeptierte einen Vergleich und wurde für zweieinhalb Jahre in ein Frauengefängnis nach Riker's Island geschickt. In dieser Zeit besuchte Maurice sie nicht ein einziges Mal. Seine Großmutter und seine Schwestern schon, er aber nicht. Er redete sich ein, dazu sei er nicht der Typ.

Die Stadt besorgte Maurice' Großmutter eine andere Sozialwohnung in der Hancock Street in Brooklyn. Sie war heruntergekommen und noch kleiner als die Unterkunft im Bryant. Maurice zog dort mit seinen Schwestern und einem Onkel ein. Im Laufe der Zeit kamen weitere Leute dazu, die er nicht kannte. Schon bald war die Wohnung wieder eine Drogenhöhle, ein elendes Loch ohne Essen, Ruhe oder Privatsphäre.

Maurice erzählte mir nicht, dass sie wegen der Verhaftung seiner Mutter die Wohnung verloren hatten. Ich glaubte, sie wohnten dort, während seine Mutter ihre Haftstrafe absaß. Wie so oft schirmte mich Maurice von den grausameren Wahrheiten seines Lebens ab. Er erzählte mir nichts von der Wohnung in der Hancock Street. Und er erzählte mir vor allem nicht, dass er es schon nach wenigen Tagen einfach nicht mehr dort aushielt.

Maurice erzählte mir nicht, dass er sein Zuhause verließ und auf der Straße lebte.

* * *

Nach meinem Umzug und Darcellas Verhaftung sahen Maurice und ich uns weiterhin jeden Montag. Wir trafen uns in einem Restaurant, gingen ins Kino oder spielten Videospiele in der Passage. Er verriet mir nie, wie sein Leben wirklich aussah. Es war nicht zu leugnen, dass sich einiges geändert hatte, doch wir beschlossen beide, das Beste aus der neuen Situation zu machen. Allerdings wurde die Entfernung allmählich zu einem Problem. Ich ließ hin und wieder ein Montagstreffen ausfallen und er auch. Nach einer Weile trafen wir uns nur noch dreimal im Monat, in manchen Monaten nur zweimal.

Doch ich hatte einen Plan im Hinterkopf, von dem ich noch niemandem erzählt hatte. Mit Michael lief es großartig, und ein paar Monate nach unserem Kennenlernen war ich überzeugt, er würde mir einen Heiratsantrag machen. Wir genossen unser Zusammenleben und die Zeit auf seinem Boot. Ich konnte mir langsam eine gemeinsame Zukunft mit ihm vorstellen.

So sah mein Plan aus: Sollten Maurice' Lebensumstände sich jemals wieder verschlechtern, wollte ich, dass er zu mir und Michael zog. Diese Idee erwähnte ich gegenüber Maurice oder Michael nie. Ich malte mir alles im Stillen aus. Michael war ein wohlhabender Mann, für den Geld nie ein Problem zu sein schien. Ich stellte mir vor, welchen Einfluss Michael auf Maurice nehmen könnte, sowohl als Vorbild als auch als Vaterfigur. Ich träumte davon, Michael würde anbieten, für Maurice das College zu bezahlen. Wie sehr würde ein Umzug zu uns in das große Haus Maurice' Leben zum Positiven verändern!

Natürlich erwähnte Maurice niemals etwas in dieser Richtung, aber ich glaube, dass er tief im Innern den gleichen Traum hatte.

Zumindest linderte mein geheimer Plan ein wenig meine Schuldgefühle. Es war offensichtlich, dass meine Beziehung zu Maurice komplizierter wurde. Annette und Bruce beschlossen, nach Florida zu ziehen. An Thanksgiving waren sie mitten beim Zusammenpacken ihres Haushalts und konnten das gewohnte Essen nicht ausrichten. Stattdessen lud uns Annettes Schwiegermutter alle in ihr Haus ein. Es war eine Sache, Maurice zu meiner Schwester mitzunehmen, aber eine ganz andere, mit ihm jemanden außerhalb der Familie zu besuchen. Mir war mehr als bewusst, dass unsere Freundschaft nicht leicht zu erklären war. Es war schlichtweg nicht so einfach, Maurice in jede Situation meines neuen, vollgepackten Lebens zu integrieren.

Ich quälte mich sehr mit der Entscheidung und stand mitten in der Nacht auf, um alles gründlich zu durchdenken. Am Ende nahm ich die Einladung an – ohne Maurice. Das war eine der schwersten Entscheidungen, die ich je hatte treffen müssen. Der Gedanke daran verursacht mir heute noch Magenschmerzen. Ich hätte Thanksgiving liebend gern mit Maurice verbracht. Doch ich wollte auch mit dem Mann zusammen sein, den ich liebte. Und natürlich mit meiner Schwester und ihrer Familie, bevor sie nach Florida zogen. Rückblickend hätte ich einfach sagen sollen, dass ich ohne Maurice nirgendwohin ging.

Aber das tat ich nicht. Stattdessen erklärte ich Maurice, wir würden uns an Thanksgiving nicht sehen.

Wie schon einmal versicherte mir Maurice, ich solle mir darüber keine Gedanken machen.

»Du musst dich nicht um mich sorgen«, sagte er. »Wir können uns direkt nach Thanksgiving treffen.«

Und natürlich blieb uns noch Weihnachten, unser Lieblingsfest.

Eine Woche vor Thanksgiving heiratete Nancy ihren Verlobten John – den Mann, der bei der ersten Verabredung mit Michael der Vierte im Bunde gewesen war. Direkt nach dem Empfang überreichte Michael mir in unserem Hotelzimmer eine kleine schwarze Schatulle und bat mich, seine Frau zu werden.

Ganz überraschend kam das nicht, schließlich hatte er mich gebeten, den Ring mit auszusuchen. Ich hatte den Stein und die Fassung ausgewählt. Der Ring war wunderschön, aber ich hatte ihn bis dato noch nicht gesehen.

Als Michael mir den Antrag machte, fiel ich ihm um den Hals und sagte Ja. Nach meiner ersten katastrophalen Ehe war ich überzeugt gewesen, ich würde mich nie wieder verlieben. Und jetzt war es doch passiert. Ich hatte einen wunderbaren Mann gefunden und konnte meinen Traum von der eigenen Familie verwirklichen. Im Juni des folgenden Jahres wollten wir heiraten.

Dann wurde es Zeit, mein erstes Weihnachtsfest mit Michael in White Plains zu planen. Nur wenige Wochen vor den Feiertagen erwähnte ich ihm gegenüber, ich würde Maurice zu uns einladen.

»Das halte ich nicht für angemessen«, sagte Michael.

Das musste ich erst einmal sacken lassen.

»Inwiefern nicht?«

»Ich finde nicht, dass du Maurice Weihnachten zu uns einladen solltest.«

»Moment«, sagte ich. »Du weißt doch, dass Maurice mein Freund ist. Du weißt auch, wie wichtig er mir ist. Warum soll ich ihn nicht einladen?«

»Weil wir nichts über ihn wissen«, antwortete er. »Ich weiß nichts über seine Familie.«

»Maurice ist ein großartiger Junge. Er ist mein Freund, und ich verbürge mich für ihn.«

»Laura, ich traue Maurice, aber er hat eine Familie, Verwandte, über die wir nichts wissen. Ich will solche Leute nicht in unserem Leben haben.«

Michael und ich stritten stundenlang.

Ich traute einfach meinen Ohren nicht. Ich war geschockt, wütend und verwirrt. Nie wäre mir der Gedanke gekommen, dass Michael Maurice aus unserem Leben ausschließen wollte. Nicht in einer Million Jahren hätte ich gedacht, er würde ihm das Haus verbieten. Wir hatten nie ernsthaft darüber gesprochen, aber ich hatte viel von Maurice erzählt. Michael wusste genau, wie unsere Beziehung aussah. In meinen Augen gehörte Maurice zur Familie. Es war vollkommen niederschmetternd, dass der Mann, den ich liebte, diese Ansicht nicht teilte.

Aber das war noch nicht das Schlimmste. Michael war nicht nur dagegen, Maurice zu Weihnachten einzuladen, er wollte es auf keinen Fall dulden. Wie jeder x-beliebige selbstbewusste, egozentrische Mann, der es gewohnt war, seinen Willen zu bekommen und keine Kompromisse zu machen. Er würde nicht nachgeben.

»Wie kannst du nur so herzlos sein?«

»Was regst du dich so auf?«

»Ich habe eine Verpflichtung ihm gegenüber. Du weißt doch, was er mir bedeutet.«

»Ich hab nie gesagt, dass du dich nicht mit ihm treffen kannst.«

»Aber ich darf ihn nicht mit nach Hause bringen?«

»Das wäre für alle Beteiligten unangenehm.«

Wir stritten und stritten, bis wir beide erschöpft waren. Dann ging ich zu Bett und zog mir die Decke über den Kopf, konnte aber trotz aller Bemühungen nicht einschlafen. Um zwei Uhr morgens stand ich auf, zog mich an, fuhr hinunter zur Mamaroneck Avenue und parkte am Wasser. Dann saß ich in meinem Wagen und weinte.

Die Erkenntnis, dass es schwer werden würde, meine Freundschaft mit Maurice und mein Leben mit Michael in Einklang zu bringen, war eine der schmerzlichsten meines Lebens. In jener Nacht im Wagen hörte ich wieder Miss House: *Lassen Sie dieses Kind nicht im Stich.* Ich dachte an Maurice. Wo er wohl sein mochte, in einem Bett mit schmutziger Wäsche, in einer Wohnung ohne Mutter? Ich dachte an sein gestohlenes Fahrrad, an unsere gemeinsamen Backstunden. Ich dachte daran, wo Maurice wohl ohne mich Weihnachten verbringen würde. Bei der Heilsarmee, mit gespendeten Geschenken.

Und ich dachte darüber nach, was ich machen konnte, um Michael umzustimmen. Das Schlimmste war, dass er absolut unnachgiebig war. Mir wäre nie in den Sinn gekommen, dass eine Meinungsverschiedenheit wegen Maurice unsere Beziehung beeinträchtigen könnte. Ich liebte Michael und wollte ihn heiraten, Kinder mit ihm haben. Jetzt hatte ich eine bislang unbekannte Seite von ihm kennengelernt. Er war kompromisslos, vielleicht sogar selbstsüchtig, ganz sicher aber gleichgültig gegenüber meinen heftigen Seelenqualen. Wenn er es nicht für Maurice tun wollte, warum dann nicht wenigstens für mich? Wieso sah er nicht ein, dass mir seine Entscheidung das Herz brach? Und wenn er es sah, wieso war es ihm gleichgültig?

Ich fuhr nach Hause, ging zu Bett und sprach vier volle Tage kein einziges Wort mit Michael.

Danach hätte ich eine Grenze ziehen und ganz klar sagen sollen, dass Michael mich nicht haben konnte, wenn er Maurice nicht akzeptierte. Ich hätte erklären sollen, dass unser Leben nicht nur ihm und seiner Familie gehörte, sondern uns beiden. Maurice war Teil unseres Lebens, ob es ihm nun passte oder nicht. Ich hätte sagen sollen: »Maurice besucht uns zu Weihnachten und basta.«

Aber das machte ich nicht. Stattdessen traf ich mich mit Maurice in einem Restaurant und erklärte ihm, dass wir uns Weihnachten nicht sehen konnten. Ich versprach, wir würden uns direkt am Montag danach treffen, ich würde ihm seine Geschenke mitbringen, und dann würden wir uns wieder jeden Montag treffen.

»Es tut mir sehr leid, Maurice, wirklich, es tut mir sehr, sehr leid.«

Maurice verzog keine Miene. »Ist schon gut, Laurie.«

Im folgenden Juni heirateten Michael und ich mit einer kleinen Zeremonie in unserem Haus in White Plains. Wir luden etwa hundert Gäste ein und bauten im Garten ein Festzelt auf. An einem wunderschönen Sommertag, ganz in der Nähe des Bachs, der unser Grundstück teilte, schworen wir uns die Treue. Es war eine in jeder Hinsicht schöne Hochzeit.

Ohne meinen Freund Maurice.

16

DER WINTERMANTEL

Eines Tages zählte Maurice die Personen in der Sozialwohnung seiner Großmutter in Brooklyn. Es waren zwölf. Zwar
wohnten nicht alle ständig dort, doch sie kamen oft vorbei –
Cousins, Onkel, Freunde, Bekannte aus Dealerkreisen, Nachbarn, Junkies, die ihren Rausch ausschliefen. So lebte Maurice. In einer schmutzigen Unterkunft kämpfte er um jeden
Quadratzentimeter Platz. Als seine Mutter ins Gefängnis
kam und er den Menschen verlor, den er am meisten liebte,
ertrug Maurice das ganze Chaos nicht mehr und ging.

Maurice kannte sich auf der Straße aus. Große Esszimmer,
riesige Gläser mit Münzen und schön verpackte Geschenke
mochten ihm fremd sein, aber die Straße kannte er in- und
auswendig. Seit unserer ersten Begegnung war er mindestens
sieben Zentimeter gewachsen und groß, sehnig und stark für
sein Alter. Er wurde langsam ein Mann.

Er traute sich zu, auf der Straße zu überleben. Er wusste,
wie man Essen schnorrte, Polizisten mied und Stärke zeigte,
wenn es nötig war. Und er konnte sich mit mir treffen,

zumindest zwei-, dreimal im Monat. Ich fand heraus, dass diese Treffen für Maurice wichtiger waren denn je. Sie waren für ihn der letzte Rest an Normalität in einer Welt, die ihm zunehmend feindlich begegnete.

Maurice wusste, wo er schlafen konnte – in einem heruntergekommenen Kung-Fu-Kino in der 42. Straße am Times Square. Offiziell hieß es *Times Square Theater,* doch dort wurden rund um die Uhr nur Kung-Fu-Filme gezeigt. Maurice erbettelte sich Geld für eine Karte, suchte sich einen Platz im hinteren Bereich und schlief dort die ganze Nacht, während laute Kung-Fu-Kämpfe um ihn herumtosten. Tagsüber erbettelte er sich eine Karte für das Kino auf der gegenüberliegenden Straßenseite und sah sich den Eddie-Murphy-Film *Der Prinz aus Zamunda* an. Er hat ihn sicherlich dreihundertmal gesehen und kannte jeden Dialog auswendig.

Hin und wieder schlich er sich ins YMCA in der 59. Straße West, um zu duschen. Manchmal besuchte er auch seine Großmutter in Brooklyn. Er blieb nie lange, und niemand fragte nach, wohin er ging und wo er schlief. Eine Weile besuchte er noch die Schule in Chinatown, doch schließlich kam er auf eine sogenannte »Förderschule«. Was bedeutete, dass die meisten Schüler erhebliche mentale und emotionale Probleme hatten. Da er das Gefühl hatte, dort fehl am Platz zu sein, ging er nach wenigen Monaten nicht mehr hin. Im Alter von sechzehn hatte er mit der Schule abgeschlossen.

Jetzt musste sich Maurice der Herausforderung stellen, irgendwie Geld zu verdienen, denn betteln wollte er nicht mehr. Es gab natürlich eine naheliegende Möglichkeit. Er konnte Drogen verkaufen, wie fast jeder Mann, den er kannte.

Mit nichts anderem konnte er annähernd so viel Geld verdienen wie mit Crack. Er hatte gesehen, wie lukrativ das Geschäft war. Seine Onkel hatten Zwanziger und Hunderter aus dicken Geldbündeln gezogen. Er wusste auch, wie man es anstellte, wo man die Drogen kaufte, wie man sie verschnitt und weiterverkaufte. Er hätte auf der Stelle ins Geschäft einsteigen und schon am ersten Tag Hunderte verdienen können. Als er obdachlos war und im Kino wohnte, dachte er lange und gründlich darüber nach. Er kämpfte mit sich und versuchte, einen Grund zu finden, dem verlockenden Ruf des Geldes nicht nachzugeben.

Irgendetwas hielt ihn zurück. Irgendetwas sagte ihm, dass das eine Sackgasse war. Stattdessen ging Maurice zu einem Kurierdienst in Manhattan. Solche Kurierdienste beauftragten junge Männer und Teenager, zu Fuß Post von Firma zu Firma zu transportieren. Der erste Dienst schickte Maurice wieder weg, genau wie der zweite und dritte. Maurice blieb hartnäckig, und schließlich erklärte sich jemand von *Bullet Messenger Manpower* bereit, es mit ihm zu versuchen. Maurice holte Akten, Briefe und juristische Dokumente ab, rannte damit quer durch die Stadt, fuhr in der U-Bahn auf der ganzen Insel herum und verdiente damit acht Dollar pro Stunde. Damit war das Betteln für ihn erledigt.

Es gefiel Maurice, seinen Lohn zu bekommen, den Scheck einzulösen und Geld zu haben, das er sich mit harter, ehrlicher Arbeit verdient hatte. Das Geld gefiel ihm so sehr, dass er mehr davon wollte. Er hatte gesehen, dass man Köpfchen und Energie brauchte, um erfolgreich Drogen zu verkaufen. Er wusste, dass er beides hatte. Er konnte jeden auf der Straße ausstechen. Die Kunst des Verkaufens, der An- und Verkauf, das Bewegen von Ware war ihm nicht fremd. Also stieg er in den Verkauf ein – allerdings nicht von Drogen, sondern von Jeans.

Maurice kaufte in Chinatown gefälschte Markenjeans für sieben Dollar das Stück und verkaufte sie für vierzig Dollar weiter. Das war Ende der Achtziger, als solche Jeans in New York der letzte Schrei waren. Zuerst verkaufte er die Jeans an andere Kuriere, dann an Drogendealer und ihre Freundinnen. Er entdeckte, dass er mit dem Jeanshandel mehrere hundert Dollar pro Woche verdienen konnte. Alle paar Tage besuchte er seine Großmutter in Brooklyn und gab ihr etwas Geld, damit sie über die Runden kam. Er sagte ihr nicht, woher er das Geld hatte, und sie fragte auch nicht.

Maurice wusste, dass der Verkauf gefälschter Markenjeans illegal war, doch er hatte kein Dach über dem Kopf, kein Geld und keine Perspektive. Unter solchen Umständen ist es nicht leicht, eine klare Grenze zwischen Richtig und Falsch zu ziehen. Für Maurice war es das Wichtigste zu überleben und genug Geld zu verdienen, um seiner Familie zu helfen. Unter diesem Druck kam ihm seine Entscheidung, Jeans statt Crack zu verkaufen, richtig und vernünftig vor.

Nach einer Weile verdiente Maurice genug, um aus dem Kung-Fu-Kino in ein billiges Hotel zu ziehen. Für sein Zimmer musste er fünfundvierzig Dollar pro Nacht bezahlen. Es war ein Stundenhotel, das eigentlich seine Zimmer nur an Prostituierte und ihre Freier vermietete. Dort war es schmutzig, laut und gefährlich, doch Maurice störte das nicht.

Zum ersten Mal in seinem Leben hatte er ein Zimmer, ein Bett und eine Dusche ganz für sich allein.

So schlug Maurice sich durch. Irgendwann zwischendurch

war er auch im Covenant House, einem Heim für jugendliche Schwererziehbare und Streuner. Dort gefiel es ihm nicht, daher verließ er es schnell wieder. Er wandte sich ans Jugendamt, was früher undenkbar für ihn gewesen wäre, weil er hoffte, man würde ihn in eine Wohngemeinschaft für Jungs stecken. Dort hätte er ein Bett, regelmäßige Mahlzeiten und die Möglichkeit gehabt, sich zu orientieren. Stattdessen stöberte man in seinen Akten und fand heraus, dass seine Großmutter das Sorgerecht für ihn hatte. Kaum hatte man ihre Adresse ermittelt, landete Maurice wieder dort, woher er gekommen war.

Und ging zurück auf die Straße.

Nach zweieinhalb Jahren wurde seine Mutter aus der Haft entlassen. Die Stadt teilte ihr eine Wohnung im verrufenen Brownsville-Viertel in Brooklyn zu. Die hatte zwei Zimmer, was bedeutete, dass Maurice mit Darcella einziehen konnte. Genau das tat er. Sie wohnten zu zweit dort, seine älteren Schwestern waren zu ihren Freunden gezogen. Es war die beste Wohnsituation, die Maurice bis dahin je gehabt hatte. Seine Mutter war clean, zumindest eine Zeit lang, und es gab weder Cousins oder Onkel noch Junkies, die die Wohnung bevölkerten. Nur Darcella und Maurice, eine Mutter und ihr Sohn.

Bis zu dem Tag, als Maurice heimkam und einen kleinen, mageren Mann in der Küche erblickte, der mit seiner Mutter sprach.

»Wer ist das denn?«, fragte er.

»Das ist dein Vater«, erklärte sie.

Seinen Vater hatte er mit sechs Jahren das letzte Mal gesehen. An dem Tag, als seine Mutter mit einem Hammer aufgetaucht war, um ihn heimzuholen. In jenem Sommer hatte Morris darum gebeten, dass sein Sohn bei ihm wohnen sollte, und aus unerfindlichen Gründen hatte Darcella zugestimmt. In diesen drei Monaten wäre Maurice fast verhungert. Er bekam die Krätze und verlor so viel Gewicht, dass seine Rippen fast durch die Haut stachen. Die grobe Fahrlässigkeit seines Vaters hätte ihn fast das Leben gekostet. Darcella tauchte gerade noch rechtzeitig auf, vertrieb Morris und seine Freundin mit ihrem Hammer und nahm ihren Jungen wieder zu sich. Danach verschwand Maurice' Vater aus seinem Leben. Und jetzt, viele Jahre später, war er wieder da.

Maurice konnte kaum glauben, wie schwach und zerbrechlich er wirkte. Von seinem großspurigen, Furcht einflößenden Gehabe war nichts mehr übrig. Er wirkte alt. Doch Maurice' üble Erinnerungen waren nicht verblasst, daher freute er sich keineswegs, ihn zu sehen.

»Was will der hier?«, fragte er seine Mutter. »Schmeiß ihn raus.« Damit machte er kehrt und ging, ohne auch nur ein Wort an seinen Vater zu richten.

Kurz darauf drang das Gerücht zu ihm, Morris hätte AIDS. Vielleicht hatte er es sich durch eine gebrauchte Spritze zugezogen, vielleicht durch ungeschützten Sex. Wenn Maurice ihn auf der Straße sah, ging er ihm aus dem Weg. Dennoch tat sein Vater ihm irgendwie leid. Morris war für ihn der stärkste Mann gewesen, den er gekannt hatte. Ein Mann, der niemanden fürchtete, vor dem aber alle Angst hatten. Jetzt schlich er herum wie ein gebrechlicher Greis.

Eines Tages sah Maurice seinen Vater auf dem Bürgersteig stolpern und hinfallen. Ohne lange nachzudenken, rannte er zu ihm und half ihm auf. Danach unterhielten sie sich manchmal ein bisschen, was Maurice die Möglichkeit gab, die Frage zu stellen, die ihm lange auf der Seele gebrannt hatte.

»Mann, warum musstest du nur so sein? Du hättest mein Vorbild werden können. Das wollte ich dann natürlich nicht. Warum hast du dich nur so benommen?«

Darauf antwortete sein Vater fast flüsternd: »Ich konnte nicht anders.« Er entschuldigte sich wieder und wieder. »Es tut mir leid, mein Sohn«, sagte er. »Merkst du nicht, wie leid es mir tut? Werd bloß nie wie ich. Ich will das nicht.«

Maurice beobachtete, wie sein Vater schwächer und magerer wurde. Als das Ende nahte, sprach er Maurice auf der Straße an. »Ich weiß, ich habe nie viel für dich getan. Trotzdem möchte ich dich um einen Gefallen bitten.«

Maurice wappnete sich innerlich.

»Nenn deinen Sohn bitte Maurice«, sagte sein Vater.

Maurice hatte seinen Namen immer gehasst, weil auch sein Vater und dessen Vater so geheißen hatten. Er war strikt dagegen. Auf keinen Fall würde er seinen eigenen Sohn so nennen, auf gar keinen Fall. Aber der alte Mann war krank, und Maurice hatte Mitleid, daher versprach er es.

Ein paar Tage später erzählte ein Nachbar Maurice, dass sein Vater an diesem Morgen gestorben war. Es war Halloween. Maurice ging zur Wohnung seines Vaters und fand den alten Mann auf dem Boden neben einer Matratze. Er hob ihn hoch und legte ihn aufs Bett. Er war erschreckend leicht. Der härteste Typ in ganz Brooklyn, der Anführer der Tomahawks, bestand nur noch aus Haut und Knochen. Maurice wartete, bis ein Krankenwagen kam und seinen Vater mitnahm. Dann verließ er die Wohnung und ging zurück auf die Straße.

Zu der Zeit, als es passierte, erzählte mir Maurice nichts vom Tod seines Vaters. Wie üblich schützte er mich vor den traurigen und schwierigen Aspekten seines Lebens. Dabei hätte ich die widerstreitenden Gefühle gegenüber seinem Vater, ihre zerrissene, schmerzliche, ungeklärte Beziehung sehr gut nachvollziehen können. Ich konnte durchaus verstehen, dass ein schwieriger familiärer Hintergrund uns als Erwachsene beeinflusst und dass Erlebnisse aus der Kindheit unsere Persönlichkeit prägen.

* * *

Abgesehen von unserer Meinungsverschiedenheit wegen Maurice, die alles andere als eine Kleinigkeit war, führten Michael und ich eine gute Ehe. Michael sagte nie, ich dürfe Maurice nicht mehr sehen, und ich traf mich regelmäßig mit ihm. Schließlich begleitete mich Michael sogar, und wir drei gingen oft miteinander essen oder unternahmen Ausflüge. Michael konnte sehen, dass Maurice etwas ganz Besonderes war, und begriff schließlich, warum er mir so viel bedeutete. In einem Jahr gab er sogar nach und erlaubte mir, Maurice zu Weihnachten einzuladen. Nancy, ihr Mann und Steven kamen auch, und wir alle verbrachten eine schöne Zeit miteinander. Dennoch war es nicht wie früher in Annettes Haus. Michael baute keine echte Beziehung zu Maurice auf. Innerlich blieb er auf Distanz. Ich freute mich, dass Maurice ein Teil unseres Lebens war, aber es wurde schmerzhaft deutlich, dass mein Traum von seinem Einzug bei uns

227

ein Traum bleiben würde. Deswegen sprach ich auch nie darüber.

Auch bei einem anderen Thema bereitete Michaels Sturheit mir Sorgen. Ich war über vierzig und hatte nicht mehr viel Zeit, ein Kind zu bekommen. Vor unserer Heirat hatten Michael und ich nie ernsthaft über Kinder geredet, was sich im Rückblick als schrecklicher Fehler erwies. Damals war ich so verliebt gewesen und hatte unser Zusammensein so sehr genossen, dass mir nie in den Sinn gekommen war, mich mit ihm hinzusetzen und eingehend darüber zu sprechen.

Ich wusste, er liebte mich, und ging einfach davon aus, dass man dann auch Kinder bekam. Ich hätte nie gedacht, dass das ein Problem werden würde.

Wir waren über ein Jahr verheiratet, als ich endlich das Thema anschnitt.

»Ich möchte eine Familie«, erklärte ich. »Ich möchte Kinder.«

Michael blickte zu Boden und dann wieder zu mir.

»An einem weiteren Kind bin ich nicht interessiert«, sagte er.

Ich hatte zwar nicht mit Begeisterungsstürmen gerechnet, aber seine Sachlichkeit und Entschiedenheit waren für mich ein Schock. Ich erläuterte ihm, wie wichtig mir ein eigenes Kind wäre, welch eine hingebungsvolle Mutter ich sein würde. Ich fragte, ob er nicht wenigstens ein bisschen neugierig darauf sei, wie unser Kind wohl werden würde.

»Nicht im Geringsten«, erwiderte er.

Er hatte zwei erwachsene Söhne und liebte sie sehr. Er war stolz auf sie, doch die Phase der Kindererziehung war für ihn abgeschlossen, ein für alle Mal. Ich beteuerte, die ganze

Arbeit zu übernehmen. Ich gelobte, ich würde nachts zum Füttern aufstehen. Ich versprach, eine Nanny zu bezahlen und alles zu tun, um es ihm so leicht wie möglich zu machen. Wie schon beim Thema Maurice rückte Michael keinen Zentimeter von seiner Position ab. Ich blieb beharrlich und brachte das Kinderkriegen immer wieder zur Sprache. Etwa bei unserer dreißigsten Auseinandersetzung setzte er einen Schlusspunkt.

»Es kommt nicht infrage, Laura«, verkündete er. »Auf keinen Fall.«

Geschlagen trat ich den Rückzug an. Ich leckte meine Wunden und wartete darauf, dass sie heilten und verschwanden. Doch es schmerzte weiter. Mit der Zeit wurde aus Schmerz Groll, den ich so gut wie möglich zu verdrängen versuchte, um weitermachen zu können. Aber er war da, dicht unter der Oberfläche.

So verabschiedete ich mich langsam von meinem Traum. Ich hatte mir immer zwei Kinder gewünscht, weil ich nicht wollte, dass mein Sohn oder meine Tochter als Einzelkind aufwuchs. Mit zweiundvierzig wurde mir klar, dass mir nicht mehr genug Zeit für zwei Kinder blieb. Selbst wenn ich Michael irgendwie hätte umstimmen können, wäre es wahrscheinlich bei einem Kind geblieben. Das kam mir selbstsüchtig vor, ich dachte nur an mich und nicht an das Kind.

Ich weiß nicht mehr, wann genau es geschah. Es war kein bestimmter Moment, ein Tag oder eine Woche. Aber irgendwann war der Traum, dem ich jahrelang leidenschaftlich nachgejagt war, einfach verschwunden.

* * *

All unsere Geschichten handeln auch immer von Verlust. Und vielleicht davon, was hätte sein können. Ich hatte mir glückliche, liebevolle Eltern gewünscht, die im Wohnzimmer Walzer tanzten. Ich hatte mir verzweifelt eigene Kinder gewünscht.

Wir alle wünschen uns gesunde und stabile Beziehungen, aber manchmal soll es einfach nicht sein. Das Wunder des Lebens besteht darin, dass unsere Enttäuschungen sich erstaunlicherweise irgendwann als Segnungen erweisen. Das, was wir verloren haben, und das, was hätte sein können, verblasst gegenüber dem, was wir haben.

Ich denke an meinen Vater und unsere prekäre Beziehung. Er hatte meine gesamte Kindheit dominiert, doch als Erwachsene ließ ich einfach nicht zu, dass er diese Macht über mich behielt. Im Grunde hatte ich ihn aus meinem Leben ausgeschlossen. Gleichzeitig hatte ich ein schlechtes Gewissen, weil ich es meinen Geschwistern überließ, sich im Alter um ihn zu kümmern. Ich wollte mich nicht vor dieser Verantwortung drücken. Also besuchte ich ihn zumindest ein-, zweimal im Monat, räumte auf und half Nancy, die sich hauptsächlich um die Bedürfnisse meines Vaters kümmerte, oder Steven, der noch zu Hause wohnte und die Bitterkeit meines Vaters ertragen musste.

Im Frühjahr 1987 fuhr ich wieder einmal nach Long Island und putzte Vaters Haus vom Speicher bis zum Keller. Ich wusch die Wäsche, faltete Laken, sammelte Kippen ein. Ich war fast fertig, als er nach Hause kam. Manchmal freute er sich, mich zu sehen, und alles war gut. Aber wenn er sich über irgendetwas geärgert hatte, kritisierte, beschimpfte und demütigte er mich. An diesem Tag ging er sofort auf mich los. Ich weiß nicht mehr, was er gesagt hat, das habe ich wohl verdrängt. Ich war müde und gereizt. Irgendwann konnte ich mich nicht mehr beherrschen und schlug zurück.

»Du bist dein ganzes Leben lang ein grässlicher Tyrann gewesen«, fuhr ich ihn an und geriet langsam in Rage. »Du hast Mom tyrannisiert, und sie ist an Krebs gestorben. Du hast Steve tyrannisiert, und er stottert und ist unglücklich. Du nutzt uns alle nur aus, und jetzt habe ich's satt. Ich mache das einfach nicht mehr mit!«

Meinem Vater hatte es die Sprache verschlagen, so geschockt war er. Ich marschierte aus dem Haus und sprach nie wieder ein Wort mit ihm.

Etwa anderthalb Jahre später, wenige Wochen vor meinem achtunddreißigsten Geburtstag, rief Annette mich an, um mir zu sagen, dass es schlecht um ihn stehen würde. Es ging ihm schon eine ganze Weile nicht gut, und nun wurde er immer schwächer. Wir mussten ihm Essen auf Rädern bringen lassen. Auf Anraten der Ärzte sollte er mit dem Rauchen aufhören, was er natürlich nicht machte. Selbst wenn er zu Hause an ein Sauerstoffgerät angeschlossen war, rauchte er. Die ehrenamtlichen Helfer von Essen auf Rädern weigerten sich, das Haus zu betreten. Sie hatten Angst, es würde eines Tages explodieren.

Als er fast nicht mehr atmen konnte, brachten meine Schwestern ihn ins Krankenhaus. Dann riefen sie mich an, um mir mitzuteilen, dass es mit ihm zu Ende ging. Ich besuchte ihn nicht. Meine Geschwister hatten dafür Verständnis, befürchteten aber, ich würde es bereuen, wenn ich ihn vor seinem Tod nicht noch einmal sähe. Ich erklärte, meine Entscheidung stehe fest, und sie drängten mich nicht weiter.

Die meiste Zeit verbrachte Annette bei ihm im Krankenhaus. Sie war da, als sein Atem zu rasseln anfing und er
keuchte: »Ich sterbe.« Aber er hatte oft solche Probleme
beim Atmen gehabt. Die Krankenschwestern meinten, meine
Schwester könne ruhig nach Hause gehen und am nächsten
Tag wiederkommen.

Kurze Zeit später kam ein Anruf. Vaters Zustand hatte
sich verschlechtert. Sie raste sofort wieder ins Krankenhaus,
aber als sie dort ankam, war er bereits tot. Er war ganz allein
gestorben, ohne seine Kinder.

Ich musste unwillkürlich daran denken, wie meine Mutter
ihre letzten Stunden im Kreis der Familie verbracht hatte. Wir
hatten ihre Hand gehalten und ihr gesagt, dass wir sie liebten.
Bis heute bereue ich es nicht, meinen Vater in den letzten
Monaten seines Lebens nicht besucht zu haben. Ich weiß, das
wird manchen herzlos erscheinen, aber es ist die Wahrheit.
Allerdings bin ich tieftraurig, dass er allein gestorben ist –
weil ich weiß, dass er ein guter Vater hätte sein können.

Keines seiner Kinder wusste, was es auf seiner Beerdigung
sagen sollte. Schließlich schrieb Steven, sein Jüngster, einen
Nachruf und las ihn bei der Trauerfeier vor. Der fünfund-
zwanzigjährige Steven erzählte, dass mein Vater die *Honey-
mooners* geliebt und genau wie die Comedy-Show Fans gehabt hatte, die Gäste in seiner Bar. Er redete von Vaters Zeit
in der *Picture Lounge,* der Bowlingbahn und *Funzy's Tavern*
und schilderte, wie er überall schnell neue Freunde gefunden
hatte. »Er war nicht nur Barkeeper, sondern viel mehr«, sagte
Steven. »Er konnte sich gut Gesichter merken und wusste,
was seine Gäste tranken. Und er konnte gut mit Worten umgehen.«

Es war eine wunderschöne Rede, die uns alle zu Tränen rührte, und sie entsprach hundertprozentig der Wahrheit. Mein Vater war wirklich ein wunderbarer Mann gewesen – nur hatten wir ihn nicht oft so erleben dürfen.

Jahre später erzählte mir Steven, er habe in einem ihrer letzten Gespräche meinen Vater gefragt, warum er sich eigentlich so verhalten habe.

»Ich weiß es nicht«, hatte mein Vater geantwortet. »Ich wollte dich nie anbrüllen. Es tut mir leid, dass ich das gemacht habe.«

An jenem Tag entschuldigte sich mein Vater wiederholt bei Steven und damit in gewisser Hinsicht auch bei uns anderen. Ich wusste bereits, dass ihm sein Verhalten leidtat, er sich aber nicht ändern konnte. Ich wusste, dass er meine Mutter mehr geliebt hatte, als er ihr jemals hatte zeigen können. Ich sagte zu mir, im Himmel könne mein Vater meine Mutter nicht mehr quälen, im Himmel sei er innerlich nicht so zerrissen. Im Himmel würden er und meine Mutter vielleicht doch noch miteinander Walzer tanzen.

* * *

Ein Jahr nach dem Tod meines Vaters lernte Maurice ein Mädchen namens Meka kennen. Einer seiner Onkel war mit ihrer Mutter zusammen, daher trafen sie sich häufig. Zuerst mochte er sie nicht, er fand sie zu laut, zu streitlustig. Zwar sah er, dass sie auch eine sanfte Seite hatte, doch meistenteils gab sie sich kämpferisch, und kämpfen musste Maurice in seinem Leben genug.

Eines Abends lehnte Meka sich zu ihm hinüber und küsste

ihn. »Es gefällt mir nicht, wie du dich benimmst«, sagte er. Aber sie gab nicht auf. Schon bald begann Maurice etwas zu empfinden, das ihm bis dahin völlig unbekannt gewesen war.

Ich erinnere mich, dass Michael und ich mit den beiden essen gingen. Meka war sehr süß und erzählte mir, dass sie gern las. Einiges an ihr gefiel mir wirklich, doch sie war so jung, genau wie Maurice. Am Ende des Abends war ich ziemlich besorgt. Ich hatte Angst, Meka könnte schwanger werden, und wollte mir nicht vorstellen, wie Maurice ein Kind großziehen sollte. Später musste er mir versprechen, vorsichtig zu sein. Das tat er auch, dennoch konnte ich meine unterschwellige Sorge nicht abschütteln.

Maurice' Leben verlief zu diesem Zeitpunkt in recht geordneten Bahnen. Seine Mutter nahm zwar wieder Drogen, doch nicht annähernd so exzessiv wie früher. Sobald Maurice achtzehn war, konnte er sich um eine eigene Sozialwohnung bewerben. Dieses Recht hatte seine Mutter durch ihre Haftstrafe verwirkt. Dadurch konnte Maurice endlich einmal ihr helfen. Er bemühte sich um ein Apartment und wollte sie dort wohnen lassen. Er füllte alle Formulare aus, und ein städtischer Angestellter übergab ihm die Schlüssel zu einer Zweizimmerwohnung in der Hillside Avenue. Das war einer der besten Tage in Maurice' Leben. Er betrat die Wohnung, fiel auf die Knie und küsste den Boden.

Seit zehn Jahren hatte er zum ersten Mal ein eigenes Zuhause.

Maurice' Mutter zog in die Wohnung, während er selbst bei Meka in Brooklyn blieb. Die beiden stritten sich oft, hatten aber auch viel Spaß miteinander. Sie gingen gern in den

Vergnügungspark nach Coney Island, und Maurice gewann dort an einer Bude einen riesigen weißen Teddybären, auf den er richtig stolz war. Es war ein weiterer guter Tag seines Lebens, als er erfuhr, dass Meka schwanger war. Er konnte sich nie vorstellen, eines Tages Vater zu werden und mit seinem Kind zu spielen, trotzdem war er außer sich vor Begeisterung. Er wusste nicht, warum. Er freute sich einfach.

Als Meka im *St. Vincent's Hospital* in Manhattan einem gesunden Jungen das Leben schenkte, war Maurice dabei. Er hielt seinen winzigen, verknitterten Sohn im Arm und küsste ihn auf die Stirn. Er hatte Meka vorher gesagt, wie er ihn gern nennen wolle. Meka gefiel der Name.

So hielt er in jener Nacht seinen erstgeborenen Sohn Maurice im Arm.

Am nächsten Tag verließ er das Krankenhaus und fuhr mit der U-Bahn zu seiner Wohnung, um seine Mutter zu besuchen. Sie wohnte dort mit seiner Schwester LaToya und deren Sohn. Die kleine Tochter seiner Schwester Celeste war gerade zu Besuch. Als Maurice um die Ecke bog und zu seinem Apartment hinaufblickte, blieb er wie angewurzelt stehen.

Dort, wo einst Fenster gewesen waren, sah er nur noch verkohlte, schwelende Löcher.

In Panik stürzte Maurice die Treppe hinauf. Seine Wohnung war vollkommen ausgebrannt. Er fragte die Nachbarn nach seiner Mutter, doch niemand wusste, was aus ihr geworden war. Später fand Maurice heraus, dass seine Mutter, seine Schwester und die beiden Kinder unversehrt geblieben waren. Zudem erfuhr er, was den Brand ausgelöst hatte.

Seine Nichte und sein Neffe hatten mit einem Feuerzeug

gespielt und Maurice' riesigen weißen Teddybären in Brand gesetzt, woraufhin die ganze Wohnung in Flammen aufging.

Von einem Augenblick zum anderen war Maurice wieder ohne eigenes Zuhause.

* * *

Als mir Maurice von seinem Sohn erzählte, konnte ich mich nicht mit ihm freuen. Natürlich war mir klar, dass er eines Tages Kinder bekommen würde. Doch er war erst neunzehn. Ich hatte das Gefühl, er sei zu jung und unerfahren für eigene Kinder. Ich erklärte ihm, es sei unverantwortlich, in seiner Lage ein Kind in die Welt zu setzen. Ich sei entsetzt, dass der Teufelskreis, der seine Eltern und fast auch ihn zerstört habe, erneut in Gang gesetzt worden sei. Maurice konnte meine Gefühle nachvollziehen und sagte nur, er werde schon klarkommen.

»Mach dir keine Sorgen, Laurie«, versicherte er. »Ich hab's im Griff.«

Wegen meiner Reaktion bat er mich nicht, seinen kleinen Sohn zu besuchen, und er brachte ihn auch nie zu unseren Treffen mit. Ich wünschte, ich hätte mich mehr für ihn freuen und ihm helfen können. Doch ich fürchtete, durch die Verantwortung für seinen Sohn würde Maurice auf die schiefe Bahn geraten. Es fiel mir auch schwer, Maurice als erwachsenen Mann zu betrachten. Als ich ihn vor acht Jahren kennengelernt hatte, war er noch ein Kind gewesen. Ehrlich gesagt versetzte mich der Gedanke in Panik. Ich glaubte an Maurice und wusste, er war etwas Besonderes. Gleichzeitig hatte ich das Gefühl, all die Fortschritte seit unserer ersten

Begegnung wären gefährdet. Nicht seinetwegen, sondern wegen der Welt, in der er lebte.

Ich frage mich heute, ob meine eigenen Probleme mit der Kinderfrage für meine Reaktion verantwortlich waren. Denn all das geschah zu der Zeit, in der mir klar wurde, dass ich nie eigene Kinder bekommen würde. Etwas, das ich mir mehr als alles andere gewünscht hatte, verschwand in unerreichbare Ferne, und ich konnte nichts dagegen tun. Maurice hingegen bekam mit neunzehn ein Kind, obwohl er viel zu jung und unerfahren war. Nahm ich ihm unterbewusst übel, dass er so leichtfertig und unbekümmert in die Vaterrolle schlüpfte? Haderte ich mit Gott, weil mir das ungerecht vorkam? Vielleicht.

Allerdings half es mir sehr zu sehen, welch ein hingebungsvoller Vater Maurice war. Er erzählte mir, sein Sohn solle alles bekommen, was er hatte entbehren müssen. Er solle niemals mit solchen Schwierigkeiten zu kämpfen haben, die bei ihm an der Tagesordnung waren. Ich sah, wie er zu strahlen anfing, sobald er von seinem Sohn redete. Er nannte ihn Junior und zeigte mir Fotos. Und er versprach, diesem Jungen ein guter Vater zu sein. Da erkannte ich, dass ich Maurice auch in schwierigen Zeiten vertrauen musste, wenn ich an ihn glaubte. Ich musste Maurice sein eigenes Leben leben lassen.

* * *

Kurz nach dem vierten Geburtstag seines Sohnes trafen Maurice und ich uns in Manhattan. Weihnachten rückte näher, die Luft war winterlich kalt und dünn. Maurice und ich unterhielten uns über Meka, über Junior und das, was er so machte.

Da machte Maurice etwas, was er noch nie zuvor getan hatte.

Er bat mich, ihm Geld zu leihen.

Er erklärte, Meka habe einen Wintermantel gesehen, den sie unbedingt haben wollte, und er wolle ihn ihr zu Weihnachten schenken. Der Mantel sollte dreihundert Dollar kosten.

»Maurice, das ist ganz schön teuer für einen Mantel«, gab ich zu bedenken.

»Sie hat ihn gesehen und sich sofort in ihn verliebt. Ich will ihn ihr schenken«, entgegnete er.

Ich hatte nie darüber nachgedacht, was ich tun würde, wenn Maurice mich um Geld bat. Ich erinnerte mich daran, wie ich ihn einmal zwischen Geld und Lunchpaketen hatte wählen lassen und er sich sofort für die Lunchpakete entschieden hatte. Ich hatte Tausende und Abertausende von Dollar für Maurice ausgegeben, aber in unserer Beziehung war es nie um Finanzielles gegangen. Als er mich damals um Geld bat, war ich also ziemlich überrascht.

Da ich jedoch Schuldgefühle hatte, weil ich nicht mehr so viel Zeit mit ihm verbrachte und wegen seines Sohnes so heftig reagiert hatte, bot ich ihm einen Handel an.

»Ich schenke dir zweihundert und leihe dir hundert. Du musst sofort mit der Rückzahlung beginnen. Und wenn es nur fünfundzwanzig Cent pro Woche sind, aber du musst das Geld zurückzahlen. Hast du verstanden, Maurice?«

»Vollkommen«, antwortete er. »Vielen Dank, Laurie.«

Wir gingen zu einem Geldautomaten, ich hob dreihundert Dollar ab. Er umarmte mich und dankte mir noch einmal. Dann trennten sich unsere Wege.

Am nächsten Montag waren wir wieder verabredet, doch ich hörte nichts von Maurice. Am Montag darauf auch nicht. Ein Monat verging, dann noch einer.

Maurice war einfach so aus meinem Leben verschwunden.

17

DER DUNKLE WALD

In den acht Jahren seit unserer ersten Begegnung hatten wir uns höchstens drei Wochen in Folge nicht gesehen oder gesprochen. Unsere Montage waren Alltagsroutine, unsere Gespräche und Ausflüge ein wichtiger Bestandteil zumindest meines Lebens. Doch auf einmal war Maurice verschwunden. Ich wusste, er wohnte in Brooklyn, hatte aber seine Adresse nicht. Die hatte er mir in all den Jahren verschwiegen, weil er mich lieber in Manhattan traf. Ich hatte auch keine Telefonnummer. Handys gab es damals noch nicht, und ich wusste nicht, ob er einen Festnetzanschluss besaß. Nach meinem Umzug nach White Plains konnte Maurice mich montags im Büro anrufen, um unsere Verabredung zu bestätigen. Ich konnte mich bis dahin darauf verlassen, früher oder später von ihm zu hören.

Aber jetzt: nichts. Als mein Geburtstag nahte, war er schon acht Monate verschwunden. Trotzdem glaubte ich fest daran, dass er sich melden würde. Er hatte noch nie vergessen, mich anzurufen und mir alles Gute zu wünschen. Aber auch dieser Tag verging ohne ein Lebenszeichen. Ich fing an, Telefonbücher zu wälzen und jeden Mazyck anzurufen, den ich finden konnte, aber vergeblich. Thanksgiving kam und ging, dann Weihnachten, darauf ein weiterer Geburtstag und immer noch nichts.

Damals arbeitete ich bei der Zeitschrift *Teen Magazine* und bat meine Assistentin Rachel, Maurice sofort durchzustellen, sollte er anrufen. In Manhattan meinte ich ständig, ihn an einer Ecke oder in einem Bus zu sehen, doch am Ende war er es nie. Ich musste damit rechnen, dass er für alle Zeiten aus meinem Leben verschwunden war. Ab und zu beschlich mich sogar die Angst, er könnte tot sein.

Im Rückblick erinnert die Geschichte, die Maurice widerfahren ist, an eines der großen mythologischen Themen der Menschheit, das Joseph Campbell die »Heldenreise« nennt. Es geht um eine Reise, die viele von uns auf die eine oder andere Weise antreten müssen, um zu entdecken, wer wir sind und was uns im Kern ausmacht. Wenn wir jung und voller Energie sind, aber nichts von der Welt wissen, werden wir in einen dunklen, geheimnisvollen Wald gelockt, einen Wald, der uns mit der Verheißung auf Großes in seine Tiefen zieht. Dort müssen wir größeren Herausforderungen entgegentreten, als wir uns je hätten vorstellen können. Wie wir diesen Herausforderungen begegnen, ist prägend für unsere Persönlichkeit. Wenn wir lebend aus diesem Wald herauskommen, sind wir klüger und stärker geworden. Die Gaben, die wir mitbringen, verbessern unser Leben. Die Heldenreise ist eine Reise zu sich selbst.

Maurice verschwand aus meinem Leben, um sich in diesen dunklen Wald wagen zu können.

* * *

Seine Reise begann mit einem Betrug. Er wusste, dass sein Vater dealte und Drogen nahm, und natürlich wusste er auch, dass seine Mutter süchtig war. Seine Onkel und praktisch alle Erwachsenen in seiner Welt hatten mit Drogen zu tun. Aber einen Menschen gab es, der nicht in diesen Strudel gezogen worden war, einen Menschen, der trotz allem clean geblieben war: Maurice' Großmutter Rose.

Für den größten Teil seines bisherigen Lebens war Maurice davon ausgegangen, dass Grandma Rose nichts mit Drogen zu tun hatte. Sie hielt alles zusammen, während seine Mutter draußen Stoff auftrieb oder im Gefängnis saß. Rose tröstete Maurice, sagte ihm, was für ein guter Junge er sei, und versicherte ihm, er solle keine Angst haben, seine Mutter werde bald nach Hause kommen, denn sie liebe ihn über alles. Seine Großmutter war der Fels in der Brandung dieser chaotischen Familie. Als Maurice noch klein war, fiel ihm auf, dass sie nachts nie schlief. Sie blieb einfach wach auf ihrem Sessel sitzen, und er fragte sie nach dem Grund.

»Weil ich über meine Kinder wache«, erklärte sie. »Ich wache immer über euch.«

Maurice glaubte ihr. Seine Großmutter beschützte ihn.

Dann erfuhr er etwa zu der Zeit, als sein Sohn geboren wurde, dass seine Großmutter mit Krebs im Krankenhaus lag. Das allein war schon ein schrecklicher Schlag, doch außerdem hörte er eine seiner Tanten sagen, Rose habe um ein Tütchen Dope gebeten.

»Was redest du da?«, fragte er sie. »Was will sie mit einem Tütchen Dope?«

Da erzählte ihm seine Tante, dass Rose die ganze Zeit Drogen genommen hatte.

Maurice war am Boden zerstört. Langsam dämmerte ihm, dass sie die ganze Nacht wach geblieben war, um Drogen zu nehmen, ohne dass die Kinder es mitbekamen. Tagsüber schlief sie dann. Maurice war wütend, er fühlte sich betrogen und stürzte zum Krankenhaus, um sie zur Rede zu stellen. Es war außerhalb der Besuchszeit, aber er war schon in diesem Krankenhaus gewesen und kannte sich aus. Er schlich sich durch den Keller hinein und fuhr in den fünften Stock. Als er Roses Zimmer betrat, lag sie mit schmutzigem Nachthemd und verrutschter Sauerstoffmaske im Bett. Für Maurice sah das so aus, als würde sich niemand um sie kümmern, daher rief er lautstark nach einem Arzt oder einer Schwester. Stattdessen packten ihn zwei Sicherheitskräfte und warfen ihn aus dem Krankenhaus.

Am gleichen Abend starb seine Großmutter. Er konnte nicht mehr mit ihr reden.

Eine Zeit lang trug er den Schmerz über ihren Betrug mit sich herum, bis ihm irgendwann aufging, dass seine Großmutter ihn gar nicht betrogen hatte. Zwar hatte sie Drogen genommen, doch hatte sie ihre Sucht vor Maurice geheim gehalten, damit er nur ihre beste Seite zu Gesicht bekam. Sie hatte ihn wirklich beschützt, hatte ihn seit jenem Tag von Drogen ferngehalten, als sie ihm den Joint schenkte und wieder abnahm. Sie hatte gemerkt, dass Maurice etwas Besonderes war, und bis zu ihrem Tod alles getan, um ihn aus der Gefahrenzone zu halten.

Nun war sie fort. Sie konnte ihn nicht mehr schützen. Da erkannte Maurice, dass nicht er Schutz brauchte, sondern seine Familie.

Von nun an war er der Beschützer.

Inzwischen war seine Familie größer geworden. Vier Monate nach Juniors Geburt trennten sich Maurice und Meka. Sie stritten sich einfach zu oft. Maurice hatte erlebt, wie seine Eltern sich ständig bekämpften, und das wollte er Junior nicht zumuten. Maurice und Meka einigten sich auf ein gemeinsames Sorgerecht. Dann verliebte er sich in ein wunderschönes Mädchen namens Michelle. Michelle gefiel es, dass Maurice still und zurückhaltend war und nicht ständig im Mittelpunkt stehen wollte wie die anderen jungen Männer, die sie kannte. Ähnliches schätzte er auch an ihr. Sie war klug, beherrscht und selbstbewusst. Außerdem war sie zäh, konnte austeilen und traute nur wenigen. Kompromisse zu machen hieß für sie, die Kontrolle abzugeben, und das hätte sie nie getan. Maurice setzte sich mit ihr zusammen und erklärte ihr: »Ich werde nicht immer alles haben, was du willst, aber wenn du bei mir bleibst, wirst du immer alles bekommen, was du brauchst. Steh die schweren Zeiten mit mir gemeinsam durch und vertrau mir, dann schaffen wir es.«

Da blickte Michelle ihm in die Augen und sagte: »Du gehörst mir.«

»Und du gehörst mir«, erwiderte Maurice.

Sie zogen in eine Wohnung in der Washington Avenue in Brooklyn und bekamen einen Sohn namens Jalique.

Von Jaliques Geburt erzählte mir Maurice nichts. Wegen

meiner Reaktion auf Juniors Geburt konnte er sich nicht dazu durchringen, mir zu gestehen, dass er noch ein Kind bekommen hatte. Mit dem Geld, das er von mir geliehen hatte, kaufte er keinen Wintermantel für Meka.

Er kaufte Wintermäntel für Junior und Jalique.

In jener Zeit setzte Maurice das Gefühl zu, mich enttäuscht zu haben. Er war überzeugt, ich hielte ihn für verantwortungslos, und das stimmte wohl. Ich wünschte, ich hätte die Zeit zurückdrehen und mich anders verhalten können. Ich wusste nicht, dass meine Reaktion ihn so treffen würde. Vielleicht hätte ich es wissen müssen, aber es war mir schlichtweg nicht bewusst. Er ertrug es nicht, eine Enttäuschung für mich zu sein. Das war einer der Gründe, warum er mich nicht mehr anrief.

Ein anderer Grund war die Erkenntnis, dass er einen Weg finden musste, den Lebensunterhalt für seine neue Familie zu verdienen. Er war nicht mehr der kleine Junge, der mit mir Steak und Cookies aß. Er war Vater geworden. Er wusste, er durfte sich nicht darauf verlassen, dass ich oder irgendein anderer ihm Essen und Kleider gab oder ihn unterstützte. Er musste selbst für alles sorgen. Und so traf er eine schwierige Entscheidung. Er würde vorübergehend seine Familie verlassen und versuchen, in North Carolina ein Geschäft aufzubauen.

Maurice' Plan war es, Jeans und andere Kleider, die er in Manhattan einkaufte, in North Carolina zu verkaufen, das im Vergleich zu New York modisch etwas im Hintertreffen lag. Wenn er einen Vertriebsweg aufbaute, konnte er später einfach die Kleider dorthin schicken und sich das Geld dafür überweisen lassen.

Michelle war strikt dagegen: Ihr gefielen Maurice' Geschäftspartner nicht, zwei Bekannte aus der Drogenszene. Michelle befürchtete, sie wollten in North Carolina Drogen verkaufen. Zwar vertraute sie Maurice und glaubte nicht, dass er je dealen würde. Doch sie wussten beide, dass man in schlechter Gesellschaft leicht auf Abwege geriet.

Dabei kommt nichts Gutes heraus, dachte Michelle und flehte ihn an, seinen Plan aufzugeben.

Aber Maurice hatte das Gefühl, ihn durchziehen zu müssen. Daher gab er seinen Söhnen einen Abschiedskuss, sagte Michelle, dass er sie liebte, und stieg in einen Greyhound Bus Richtung Süden.

Er fuhr nach Raleigh, Fayetteville, Greensboro und Clinton. Michelle und die Kinder fehlten ihm. So oft wie möglich rief er sie an und versprach, bald heimzukommen. Allerdings verschwieg er Michelle, dass die Dinge in North Carolina nicht so liefen, wie sie sollten.

Seine Begleiter bekamen ständig Ärger mit Drogendealern, Mädchen und deren Freunden. Dauernd gab es Prügeleien und Drohungen. Er wurde oft in die Auseinandersetzungen hineingezogen, obwohl er sich eigentlich davon fernhalten wollte.

Er hatte gesehen, wie sich sein Vater in solchen Situationen verhielt, hatte mitbekommen, wie seine Onkel – Limp und Dark – Stärke zeigten, wenn es nötig war. Sein Instinkt befahl ihm, sich dem Kampf zu stellen, der toughe Typ aus New York zu sein, der es mit den lokalen Gangstern durchaus aufnehmen konnte. Ihm war beigebracht worden zu zeigen, dass er kein Weichling war. Solange er sich in schlechter Gesellschaft befand, war er ständig dazu gezwungen.

Eine Weile wohnte er bei einem Mann namens Crickett in einem alten Wohnwagen. Dann entdeckte er, dass Crickett jede Menge Waffen besaß. Als er das sah, wusste er, dass er nicht länger bleiben durfte. Ihm dämmerte langsam, dass so ein Leben nichts für ihn war. Eines Morgens ging er in die Kirche und wurde nach dem Gottesdienst vom Priester angesprochen.

»Ich weiß nicht, was dich hierherverschlagen hat, mein Sohn, aber der Herr sagt: ›Es ist Zeit, nach Hause zu gehen.‹ Er hat dort etwas mit dir vor. Also geh heim.«

Maurice nahm ihn nicht ernst. Er musste sich um sein Geschäft kümmern.

»Wenn du heute nicht gehst, wird das schlimme Folgen haben. Dein Platz ist zu Hause«, beharrte der Priester.

Als Maurice am Abend mit Crickett und seinen Freunden im Wohnwagen saß, hörte er Autos mit quietschenden Bremsen davor halten. Einer der Männer, die Maurice begleitet hatten, war mit einer Frau aus dem Ort in Streit geraten. Jetzt kamen die Brüder und Cousins der Frau, um die Sache zu regeln. Maurice hörte, dass sie brüllten, fluchten und gegen den Wohnwagen hämmerten. Als er hinaustrat, ertönte der erste Schuss.

Er duckte sich hinter ein geparktes Auto und presste sich an den Vorderreifen. Eine Kugel zischte an ihm vorbei, eine zweite zerschmetterte die Windschutzscheibe. Die Schüsse waren unfassbar laut, so laut, dass er kaum klar denken konnte. Er sah Crickett und seine Freunde zurückschießen, in Deckung gehen und wieder feuern. Maurice betete, dass die Schießerei aufhören möge. Doch sie ging weiter, tausend Schüsse hallten durch die Nacht.

Dann warf Crickett ihm eine Waffe zu.

Maurice' Vater hätte die Waffe genommen, genau wie seine Onkel. Jetzt war anscheinend er an der Reihe. Maurice blieb dicht an den Reifen gepresst und dachte an das, was der Priester gesagt hatte. Er dachte an Michelle, die in Brooklyn auf ihn wartete. Er dachte an seine Söhne Junior und Jalique. Wenn er sie auf dem Arm hatte, fühlte er sich wie ein Mann – mehr als bei allem anderen, was er sonst machte.

Und dann dachte er an mich.

Während dieser Schießerei war keine Zeit, um an all die Dinge zu denken, die ich ihn gelehrt hatte. *Komme nie zu spät. Pünktlichkeit ist wichtig. Rauchen ist ungesund. Mach deine Hausaufgaben. Sitz gerade. Wasch deine Kleider. Sei höflich.* Es war keine Zeit, an die Ausflüge zu Annettes Familie, an die Essen im *Hard Rock Café* und an die Cookies zu denken. Keine Gelegenheit, an den Moment zu denken, als er sagte, dass er mich liebte, und erkannte, dass auch ich ihn liebte. Während ihm die Kugeln um den Kopf flogen, konnte er nicht an das erste Baseballspiel denken, zu dem wir gemeinsam gegangen waren, oder sich auf das erste Spiel freuen, das er mit seinen Söhnen besuchen würde.

Inmitten des Chaos, im Kugelhagel und mit der geladenen Waffe zu seinen Füßen formten sich nur vier Wörter in seinem Kopf: Das bin nicht ich.

Er nahm die Waffe nicht. Nach zwanzig Sekunden, die ihm wie zwanzig Stunden vorkamen, verstummten die Schüsse, und die Angreifer fuhren weg.

Crickett blickte angewidert zu Maurice hinunter.

»Wieso heulst du?«, wollte er wissen.

»Ich habe Kinder zu Hause«, erklärte Maurice. »Ich fahre zurück.«

Im Morgengrauen saß er im Bus nach New York City.

***

Als Maurice seine Wohnung betrat und Michelle mit seinen beiden Söhnen sah, sprach er ein kurzes Dankgebet. Er wusste nicht, ob er je etwas Schöneres gefühlt hatte als in jenem Moment, als seine Kinder an ihm zerrten und versuchten, an seinen Beinen hochzuklettern, um ihn zu umarmen.

Er freute sich auch, seine Mutter wiederzusehen. Unterwegs hatte er oft an sie gedacht und sich Sorgen gemacht, denn zu dem Zeitpunkt wusste er bereits, dass sie krank war. Kurz nach ihrer langen Haftstrafe setzte sie sich mit Maurice zusammen und eröffnete ihm die schlimme Neuigkeit.

Sie hatte AIDS.

Maurice war am Boden zerstört. Soweit er wusste, war eine HIV-Diagnose ein Todesurteil. Noch am gleichen Tag fing er an, sich innerlich auf den Tod seiner Mutter vorzubereiten. Er stellte ihn sich vor und versuchte zu ergründen, wie er sich wohl fühlen würde. Er stählte sich, um bereit zu sein, wenn es schließlich so weit wäre.

Ihre Krankheit war umso niederschmetternder, als Darcella nach einem kurzen Rückfall ein für alle Mal den Drogen abgeschworen hatte. Sie hatte sich einer harten dreimonatigen Entziehungskur unterzogen, während der Maurice nichts von ihr hörte. Danach hatte sie weitere neun Monate in einer Rehaklinik in der Bronx verbracht. Als Maurice sie dort besuchte, sah er, dass sie so klar und lebendig war wie nie zuvor. Die Nadeln und Crackkristalle, die Dealer und Cops, all die Nächte, in denen sie zusammengesunken und mit verdrehten Augen bewusstlos in einem Sessel hing – all das, dieses ganze Leben, lag endlich hinter ihr.

»Ich will das nicht mehr«, hatte Darcella gesagt.

Für Maurice kam das einem Wunder gleich. Darcella liebte ihre Enkel abgöttisch, sie erzählte Junior Geschichten, sang Jalique Lieder vor, ging mit ihnen in den *Big Apple Circus* und begeisterte sie mit ihrer Liebe und Aufmerksamkeit. Auch Maurice war begeistert. Eine seiner schönsten Erinnerungen ist die an seinen ersten Geburtstag nach der Rückkehr seiner Mutter aus der Rehaklinik. Er feierte eine Party, bei der seine Kinder, seine Schwestern, seine Mutter und andere Verwandte da waren. Alle lachten, sangen und hatten Spaß miteinander.

So sollen Geburtstagsfeiern aussehen, dachte er. Das ist schön. Das ist gut.

Maurice hatte immer gewusst, dass seine Mutter ihn liebte, und zwar von dem Tag an, da sie mit einem Hammer kam, um ihn zu holen. Er wusste, sie hatte sich nach Kräften bemüht, ihn vor ihrer Drogensucht abzuschirmen. Er hatte nie das Gefühl gehabt, sie habe ihn enttäuscht oder im Stich gelassen. Zugegeben, sie war krank, und diese Krankheit hatte sie in ihren Klauen wie der Teufel persönlich. Dennoch hatte sie die Familie zusammengehalten, und jetzt hatte ihr Sohn eine eigene Familie. Maurice fühlte sich nicht im Mindesten betrogen, sondern gesegnet.

Eines Tages im Jahr 2000 bekam Maurice dann einen Anruf von LaToya, die ihm mitteilte, dass sie ihre Mutter schon seit Tagen nicht mehr gesehen hatte. Maurice geriet in Panik.

Er war sicher, dass sie nicht wieder rückfällig geworden war. Er wusste es einfach. Am gleichen Tag rief ihn ein Angestellter des Woodhull Medical and Mental Health Center in Brooklyn an. Seine Mutter hatte einen Schlaganfall erlitten und war auf der Straße zusammengebrochen. Als der Notarzt kam, hatte sie einen Herzstillstand. Sie lag im Koma.

Maurice besuchte sie täglich im Krankenhaus. Sie kam manchmal kurz zu sich, ab und zu öffnete sie auch die Augen und bewegte die Arme. Aber sie wurde künstlich beatmet und konnte nicht sprechen. Maurice übernahm das Reden für sie. Er erzählte ihr, wie stolz sie auf ihre Kinder sein konnte. Ihre Töchter waren wohlauf und hatten Familie. Und auch er hatte eine Familie und würde etwas aus sich machen.

Er las ihr den Psalm 51 aus der Bibel vor:

Gott, sei mir gnädig nach deiner Huld, tilge meine Frevel nach deinem reichen Erbarmen! Wasch meine Schuld von mir ab und mach mich rein von meiner Sünde!

Dann legte Maurice die an dieser Stelle aufgeschlagene Bibel auf ihren Nachttisch. Als er ging, war er überzeugt, dass es seiner Mutter besser gehen und sie schon bald wieder bei ihm und seiner Familie sein würde.

Noch in derselben Nacht bekam er einen Anruf. Seine Mutter war um vier Uhr in der Früh gestorben.

Er wurde gebeten, ihren Leichnam zu identifizieren. Das wollte er zwar nicht, aber er wusste, es war unumgänglich. Als er die Leiche seiner Mutter sah, spürte er zu seiner Überraschung große Erleichterung. Seine Mutter wirkte friedlich und entspannt, als wäre die ganze Last, die sie so lange getragen hatte, von ihr genommen worden. Maurice beugte sich zu ihr hinunter, küsste und umarmte sie. Er sagte ihr ein letztes Mal Lebewohl.

* * *

Ein paar Tage später saß ich in meinem Büro im Time & Life Building, als meine Assistentin Rachel ihren Kopf durch die Tür steckte und aufgeregt meldete, Maurice sei am Telefon.

»O mein Gott«, rief ich. »Stellen Sie ihn durch.«

Dreieinhalb Jahre waren vergangen, seit ich das letzte Mal von Maurice gehört hatte. Ich hatte keine Ahnung, wo er gewesen war oder was er gemacht hatte. Als ich zum Hörer griff, klopfte mein Herz wie wild.

»Maurice? Bist du das?«

»Laurie«, sagte er.

Da hörte ich, dass er weinte. »Maurice, was ist denn? Was ist denn los?«

»Meine Mutter ist gestorben«, sagte er. Er erzählte mir, dass sie mit den Drogen aufgehört und dann einen Schlaganfall gehabt hatte. Dass er ihre Leiche identifizieren musste. Er sagte, er sei traurig über ihren Tod, aber glücklich, dass sie nun ihren Frieden habe.

Und dann sagte er: »Laurie, jetzt bist du meine Mutter.«

18

EIN LETZTER TEST

Maurice rief mich direkt nach der Beerdigung seiner Mutter an. Er sagte, im Laufe unserer langen Trennung habe er oft daran gedacht, mich anzurufen, es aber nie gemacht. Er hatte ein schlechtes Gewissen wegen der hundert Dollar, die er mir schuldete.

»Maurice, glaubst du wirklich, hundert Dollar bedeuten mir mehr als du?«, rief ich. »Ich war krank vor Sorge um dich.«

»Es tut mir so leid«, sagte er. »Aber ich musste einfach weg und mir über einiges klar werden.«

Er erzählte mir, ihm sei nach dem Tod seiner Mutter aufgefallen, dass sich in seinem ganzen Leben nur wenige Menschen wirklich um ihn gesorgt hätten. Mit seiner Groß-mutter verlor er einen von ihnen und mit seiner Mutter einen weiteren. Und nun, so sagte er, könne er einfach nicht ertragen, noch jemanden zu verlieren. Deshalb meldete er sich endlich.

Wir verabredeten uns für den nächsten Tag und trafen uns

in einem Restaurant, um einander auf den neuesten Stand zu bringen. Als ich Maurice sah, kam er mir älter und reifer vor. Er war ein Mann geworden. Aber sein breites Lächeln strahlte genau wie immer, wie an jenem ersten Tag bei *McDonald's*. Maurice erzählte mir, dass seine Mutter ihre Sozialwohnung verloren hatte. Er erzählte mir von seinen Kindern und davon, dass er in North Carolina an einem Scheideweg seines Lebens gestanden hatte. Dort war er ganz kurz davor gewesen, auf Abwege zu geraten. Doch hier saß er nun und schwor, sich nie wieder in eine solche Lage zu bringen.

»Heute weiß ich, was auf dem Spiel steht«, erklärte er. »Ich will nie wieder riskieren, das zu verlieren, was mir am wichtigsten auf der Welt ist.«

Als ich Maurice wiedersah und so reden hörte, war ich ungeheuer erleichtert. Ich spürte, er hatte eine Riesenhürde genommen. Es gibt im Leben verschiedene Arten von Helden, aber manchmal kann man mehr sein als nur ein Held.

Man kann ein Überlebender sein.

Maurice war bewusst, dass es nicht selbstverständlich war, eine Kindheit wie die seine unbeschadet zu überstehen und auf der Straße zu überleben. Im Gegenteil, er hatte großes Glück gehabt. Das ist keine Übertreibung. Man muss sich nur ansehen, was seinen Verwandten widerfuhr.

Onkel Limp verkraftete den jahrelangen Drogenmissbrauch nicht. Jetzt hat er schweren Diabetes und sitzt wegen eines Verstoßes gegen seine Bewährungsauflagen in Haft.

Onkel Juice verlor durch die Drogen langsam seinen Verstand. Heute fristet er sein Dasein als Straßenhändler.

Onkel Old hat gerade eine zehnjährige Haftstrafe wegen Bankraubs abgesessen.

Onkel Nice sitzt für zehn Jahre wegen Drogenhandels.

Onkel E starb an AIDS.

Onkel Dark ist noch irgendwo da draußen auf der Straße. Wo genau, weiß niemand.

Es gab weitere Bekannte, die schweren Schaden genommen hatten. Mindestens fünf Kinder, mit denen Maurice im Brooklyn Arms aufwuchs, wurden drogensüchtig. Er weiß von mindestens drei seiner Cousins, dass sie im Gefängnis waren. Ein enger Verwandter in Maurice' Alter, der ebenfalls im Brooklyn Arms wohnte, kam wegen Drogenhandels ins Gefängnis und wurde später erschossen.

Für viele dieser unglücklichen Menschen in Maurice' Leben gab es einfach keine Möglichkeit, der Last zu entfliehen, die ihnen aufgebürdet wurde. Diese Bürde kennen ganz sicher viele Menschen, auch ich. Ich weiß, der Kampf gegen die tückischen Unterströmungen unserer persönlichen Vergangenheit, gegen den ständigen Druck familiärer Altlasten dauert ein Leben lang.

Für manche endet dieser Kampf unabwendbar in einer Tragödie.

* * *

Mein Bruder Frank war in seiner Kindheit ein so guter Sportler, dass ich mich oft gefragt habe, ob er nicht als Profi hätte Karriere machen können. Er war ein großartiger Baseballer und Wrestler. Beim Bowlen gewann er sogar Preise. Sein ganzes Zimmer war voller glänzender Trophäen mit goldenen Männchen, die Schläger schwangen oder Wrestlingposen einnahmen. Seine Liebe zum Sport war eines der wenigen Dinge, die er mit meinem Vater gemeinsam hatte. Er erzählte immer, eine seiner Lieblingserinnerungen stamme von dem Tag, an dem mein Vater von der Arbeit kam und ihn mit zwei Karten für ein Spiel seiner Lieblingsmannschaft, den Minnesota Twins, gegen die Yankees überraschte. Mein Vater hätte über den Sport eine Bindung zu Frank aufbauen können, hätte nachmittags mit ihm Fangen üben oder ihm den Umgang mit dem Schläger beibringen sollen. Aber daran war nicht zu denken.

Eines Nachts kam mein Vater türenknallend nach Hause – ein sicheres Zeichen, dass ein Sturm aufzog. Er stampfte zu Franks Zimmer, riss die Tür auf und fing an zu brüllen. Frank kauerte sich in seinem Bett zusammen. Mein Vater griff sich eine der Trophäen und knickte die kleine Statue vom Sockel. Dann schmiss er die Einzelteile auf den Boden und nahm sich die nächste Trophäe vor. Er hörte erst auf, als er die letzte Trophäe zerbrochen, zertreten oder gegen die Wand geworfen hatte. Frank musste in den Trümmern seiner zerstörten Auszeichnungen schlafen. Als ich am folgenden Tag nach der Schule in sein Zimmer schaute, war alles aufgeräumt. Dort, wo früher eine Armee kleiner goldener Männer gestanden hatte, befanden sich leere Regale.

Es ist keine große Überraschung, dass Frank in der Highschool keine sportlichen Ambitionen mehr hatte. Er machte nicht einmal seinen Abschluss.

Irgendwann in der zehnten Klasse geriet Frank auf Abwege.

Er fing mit Alkohol und Drogen an. Mit siebzehn oder achtzehn fuhr er mit ein paar Freunden nach Florida und handelte sich dort ernsthafte Schwierigkeiten ein. Ich weiß nicht mehr genau, was passiert war. Meine Eltern mussten jedenfalls Kaution für ihn stellen und die Kosten für den Totalschaden an einem Wagen ersetzen.

Frank war nicht gewalttätig, sondern ruhelos, manchmal leichtsinnig, hin und wieder benahm er sich verrückt. Ich erinnere mich, dass ich eines Abends bei meinen Eltern in Long Island war, als Frank hereinkam und ganz eindeutig unter Drogeneinfluss stand. Er fing sofort einen lautstarken Streit mit meinem Vater an, der so hitzig wurde, dass Frank etwas für ihn völlig Untypisches tat: Er schnappte sich ein Küchenmesser und bedrohte meinen Vater damit. Ich weiß noch, dass meine Mutter ihn anflehte, vernünftig zu sein. Doch es war mein Vater, dessen Wutanfälle nicht zu stoppen waren, der die Situation entspannte. Er trat einen Schritt zurück, beruhigte sich und überließ Frank das Feld.

So etwas hatte ich bei meinem Vater noch nie erlebt.

Kurz darauf erklärte Frank sich einverstanden, zur Navy zu gehen. Das hatte meine Mutter sich sehnlichst gewünscht, weil sie sah, wie verloren er war. Sie dachte, Routine und Disziplin würden ihm guttun. Entsetzt darüber, im Drogenrausch ein Messer gegen seinen Vater gerichtet zu haben, fügte sich Frank.

Bei der Navy bekam er etwas von der Welt zu sehen. Er schrieb uns begeistert von den Seychellen und überraschte meine Mutter mit einem sehr schönen Porzellanservice für zwölf Personen, das er von den Philippinen schickte. Sie hatte nie Porzellan besessen, und Frank hatte sich daran erinnert. Meine Mutter war über das Geschenk ganz begeistert, was ihn sehr freute.

Nach fast drei Jahren verließ Frank die Navy kurz vor Ende seiner Dienstzeit, um bei unserer kranken Mutter zu bleiben. Knapp zwei Wochen nach seiner Heimkehr starb sie. Danach arbeitete Frank bei einer Firma in Farmingdale auf Long Island, die Flugzeugflügel baute. Er verliebte sich in eine Frau namens Murlene und in ihre beiden kleinen Kinder Darren und Toniette gleich mit. Er schien es sich in einem glücklichen soliden Leben einzurichten.

Erwachsenen gegenüber war er gehemmt, aber mit Kindern kam er großartig zurecht. Darren und Toniette liebten ihn abgöttisch. Er brachte Darren verschiedene Sportarten bei und spielte viele Nachmittage Fußball mit ihm. Frank verpasste nicht eines seiner Spiele und feuerte ihn immer von der Seitenlinie an.

Als Darren Trophäen mit nach Hause brachte, sorgte Frank dafür, dass er ein großes Regal in sein Zimmer bekam, wo sie bewundert werden konnten.

Aber als Frank Mitte dreißig war, verlegte seine Firma das Werk nach Kansas. Er verlor seinen Job. Ein Jahr später trennte er sich von Murlene. Die Kinder traf er jedoch regelmäßig und war wie ein Vater für sie. Toniette wohnte sogar über ein Jahr bei ihm. Mit der Zeit geriet sein Leben aber ins Trudeln. Er ernährte sich von Gelegenheitsjobs, die er nie lange behielt. Er nahm zu, hatte bis zu fünfzig Kilo Übergewicht und nahm ab, um kurz darauf wieder Gewicht zuzulegen. Schließlich zog er nach Florida, in die Nähe von Annette. Deren Kinder freuten sich, weil er lustig, freundlich und liebevoll war, ein Mensch, den man einfach in den Arm nehmen wollte. Auch wenn Erwachsene seine angeborene Güte nicht wahrnahmen, entging sie Kindern nie.

Mit einundvierzig bekam er einen Husten, der nicht mehr verschwinden wollte. Meine Schwester dachte, es sei eine hartnäckige Erkältung. Frank, der sich nie beklagte, machte sich keine Sorgen. Tatsache ist, dass Frank zu viel wog und zu viel rauchte. Er achtete nicht auf sich. Es war, als hätte er das Gefühl, er wäre es nicht wert.

Als Frank eines Tages wegen einer Kleinigkeit ins Krankenhaus musste, führten die Ärzte verschiedene Tests durch und erklärten, der Kohlenmonoxidgehalt in seinem Blut sei viel zu hoch. Sie bestanden auf weiteren Untersuchungen. Da rief er Annette an, und als sie ins Krankenhaus kam, bat er sie, ihm eine Pizza zu holen.

»Bist du verrückt?«, fragte sie. »Du kannst doch im Krankenhaus keine Pizza essen.«

Sie behielten ihn über Nacht da, und als Annette ihn am nächsten Morgen besuchte, war er an ein Beatmungsgerät angeschlossen. Er bekam hohes Fieber. Die Antibiotika schlugen nicht an. Die Ärzte wussten nicht genau, was ihm fehlte, und bekamen es auch nie heraus. Sie führten eine Untersuchung nach der anderen durch und kamen ständig mit neuen Theorien, konnten sich jedoch nicht auf eine Diagnose einigen. Der Lungenspezialist war ratlos, der Nierenspezialist ebenso. Offensichtlich war nur, dass Frank sich in einem kritischen Zustand befand, der sich weiter verschlechterte.

Wir flogen alle zu unterschiedlichen Zeiten nach Florida, um ihn zu besuchen. Als ich das erste Mal sein Zimmer betrat, war ich fassungslos. Er war bleich, übergewichtig und keuchte beim Atmen. Wegen des Beatmungsgeräts konnte er nicht sprechen. Irgendwann flog ich wieder nach Hause, aber Annette besuchte ihn in den nächsten sechs Wochen zweimal am Tag.

Eines Abends dann rief sie mich an und bat mich zu kommen. »Bitte, ich schaff das nicht mehr allein«, sagte sie. Ich buchte den ersten Flug am nächsten Morgen. Als ich darauf wartete, an Bord gehen zu können, rief Annette mich an.

»Frank ist gestorben«, sagte sie.

Ich erinnere mich, dass ich von Trauer überwältigt wurde. Uns allen ging das so.

Vor allem Annette nahm es sehr schwer. Frank war eigens nach Florida gezogen, um näher bei ihr und ihrer Familie zu sein. Sie traf ihn sooft sie konnte, hatte aber dennoch das Gefühl, das wäre nicht genug gewesen. Sie glaubte, wenn sie sich öfter gesehen hätten, wäre sein Husten nicht so schlimm geworden. Irgendwie hatte sie das Gefühl, ihn im Stich gelassen zu haben. Dabei entsprach das in keiner Weise der Wahrheit.

Als er nach Florida zog, hatte sie ihn mit offenen Armen aufgenommen. Als er starb, war sie bei ihm gewesen und hatte seine Hand gehalten.

Bei Franks Beerdigung hielt Steven eine Rede und bat Annette, keine Schuldgefühle zu haben, denn sie habe Frank sehr geliebt.

Obwohl wir alle ihn geliebt hatten, empfanden wir so etwas wie Schuld. Wir wussten, dass Frank von unserem Vater am heftigsten misshandelt worden war. Wir hatten das Gefühl, auf seine Kosten dem Schlimmsten entkommen zu sein.

Wir konnten uns dem Gedanken nicht verschließen, dass der Schaden, den mein Vater bei ihm angerichtet hatte, den Verlauf seines weiteren Lebens prägte.

Die genaue Todesursache wurde nie herausgefunden. Am Ende gab sein Körper einfach auf: sein Herz, seine Lungen, sein Geist. Sein rätselhafter Tod ließ uns erahnen, dass Frank die ganze Zeit gefährdet gewesen war. Irgendetwas in seinem Inneren war zerbrochen, und er konnte in der Welt nie richtig Fuß fassen. Am schlimmsten war dabei sicher, dass er glaubte, kein guter und wertvoller Mensch zu sein.

Manchmal reden meine Geschwister und ich über Frank und rufen uns seine Eigenheiten in Erinnerung, all die witzigen Begebenheiten seines Lebens: wie er seinen kostbarsten Besitz, einen hellblauen VW Käfer, brandneu für 7400 Dollar erwarb, als Volkswagen das Modell auslaufen ließ. Wie Steven ihm die Spielergebnisse der Mets und Yankees schickte, als Frank in der Navy war, weil er diese Mannschaften so liebte. Wie er als Kind eine Kassette von den Beatles in seinen Rekorder schob und lauthals mitsang.

Steven erinnert sich daran, dass er mit zehn Jahren, als er in der fünften Klasse war, über Lautsprecher zum Direktor gerufen wurde. Dort wartete Frank, der damals neunzehn war, mit strenger Miene auf ihn.

»Jetzt steckst du wirklich in Schwierigkeiten«, verkündete er. »Mom und Dad sind fuchsteufelswild.«

Er ging mit Steven zu seinem Wagen, bog aber plötzlich auf den Long Island Expressway ab und fuhr in die entgegengesetzte Richtung unseres Zuhauses.

»Wohin fahren wir?«, fragte Steven.

»Abwarten«, sagte Frank nur.

Frank fuhr mit ihm zum Shea Stadium, wo das Endspiel um die Meisterschaft des Jahres 1973 zwischen den New York Mets und den Cincinati Reds lief. Die Mets gewannen das

Spiel sieben zu zwei. Nach dem neunten Inning ging Frank mit Steven zum Spielfeldrand, um dort zu feiern.

»Ich weiß nicht«, wandte Steven ein. »Wir kriegen bestimmt Ärger.«

»Komm schon«, ermunterte ihn Frank. »Bleib einfach bei mir.«

Beim letzten Out stürmten tausend Fans das Spielfeld, jubelten, feierten, bewarfen sich mit Grasbüscheln und rannten um die Bases wie bei einem Homerun. Zwei der verrückten Fans waren Steven und Frank. Es ist eine Erinnerung für die Ewigkeit, wie sie glücklich und ausgelassen auf dem grünen Rasen herumtollten.

Wir ließen Frank zur Beisetzung von Florida nach Long Island überführen. Zu unserer Verblüffung entdeckten wir, dass auf dem St. Patrick's Cemetery in Huntington, wo meine Eltern lagen, bereits eine dritte Grabstelle reserviert und bezahlt worden war. Davon hatten wir nichts gewusst, und wir erfuhren auch nie, wer dafür aufgekommen war. Hatte mein Vater diese Idee gehabt? Oder meine Mutter? Und wieso nur eine Grabstelle? Damals war Annette verheiratet, genauso wie Nancy und ich. Steven war verlobt. Nur Frank war allein.

Manchmal denke ich, meine Mutter hatte eine Vorahnung gehabt und dafür gesorgt, dass ihr Sohn Frank neben ihr beerdigt wurde.

Dort liegt er nun neben meinen Eltern, unter grünem Gras auf einem sanft geschwungenen Hügel.

***

Nach seiner Rückkehr nach New York gab Maurice seinen Handel mit Jeans auf und bekam eine Stelle als Sicherheitskraft in der Bronx. Anfangs verdiente er fünf Dollar fünfzehn die Stunde. Innerhalb von sechs Monaten stieg er jedoch zum Supervisor auf. Seine Vorgesetzten sahen, dass er gut mit Menschen umgehen und vor allem hervorragend kritische Situationen entschärfen konnte. Eine Zeit lang wurde er dem Sozialamt zugeteilt, wo es ständig zu Aufruhr und Auseinandersetzungen kam. Maurice wusste, wie man die Lage entspannte.

»Hört mal, ich weiß, wieso ihr hier seid«, sagte er dann. »Ihr braucht das Geld. Also entweder beruhigt ihr euch, stellt euch in die Schlange und bekommt es. Oder ihr macht weiter Randale, werdet rausgeschmissen und müsst bis nächste Woche warten.«

Manchmal sagte er auch: »Überlegt euch, was ihr tut. Eure nächste Entscheidung bestimmt, was aus euch wird. Es liegt alles bei euch.«

Schließlich stieg sein Stundenlohn auf 18 Dollar.

Trotzdem hatte Maurice größere Ziele vor Augen und ging noch einmal zur Schule.

Er schrieb sich im Brooklyn Adult Learning Center ein, einer Abendschule, um zwei Jahre hart zu arbeiten, dann die Abschlussprüfung zu schreiben und sein Highschool-Diplom zu bekommen. Aber schon nach zwei Monaten nahm ihn ein Lehrer beiseite.

»Hör mal, Maurice, ich glaube, du kannst die Prüfung gleich machen«, erklärte er.

Maurice lehnte dankend ab. Die Prüfung bedeutete ihm viel. Sie würde über seine Zukunft und den Rest seines

Lebens entscheiden. Er fühlte sich einfach noch nicht ausreichend vorbereitet. Aber der Lehrer ließ nicht locker. Schließlich erschien Maurice eines Tages in einer Highschool in Brooklyn, holte zwei gespitzte Bleistifte hervor und machte sich an die Arbeit. Die Prüfung umfasste die Fächer Geschichte, Englisch, Mathematik, Sozialkunde. Sie dauerte zwei Tage. Danach war Maurice vollkommen erschöpft – und überzeugt, durchgefallen zu sein.

Also ging er zur Abendschule zurück und lernte weiter. Als er ein paar Monate später nach der Schule nach Hause kam, warteten Michelle und die Kinder auf ihn. Ihm fiel auf, dass sie sich ziemlich seltsam benahmen. Michelle bat ihn zu Tisch und setzte ihm sein Lieblingsessen vor: gegrillte Rippchen, Blattkohl und Maisbrot. Nach dem Essen gab es ein großes Stück Käsekuchen.

Schließlich fragte Maurice: »Was ist los? Was soll das?«

Da kam Junior zu ihm und reichte ihm einen Bilderrahmen. Darin steckte sein Abschlusszeugnis. Es war mit der Post gekommen.

Und seine Familie rief wie aus einem Mund: »Herzlichen Glückwunsch!«

Maurice senkte den Kopf und weinte.

* * *

Der Highschool-Abschluss über den zweiten Bildungsweg war nur der Anfang. Der nächste Schritt betraf einen Traum, den Maurice schon seit Langem hegte. Er meldete sich zum Einstellungstest beim New York Police Department an und bestand auch diese Prüfung.

Allerdings musste er zwei Jahre College vorweisen, um Polizist werden zu können, daher schrieb er sich am Medgar Evers College in Brooklyn ein. Er studierte Pädagogik. Eines Tages fiel ihm ein Zeitungsartikel über das Schicksal farbiger Jugendlicher in New York City in die Hände. Darin stand, es würden mehr farbige Männer im Gefängnis als auf dem College landen. Daraufhin setzte sich Maurice mit ein paar Kommilitonen und dem Direktor des Colleges zusammen und gründete einen Verein namens *Male Development*. Er ermutigte junge Männer, sich in ihrer Gemeinde zu engagieren und ihr Talent sowie ihre Fähigkeiten zu nutzen.

Der Collegedirektor Dr. Edison Jackson war sehr beeindruckt von Maurice und bat ihn, bei einer Haushaltsdebatte des New Yorker Stadtrats eine Rede zu halten.

Als der Tag gekommen war, stand Maurice früh auf, zog Jackett und Krawatte an und las sich noch ein Dutzend Mal seine Rede durch. Vor dem Versammlungssaal musste er zur Beruhigung tief Luft holen. Dann war er an der Reihe, setzte sich vor das Mikrofon, räusperte sich und fing an zu sprechen. Er verhaspelte sich ein- oder zweimal. Danach wurde er ruhig.

»Ich ersuche den Stadtrat, dieses Programm des Medgar Evers College zu finanzieren. Wir sind bereit, alles zu tun, um die Ausbildung und Weiterentwicklung junger farbiger Männer zu fördern.«

Danach legte ihm Dr. Jackson seine Hand auf die Schulter und lobte ihn für seine großartige Rede. Er ernannte Maurice zum Sprecher des Programms. Kurz darauf wurde Maurice außerdem zum Forschungsleiter eines Collegeprogramms namens *Fatherhood Initiative* ernannt. Und er bekam eine

Auszeichnung für außerordentliches Engagement in seiner Gemeinde und Ausbildungsstätte.

Momentan arbeitet Maurice an seinem Hochschulabschluss.

Er ist der erste Mann in seiner Familie, der einen akademischen Grad erwirbt.

19

DAS GRÖSSTE GESCHENK

Freitag, 5. Oktober 2001. Westchester Country Club/Rye, New York. Etwa neunzig Gäste in Abendkleidung füllen einen mit Mahagoni getäfelten Saal. Auf jedem Tisch steht wunderschöner Blumenschmuck. Alle sind gekommen, um ein ganz besonderes Fest zu feiern.

Den fünfzigsten Geburtstag von Laura Schroff – also mir.

Mein Mann Michael hat diese Party monatelang geplant. Ich hatte seit Langem das passende Kleid im Schrank, eine hinreißende Designerkreation aus schwarzer Shantung-Seide. Meine Geschwister und ihre Familien waren eingeladen. Zum ersten Mal seit fünf Jahren würden wir alle zusammenkommen. Ich hatte ein Motto für die Party gewählt – Lauras Leben in Musik – und aus jeder Dekade meines Lebens drei Songs ausgesucht.

Und dann, drei Wochen vor der Party, wurden die Türme des World Trade Centers zerstört.

Mein erster Gedanke war, alles abzusagen. In den darauffolgenden Tagen und Wochen merkte ich allerdings, dass es keinen besseren Zeitpunkt geben konnte, um unser Glück zu feiern und sich für die Familie und Freunde zu bedanken, die unser Leben lebenswert machen. Also beschlossen wir, die Party wie geplant stattfinden zu lassen, und alle Eingeladenen kamen.

Es wurde ein wunderbarer Abend. Durch den Schatten, den der 11. September auf uns warf, wurde uns das Glück nur noch intensiver bewusst, im Kreise unserer Lieben feiern zu können. Wir hatten als Motto Musik gewählt, da sie in meiner Kindheit viel für mich und meine Schwestern bedeutet hatte. Annette und ich legten in unserem Elternhaus in Huntington Station Platten auf und tanzten stundenlang zu Songs wie Chubby Checkers *The Twist*. Damals war das Tanzen unsere Fluchtmöglichkeit. Genau wie an diesem Abend.

Wir aßen und tranken und feierten meinen Geburtstag. Michael, der im Smoking umwerfend aussah, hielt eine kleine Rede, genau wie meine Freunde Jules und Phoebe, meine Schwiegermutter Jean und meine Schwester Annette. Als Steven an der Reihe war, bat er mich, mit ihm zu *The Wonder of You* zu tanzen.

Vor lauter Glück wurde mir fast schwindlig. Da war ich, im Kreis der Menschen, die ich am meisten liebte. Zutiefst dankbar für alles, was ich hatte. Man bekommt nicht oft die Gelegenheit, innezuhalten, auf sein Leben zurückzublicken, den Menschen zu danken, die einen begleitet haben, und sich bewusst zu machen, welch ungeheures Glück man hat. Natürlich sagen die Leute auf der Beerdigung nette Dinge über einen, aber dann kann man das nicht mehr hören. Ich hingegen hörte sie nicht nur, sondern konnte mich auch bedanken. Es war eine unvergessliche Nacht.

Dann kam die letzte Rede. Der Redner hatte sich in einen schicken schwarzen Smoking zu auffallenden schwarz-weißen Schuhen geworfen. Seine Frau trug ein hinreißendes marineblaues Kleid zu hochgesteckten Haaren. Fast jeder im Saal kannte ihn oder zumindest seine Geschichte, daher freuten sich alle, ihn zu sehen und sprechen zu hören. Er gab seiner Frau einen Kuss, trat aufs Podium, nahm das Mikrofon und begann seine Rede.

»Laurie, wo soll ich anfangen?«, waren seine ersten Worte. »Wir lernten uns kennen … Allein, wie wir uns kennenlernten, war schon etwas Besonderes. Ich war ein kleiner Straßenjunge, der kaum etwas besaß, und an jenem Tag hatte ich Hunger und fragte diese Lady: ›Miss, haben Sie etwas Kleingeld für mich?‹ Aber die Lady ging weiter. Dann blieb sie stehen, und zwar mitten auf der Straße, sodass sie fast überfahren worden wäre. Sie blickte sich um, kam zurück und ging mit mir zu *McDonald's*. Wir aßen etwas und machten einen Spaziergang im Central Park. Bei *Häagen Dazs* aßen wir ein Eis, und dann spielten wir Videospiele. Wissen Sie, in diesem Augenblick rettete sie mir das Leben. Denn ich war auf dem falschen Weg, der nur bergab führte. Meine Mutter – Gott sei ihrer Seele gnädig, denn meine Mutter ist schon gestorben –, also, meine Mutter nahm damals Drogen. Gott sandte mir einen Schutzengel. Und dieser Schutzengel war Laurie. Ohne dich«, schloss Maurice und hob sein Glas, »wäre ich nicht der Mann geworden, der ich heute bin.«

* * *

Es rührte mich zutiefst, als Maurice verkündete, ich hätte ihm das Leben gerettet. Ehrlich gesagt musste ich während seiner gesamten verflixten Rede mit den Tränen kämpfen. Wann immer jemand sagt, Maurice könne sich glücklich schätzen, mich kennengelernt zu haben, muss ich ihn sofort korrigieren. Denn in Wahrheit kann ich mich glücklich schätzen.

Maurice hat mich so vieles gelehrt. Die Liste ist unendlich lang. Er hat mich gelehrt zu leben. Er erteilte mir eine der wichtigsten Lektionen, die ein Mensch lernen kann: für das dankbar zu sein, was man hat. Er gab mir ein Beispiel für die Belastbarkeit, den Mut, das Durchhaltevermögen des Menschen und die ganz besondere Stärke, die durch die Überwindung von Hindernissen entsteht. Er brachte mir den wahren Wert des Geldes bei, die wahre Bedeutung einer braunen Papiertüte mit Pausenbroten, die Wichtigkeit kleiner Rituale wie Plätzchenbacken. Er brachte mir viel mehr als ich ihm bei, was es bedeutet, ein Freund zu sein.

Alles, was ich Maurice je gab, bekam ich zehnfach von ihm zurück. Ob es eine Mahlzeit war, ein Hemd, ein Rad oder eine Zahnbürste, alles nahm Maurice mit einer Dankbarkeit entgegen, die mir bis dahin nicht begegnet war. Jede Hilfe, die ich ihm bot, wurde mit einer Umarmung erwidert, jede Freundlichkeit mit einem unfassbar optimistischen Lächeln vergolten.

Wenn Liebe das größte Geschenk ist, woran ich fest glaube, dann ist es das größte Privileg, jemanden lieben zu können. Maurice tauchte aus dem Nichts auf und erlaubte mir, ihn zu lieben. Dafür kann ich ihm niemals genug danken. Seine natürliche Großzügigkeit versetzt mich stets in Erstaunen.

In meinem ganzen Leben gibt es keine Beziehung, auf die ich so stolz bin.

Etwa ein Jahr nach dieser Geburtstagsparty ließen Michael und ich uns scheiden. Vielleicht hatte ich nie meinen Groll wegen Maurice überwinden können. Ich bin auch nicht sicher, ob wir je über unsere Uneinigkeit in der Kinderfrage hinweggekommen sind. Ich erinnere mich, dass ich am Ende beschloss, mir einen Hund anzuschaffen, und Michael auch das unterbinden wollte. Diesmal setzte ich mich durch und verkündete, ich würde einen kleinen, roten französischen Pudel aufnehmen und ihn Lucy nennen. Sollte er etwas dagegen haben, hätte er Pech gehabt.

Lucy, meine süße kleine Lucy, half mir über den Schmerz hinweg, keine Kinder zu haben. Zwei Jahre später schenkte ich Lucy eine Schwester, einen hinreißenden Pudel namens Coco. In meiner Kindheit und Jugend hatten wir viele Haustiere, aber Lucy und Coco waren von Anfang an meine Familie. Michael liebte meine »Mädchen« genauso wie ich, aber irgendwann lebten wir uns auseinander.

An einer gescheiterten Ehe sind beide Partner beteiligt. Michael und ich hatten eine wunderbare Zeit miteinander. Er war in vielerlei Hinsicht ein toller Mann und die Liebe meines Lebens. Wir werden Freunde bleiben, aber jetzt bin ich auf mich allein gestellt. Ich fühle mich stark und gut, bin glücklich über mein Leben und blicke hoffnungsvoller denn je in die Zukunft.

Nach einer langen und erfolgreichen Karriere habe ich mich schließlich aus der Werbung zurückgezogen und empfinde es als Segen, so viele wunderbare Menschen zu Freunden zu haben. Hin und wieder reizt es mich, in die Branche zurückzukehren, aber das wird wohl nicht geschehen. Denn ich glaube, es ist Zeit, etwas Neues zu versuchen.

Meine Wohnung in Manhattan habe ich verkauft und bin eine Weile nach Florida gezogen. Doch dann wurde ich rastlos und kehrte wieder zurück. Ich möchte mir bald eine neue Wohnung in der City kaufen, aber mehr als alles andere wünsche ich mir eine Kreuzfahrt mit der ganzen Familie: mit Annette und Bruce, mit meiner mittlerweile erwachsenen Nichte Colette, ihrem Mann Mike und ihrer Tochter Calli, mit meinem Neffen Derek, seiner Frau Brooke und ihrem Sohn Dashiell, mit meiner Nichte Brooke und ihrem Freund Steve, mit Nancy, John und ihren Kindern Jena und Christian, mit meinem kleinen Bruder Steven, den ich unendlich liebe. Und natürlich mit Maurice, seiner liebenswerten Frau Michelle und ihren tollen Kindern.

Mir ist ganz gleich, wohin wir fahren oder was wir tun. Wichtig ist nur, dass wir alle zusammen in einem Boot sind.

* * *

Ich treffe mich gern mit meinem Freund Maurice, und wenn auch nicht jeden Montag, so doch so oft wie möglich. Wenn ich zurückblicke, muss ich über unsere ungewöhnliche Freundschaft staunen. Wir kamen aus vollkommen unterschiedlichen Welten und hatten, zumindest oberflächlich gesehen, nur sehr wenig gemeinsam. Erhebliche Teile von Maurice' Leben blieben mir verborgen. Zum Beispiel erfuhr ich erst kürzlich, dass Maurice bei unserer ersten Begegnung zwölf Jahre alt war und nicht elf, wie wir immer gedacht hatten. Da er als Kind seinen Geburtstag nicht jedes Jahr feierte, kannte er wohl sein tatsächliches Alter nicht, als ich ihn kennenlernte. Erst bei der gemeinsamen Arbeit an diesem Buch wurde ihm klar, wie alt er damals tatsächlich gewesen ist. Ich habe das nicht früher klargestellt, da es nichts damit zu tun hatte, wie sich alles zwischen mir und Maurice entwickelte. Wichtig ist nur, dass uns vieles trennte: Alter, Bildung, sozialer Hintergrund. Von außen besehen war unsere Freundschaft sehr ungewöhnlich.

Aber ich kann aufrichtig versichern, dass mir keine Freundschaft wichtiger ist und mir mehr am Herzen liegt als die zu Maurice.

Nach dem College entschied sich Maurice, doch nicht zur Polizei zu gehen. Stattdessen stieg er ins Baugeschäft ein und nun versucht er gerade, sein eigenes kleines Bauunternehmen zu gründen. Er kümmert sich vor allem um alte Gebäude und entkernt sie, um dann neue Wände zu ziehen und neue Rohre und Kabel zu verlegen. Er ist unglaublich begabt und wird sicher höchst erfolgreich sein. Mittlerweile beschäftigt er schon ein paar Mitarbeiter.

2010 kam Onkel Old aus dem Gefängnis und bekam von Maurice einen Job.

Was mich mit größtem Stolz erfüllt, ist Maurice' Familie. Er ist mittlerweile achtzehn Jahre mit Michelle zusammen und sagt, er liebe sie mehr denn je. Nachdem seine Mutter starb, bekamen er und seine Schwestern mehrere Hundert Dollar Waisenrente. Maurice nutzte einen Teil des Geldes für einen Verlobungsring. Michelle und er heirateten vor dem Friedensrichter, nur in Gegenwart zweier Trauzeugen. Wenn sein Geschäft eines Tages Erfolg hat, will er Michelle eine richtige Hochzeit schenken.

Dann sind da seine Kinder. Als ich sie endlich kennenlernte, eroberten sie sofort mein Herz. Es sind wirklich wunderbare Kinder, so lebendig, fröhlich, witzig und fantasievoll. Maurice ist auch Michelles Sohn ein guter Vater geworden. Ikeem ist mittlerweile zwanzig und ein großer, gut aussehender Bursche. Er spielt mit dem Gedanken, eines Tages zur Armee zu gehen. Maurice' Ältester Junior ist bereits neunzehn und überragt seinen Vater schon. Er möchte später Koch werden. Jalique mit seinen siebzehn Jahren sieht genauso aus wie Maurice in diesem Alter. Er träumt davon, eines Tages Detektiv zu werden. Jahleel ist elf. Er möchte Polizist werden und spielt gern Schach.

Maurice hat außerdem zwei Töchter. Die Ältere heißt Princess, ist vierzehn und wird MaMa oder YaYa genannt. Sie hat sich beim Fashion Institute of Technology beworben und möchte in der Modebranche Karriere machen. Sie ist sehr charmant und wunderschön. Ihre Schwester Precious ist acht und schwärmt gleichermaßen fürs Seilspringen und Miley Cyrus. Sie möchte Tierärztin und nebenbei Schauspielerin werden. »Ich will Abenteuer erleben«, sagt sie.

Und dann gibt es da noch Maurice' Jüngsten Jahmed, der vier Jahre alt ist, das reinste Energiebündel. Er interessiert sich genau wie sein Vater für Profiwrestling. Er zeigt einem gern seinen nachgemachten Meistergürtel und hält ihn in einer martialischen Wrestlingpose über den Kopf. Offenbar hat er zudem ein ausgeprägtes musikalisches Talent, vor allem fürs Schlagzeug. Maurice gab ihm einmal zwei Stifte, mit denen er einen sehr verzwickten Rhythmus trommelte. »Ich kann auch schon Pfannkuchen backen«, behauptet er.

Ich kann es kaum fassen, wie hinreißend, klug und einzigartig Maurice' Kinder sind – und welch ein liebevoller, geduldiger, starker Vater er ist. Wenn ich sehe, wie er Princess im Scherz einen Schokoriegel zu entreißen versucht, bei einem Schachturnier zwei Stunden auf Jahleel wartet oder den kleinen Jahmed auf den Schoß nimmt und eine Weile mit ihm zusammensitzt, dann staune ich jedes Mal über seine gütige, liebevolle Art. Maurice behauptet, einen Teil seiner väterlichen Instinkte verdanke er seiner Mutter und Großmutter. Er sagt, wenn er zu Thanksgiving in der Küche steht, erzählt er Darcella und Grandma von den Kindern. Und wenn er aufmerksam lauscht, hört er sogar, wie sie ihm Ratschläge geben, worauf er achten und worum er sich kümmern muss. So lehren sie ihn, ein guter Vater zu sein.

Maurice hat in Jugendgruppen der Gemeinde mit Kindern gearbeitet und gründet gerade mit freiwilligen Helfern eine Organisation, die benachteiligten Kindern hilft. All dies sind Zeichen der Güte, die in seiner Zeit auf der Straße ihren Ursprung haben.

»Ich betrachte meine Kindheit als Geschenk«, erklärte Maurice mir einmal. »Durch sie konnte ich lernen, wie ich meine Kinder am besten aufziehe. Ich sah, was mein Vater machte, und hätte mich gegenüber meinen eigenen Kindern vielleicht genauso verhalten, wenn ich dich nicht getroffen hätte. Da wurde mir klar, dass es einen anderen Weg gibt.«

* * *

Ich erinnere mich an einen meiner ersten Besuche bei Maurice' Familie. Er und Michelle waren nach zwölf Jahren aus ihrer ersten Wohnung in Brooklyn ausgezogen und wohnten in der Madison Street in Manhattan. Es gibt sicher Menschen, die das Wohnhaus für heruntergekommen halten, aber Maurice sieht das anders.

»Verglichen mit den Unterkünften meiner Kindheit ist das der reinste Palast«, erklärt er. Deswegen nannte er seine Tochter auch Princess, denn, so sagt er: »Für mich ist sie ein königliches Geschenk.«

Seine Wohnung ist recht groß und ziemlich chaotisch, überall sind Kleider, Spielzeug und Turnschuhe verstreut. Der Blick durchs Wohnzimmerfenster zeigt einem nicht nur die Manhattan Bridge, sondern direkt dahinter auch die Brooklyn Bridge. Diese grandiose, atemberaubende Aussicht verheißt großartige Perspektiven und Abenteuer. Eine ganze Wand wird von Kinderfotos eingenommen, eine andere von einem Flachbildfernseher. Es gibt auch eine Xbox, damit Maurice seine Kinder in die Kunst des Videospiels einführen kann, genau wie mich vor vielen Jahren.

Und dann sah ich ihn.

Er stand im Wohnzimmer, das gleichzeitig als Esszimmer genutzt wird. Als ich ihn erblickte, lächelte Maurice stolz.

Einen wirklich riesigen Esstisch.

Er war so groß, dass er fast von Wand zu Wand reichte und acht Stühle mühelos daran Platz fanden. Wenn nötig, kann man ihn sogar weiter ausziehen. Dort nehmen Maurice, seine Frau und ihre Kinder die Mahlzeiten ein, unterhalten sich über ihren Tag, lachen und scherzen miteinander und planen Geburtstage, Ballspiele und Schachturniere. Wenn Jahmed in der richtigen Stimmung ist, trommelt er etwas mit seinen Bleistiften vor.

»Siehst du«, sagte Maurice strahlend zu mir. »Ich habe dir

doch gesagt, dass ich mir eines Tages einen großen Esstisch kaufen werde.«

Dann setzte ich mich an diesen Tisch und aß mit meiner Familie zu Abend.

EPILOG

IN LIEBE, MAURICE

Liebe Laurie,

ich schreibe Dir diesen Brief, damit Du weißt, welchen Einfluss Du auf mein Leben gehabt hast. Wenn ich auf all die Geschehnisse zurückblicke, wird mir klar, dass ich ohne Dich ein vollkommen anderer Mensch geworden wäre. Ich werde Dir ewig dankbar für die Liebe und Fürsorge sein, die Du mir im Laufe der Jahre geschenkt hast. Du hast mich gelehrt zu träumen, Menschen zu vertrauen, ein wertvolles Mitglied der Gesellschaft und vor allem ein guter Mensch und Vater zu werden.

All das begann vor langer Zeit, als ich Dich um Kleingeld bat und Du einfach an mir vorbeigingst. Ich bin sicher, Laurie, dass Du in diesem Moment für mich nur eine der reichen, arroganten Weißen warst, von denen mir immer erzählt worden war. Doch dann kamst Du zurück. Heute ist mir klar, dass meine Welt bis dahin vom Schwarz-Weiß-Denken beherrscht wurde. Eine einzige Sichtweise hatte meine gesamte Kindheit geprägt. Meine Mutter und meine Großmutter wuchsen in der

Zeit der Rassentrennung auf. Und das, zusammen mit fehlender Bildung, ist ein Garant für Misstrauen. Als ich mich die ersten Male mit Dir traf, sagte meine Großmutter: »Halte dich lieber von dem weißen Miststück fern.« Als sie jedoch sah, wie sehr ich von unserer Freundschaft profitierte, äußerte sie sich anders: »Diese Lady kümmert sich ja wirklich um dich.« – »Wie geht es der Lady denn? Siehst du sie bald wieder?« Aus Misstrauen und mangelndem Respekt wuchs ihre Überzeugung, Du wärest ein Schutzengel, der über mich wacht.

Ich erinnere mich, dass Du mich einmal gefragt hast, was ich später werden wollte. Bis dahin hatte ich noch nie so weit in die Zukunft geblickt, sondern nur von einem Tag zum anderen gelebt. Ich machte mir mehr Gedanken darüber, was ich am nächsten Tag essen sollte, als darüber, was ich werden wollte, wenn ich erwachsen war. Ich wusste ja nicht, ob ich überhaupt erwachsen werden würde. Als ich Dich kennenlernte, erweiterte sich mein Blickwinkel aufs Leben. Ich freundete mich mit dem Gedanken an, irgendwann tatsächlich einen Job zu bekommen. Zum ersten Mal in meinem Leben stellte ich mir vor, was ich als Erwachsener sein würde – vielleicht sogar Polizist.

Doch da gab es ein weiteres Problem, und das war mein mangelndes Selbstvertrauen. Ich zweifelte an mir, weil mir immer gesagt worden war, ich wäre Analphabet. Da ich schlecht in der Schule war, musste ich eine besondere Prüfung machen. Meine Mutter war dabei und kam irgendwie zu dem Schluss, ich könnte weder lesen noch schreiben. Von da an redete mir das meine ganze Familie ein. Dabei wusste ich, dass ich es konnte, wenn auch nur langsam. Aber weil ich ständig als Analphabet bezeichnet und so behandelt wurde, kam ich zu der Überzeugung, es wäre einerlei, ob ich nun lesen oder schreiben konnte. Ich musste einfach das gleiche Leben führen, zu dem alle Männer in meiner Familie gezwungen waren.

Da kamst Du mir wieder zu Hilfe, Laurie. Gerade als ich dachte, es gäbe keinen Ausweg mehr, weil der erste Traum zunichtegemacht wurde, zu dem Du mich ermutigt hast, erzähltest Du mir, auch Du hättest Dich in meinem Alter in der Schule schwergetan. Ich kann Dir nicht sagen, wie viel mir dieses Geständnis bedeutete. Ich dachte, wenn jemand wie Du, ein so redegewandter Mensch, dessen Leben so reich war, Probleme gehabt hatte, die er überwinden konnte, dann könnte ich das auch. Danach ignorierte ich alle, die mich für unfähig erklärten. Ich entschied, Deine Meinung von mir als Tatsache zu betrachten. Jeder, der etwas anderes behauptete, war nur neidisch oder unzufrieden mit seinem eigenen Leben. Diese Einstellung änderte alles für mich. Bis heute hilft sie mir, konstruktiv mit den Problemen meines Lebens umzugehen. Bis heute verleiht sie mir den Mut, Träume zu wagen.

Laurie, Du hast mir so viele Dinge beigebracht und so viele Erfahrungen vermittelt, die ich ohne Dich niemals gemacht hätte. Ich kann mich an jeden einzelnen Ausflug nach Long Island zur Familie Deiner Schwester erinnern. Einige Besuche sind mir besonders eindrücklich im Gedächtnis geblieben. Ich weiß noch, wie Deine Nichte Brooke nicht aufhören wollte zu weinen, als sie entdeckte, dass es den Weihnachtsmann nicht gibt. Damals dachte ich: »Oje, sie sollte besser still sein, sonst kriegt sie Prügel.« Als ihr Vater Bruce kam, dachte ich: »Ach, jetzt wird sie bestraft.« Aber zu meiner Verblüffung und Freude schlug er sie nicht, sondern beruhigte und tröstete sie. Er nahm sie in seine Arme, wischte ihr die Tränen fort, flüsterte ihr etwas ins Ohr und drückte sie an sich. Das war's. Damals hielt *ich Bruce für den besten Dad der Welt. An diesem Tag lernte ich etwas über das richtige Verhalten eines Vaters.*

Ein ganz besonderer Besuch war auch, als wir uns alle zum ersten Mal an den großen Esstisch deiner Schwester setzten. Ich hatte ehrlich nicht gewusst, dass es so große Tische gibt. Doch weder das noch das Essen oder das schöne Geschirr und Besteck faszinierte mich am meisten. Am meisten beeindruckt hat mich die spürbare Liebe an diesem Tisch. Es wurde viel erzählt und gelacht. Damals konnte ich mir dieses Gefühl nicht erklären, aber heute weiß ich, dass das eine Familie ausmacht. Denn genau dieses Gefühl habe ich jeden Abend, wenn ich mit meiner Frau und meinen Kindern zusammensitze.

Dank Dir, Laurie, konnte ich erleben, auf wie viele verschiedene Arten Menschen ihre Liebe zeigen und füreinander da sind. Ich denke an die vielen Lunchpakete, die Du für mich vorbereitet und in braune Papiertüten gepackt hast. Mir ist klar, dass nicht alle verstehen werden, warum solche Tüten so wichtig sind. Mir zeigten sie, dass sich jemand Zeit genommen hatte, mir etwas zu essen zu machen. Jemand hatte an mich gedacht und kümmerte sich um mich. Laurie, Du hast Dir die Zeit für mich genommen, hast mir Essen gemacht und mir gezeigt, dass Du an mich denkst – und die Kinder in meiner Schule konnten es sehen. Für diese braunen Papiertüten kann ich Dir gar nicht genug danken.

Die Treffen mit Dir waren die besten Stunden meines Lebens. Wir hatten viel Spaß zusammen, aber bei Dir lernte ich außerdem mehr als irgendwo anders. Damals merkte ich das nicht. Als ich älter wurde, fiel mir jedoch auf, dass mir Deine kleinen Lektionen eine wichtige Richtschnur fürs Leben geben. Sätze wie beispielsweise: »Du musst nicht ständig strei-

ten, um zu zeigen, was für ein zäher Bursche du bist, Maurice.«
Erinnerst Du Dich noch daran? Vielleicht nicht. Aber ich werde
das nie vergessen. Du hast mir gezeigt, dass es wichtiger ist,
geistig als körperlich stark zu sein. Diese Einsicht versuche ich
heute meinen eigenen Kindern zu vermitteln.

Schließlich, und das ist mir sehr wichtig, möchte ich Dir
noch erklären, warum ich einfach verschwand und mich lange
Zeit nicht meldete. Damals wollte ich Dir verraten, wie es
wirklich in meinem Leben zuging, aber irgendetwas hielt mich
davon ab. Ich wusste, es bedrückte Dich, dass ich so jung Vater
geworden war. Daher brachte ich es einfach nicht über mich,
Dir von dem zweiten Kind zu erzählen. Auf gar keinen Fall
wollte ich Dich enttäuschen, nicht nach allem, was Du für
mich getan hattest. Außerdem hattest Du mir alles beigebracht,
was ich brauchte, um etwas aus mir zu machen. Aus diesem
Grund rief ich Dich nicht mehr an und ging ganz allein in die
Welt hinaus. Und ich hatte recht, Laurie: Was Du mir beigebracht hast, rettete mir letztendlich das Leben.

Als ich mich schließlich wieder bei Dir meldete, war ich kein
Junge mehr, sondern ein Mann. Ich lebte, ich liebte, ich hatte
Kinder und brachte ihnen all das bei, was Du mir beigebracht
hast. Doch das Wichtigste ist, dass ich sie so liebe, wie Du mich
liebst.

Ich weiß, dieses Buch handelt von einer ungewöhnlichen
Freundschaft zweier sehr unterschiedlicher Menschen, aber
ich glaube, man kann noch mehr darin finden. Es ist die Geschichte einer Mutter, die sich nach einem Kind sehnt, und
eines Kindes, das sich nach einer Mutter sehnt. Diese Sehnsucht hat nichts mit Blutsverwandtschaft zu tun, sondern mit
zwei Menschen, die einander brauchten und dazu bestimmt

waren, sich an der Ecke Broadway und 56. Straße zu treffen.
Jeden Montag lernte diese Mutter ihren Sohn etwas besser ken-
nen, und dieser Sohn erfuhr mehr über seine Mutter.

An diesen Montagen wurden ihre Herzen mit einem un-
sichtbaren Band verbunden.

Ich liebe Dich, Mom.
Maurice

DANK

Wie kann ich Maurice auch nur ansatzweise dafür danken, dass er in mein Leben trat und es für immer veränderte? Im Laufe der Jahre hörte ich oft, Maurice habe Glück gehabt, mich zu treffen, doch meine Antwort darauf lautet immer: »Nein, ich hatte Glück, ihn kennenzulernen.« Maurice, Du hast so viel Freude in mein Leben gebracht und mir in vielerlei Hinsicht gezeigt, was Freundschaft wirklich bedeutet. Dafür kann ich Dir nur aus tiefstem Herzen danken. Ich danke auch Maurice' Frau, meiner lieben Freundin Michelle, die für Maurice da war, als ich es nicht konnte. Ich bin sehr stolz auf Euch beide und auf Eure außergewöhnliche, liebevolle Familie.

Aus tiefstem Herzen danke ich meiner geliebten Mutter für ihre ungeheure Stärke und bedingungslose Liebe, und meinem Vater, der in guten Zeiten einfach großartig war. Ihr beide habt mir den Wert harter Arbeit gezeigt, was mir eine bemerkenswerte Karriere in der Anzeigenbranche ermöglichte. Ich danke auch meinem Bruder Frank, der seinen

Frieden gefunden hat und auf ewig geliebt werden wird. Ich denke jeden Tag an Euch.

Ein altes Sprichwort besagt, dass man sich zwar seine Freunde, aber nicht seine Familie aussuchen kann. Das mag stimmen, doch hätte ich mir nie bessere Geschwister wünschen können als die, die ich habe. Annette Lubsen, Nancy Johansen und Steven Carino: Ich danke Euch, dass ich so offen aus Eurem Leben erzählen durfte. Doch mehr noch danke ich Euch für die unglaubliche Hilfe und Liebe, die Ihr mir nicht nur während des Schreibens, sondern mein ganzes Leben lang geschenkt habt.

Meinem Schwager Bruce Lubsen danke ich, dass er Maurice gezeigt hat, wie wichtig es ist, als Vater verständnisvoll, fürsorglich und liebevoll zu sein. Du hast entscheidenden Einfluss auf Maurice genommen und spielst bis heute eine wichtige Rolle in seinem Leben. Meinen lieben und wunderbaren Nichten Colette Lubsen-Reid, Brooke Lubsen und Jena Johansen danke ich, weil sie immer für mich da waren. Euer ungebrochenes Interesse und Eure Hilfe sind einfach unglaublich, und ich habe Euch sehr lieb. Meinem Schwager John Johansen und meinen Neffen Christian Johansen und Derek Lubsen möchte ich sagen, dass wir alle sehr stolz auf Euch sind. Meiner Tante Diana Robedee und meinem Onkel Pat Procino danke ich, dass sie uns immer in ihrem Herzen bewahrt haben.

Ein unsichtbares Band bestimmt auch eine weitere, ganz besondere Beziehung in meinem Leben. Mein Co-Autor Alex und ich haben siebzehn Jahre für *Time Inc.* gearbeitet, ohne uns je zu begegnen. Er war in der Redaktion, ich in der Anzeigenabteilung. Meine Freundin Martha Nelson brachte uns zusammen. Ich danke Dir, Alex, dass Du mir geholfen hast, meine Geschichte zu erzählen und ihr eine Struktur zu geben. Wie bei Maurice und mir war unsere Begegnung vorherbestimmt. Mir gefällt der Gedanke, dass auch hier meine Mutter im Himmel ihre Hand im Spiel hatte.

Ganz besonders danken möchte ich meiner lieben Freundin und Mentorin Valerie Salembier, die das schöne, einfühlsame Vorwort für dieses Buch geschrieben hat. Du warst die Erste, der ich von meinem neuen Freund erzählte, und ich danke Dir, dass Du Vertrauen in mich hattest. Deine Liebe, Hilfe und Freundschaft seit über dreißig Jahren sind einfach unglaublich.

So viele Menschen haben Geschichten, die unveröffentlicht bleiben, und unserer wäre es ebenso ergangen, hätten wir nicht unsere tüchtige Agentin gehabt. Dank an Jan Miller, dass sie an unser Buch geglaubt hat. Mir fehlen die Worte, um auszudrücken, wie dankbar ich bin. Sie und ihr Team bei *Dupree/Miller* waren eine unglaubliche Hilfe. Es ist eine Ehre, mit ihnen allen arbeiten zu dürfen.

Besonderen Dank schulde ich Nena Madonia, weil sie uns unermüdlich unterstützt und dafür gesorgt hat, dass dieses Buch den richtigen Verlag findet. Nena, Sie haben uns wie ein echter Partner durch den gesamten Schreibprozess hindurch begleitet. Ich bin stolz, dass Sie nicht nur meine Agentin, sondern, was noch wichtiger ist, meine geschätzte Freundin sind.

Es ist wichtig, den richtigen Verlag für ein Buch zu finden, und wir können uns glücklich schätzen, dass Jonathan Merkh und Becky Nesbitt von *Howard Books* unsere Geschichte von Anfang an mit solchem Enthusiasmus aufgenommen haben. Ich werde auf ewig in ihrer Schuld stehen und kann ihnen gar nicht genug danken. Nicht genug danken kann ich auch Jessica Wong, unserer talentierten Lektorin, für ihre wertvolle Unterstützung und unverbrüchliche Liebe zu unserer Geschichte. Dank dafür, dass unser gemeinsames Unterfangen so einzigartig und reibungslos verlief. Sie waren unsere Heldin.

Besonderen Dank auch an das tüchtige Team von *Howard Books,* vor allem an Betty Woodmancy und Jennifer Smith.

Ich danke all meinen Freunden bei *Time Inc.* Dank an Martha Nelson, die ich beim *Ms.*-Magazin kennenlernte. Ich kann mich glücklich schätzen, dass sich unsere Wege während meiner beruflichen Laufbahn immer wieder kreuzten. Sie war stets für mich da und half mir, den Kontakt zu Alex herzustellen. Ich danke Paul Caine, der sich an meine Anfangszeit mit Maurice erinnert und unsere Beziehung immer befürwortete. Für seine unermüdliche Ermutigung bin ich unendlich dankbar. Dank an David Geithner, der so begeistert über meine Geschichte war, und seine Kolleginnen Rebecca Sanhueza und Nancy Valentino. Gesondert erwähnen möchte ich noch das wunderbare PR-Team von Sandi Shurgin-Werfel und Heidi Krupp.

Ich danke all meinen Freunden bei *USA Today,* die meine Beziehung zu Maurice unterstützt haben – besonders Lou und Donna Cona, die solches Mitgefühl gegenüber Maurice zeigten und ihm Säcke mit Kleidern schenkten, als er sie am nötigsten brauchte.

Lehrer werden fürs Unterrichten bezahlt, aber Miss Kim House tat mehr als das: Sie kümmerte sich um ihre Schüler. Ich danke Ihnen für Ihr Mitgefühl gegenüber Maurice und

Ihr außerordentliches Engagement. Ich singe Ihr Loblied. Das sollten auch die Entscheidungsträger im Schulsystem von New York tun, denn Sie sind jemand, der das Leben von Kindern wirklich zum Besseren verändert.

Ich bin überzeugt, dass uns Menschen aus einem ganz bestimmten Grund begegnen. Dies gilt auch für meine sehr liebe Freundin und Ratgeberin Laura Lynne Jackson. Danke, dass Du Deine ganz besondere Gabe mit mir geteilt hast. Deine ermutigenden, einfühlsamen und hilfreichen Worte haben meinen Glauben an dieses Buch gestärkt. Als ich nicht weiterwusste, hast Du mich ermutigt, die Flaute zu genießen. Du nanntest sie die »Ruhe vor dem Sturm«. Und Du hattest so recht! Du bist eine große Quelle des Trostes und des Friedens in meinem Leben.

Im Laufe der Jahre konnte ich mich stets von Neuem über das Geschenk der Freundschaft freuen. Dabei kommen Freunde nicht in schön verpackten Schachteln mit weißen Schleifchen. Sie tauchen einfach auf und ändern dein Leben. Ich kann nur hoffen, allen Freunden, die so viele Höhen und Tiefen mit mir durchgestanden haben, auch nur einen Bruchteil der Liebe und Hilfe zurückzugeben, die ich empfangen habe.

Einen tief empfundenen Dank an Christina Albee und Gregg Goldsholl, an die süße Clare, Lori Cohn, June Deane, Susan Egan, Mary Gallagher-Vassilakos, Susan Goldfarb, Barbara Groner-Robinton, Cherie und Joseph Guccione, Scott Jacobs, Lori Ressa-Kyle, Nora und Ed McAniff, Darcy Parriott-Phillips, Mary Phillips, Brette Popper und Paul Spraos, Lauren Price, Andrea Rogan, Phebe Rothkopf, Kim Schechter, Janet Shechter, Lori Levine-Silver, Donna Smith,

Sue und John Spahlinger, Pam Stanger, Stacie Sullivan, Lynn Rane-Tuttle, Michael Wellner und Kevin White. Dank auch an meinen Freund und Friseur Liell Hilligoss bei *Pierre Michel* und an meinen Fotografen Joseph Moran.

Schließlich möchte ich allen Lesern dieses Buches danken. Ich hoffe, auch Sie werfen einen Blick auf Ihr Leben und schauen, ob Sie nicht ein unsichtbares Band mit besonderen Menschen verbindet. Ich glaube, das ist kein Zufall.

Laura Schroff

* * *

Ich kann mich unendlich glücklich schätzen, dass Laura und Maurice in mein Leben getreten sind. Dank an Dich, Laura, weil Du mir zugetraut hast, Deine außergewöhnliche Geschichte erzählen zu können. Ich erstarre in Ehrfurcht vor Deiner Großzügigkeit und Weisheit. Dein Leben ist eine einzige Inspiration für mich.

Maurice, mein Knicks-Fankollege: Dein Mut, Deine Stärke und Überzeugung hauen mich einfach um – genau wie Deine hinreißende Familie. Für mich bist Du ein Held.

Ich danke Larry Hackett und allen anderen vom *People Magazine,* dass ich so spät noch zum Team stoßen durfte. Dank an meine großartige Freundin Susan Schindehette, die schlichtweg die beste, talentierteste Schriftstellerin ist, die ich kenne. Dank an alle bei *MiWorld.com* – Ihr seid die Zukunft. Dank auch an das Team von *Howard Books,* vor allem an Jonathan Merkh, Becky Nesbitt und Jessica Wong. Jan Miller und Nena Madonia sind die besten Agentinnen, die ich je hatte, und bei Weitem die nettesten. Dank an Mark

Apovian für die zweite Chance. Ich danke Art und Nola Chester für ihre engagierte und liebevolle Freundschaft. Tief empfundenen Dank auch an meine Schwester Tam für ihre Großzügigkeit, an meine Schwester Fran, die immer für mich da war, und meinen Bruder Nick, der gleichzeitig mein ältester und bester Freund ist. Dank an Zach und Emily, die so wunderbare und coole Persönlichkeiten geworden sind: Ich liebe Euch beide unendlich. Dank an Gracie und Willie, die immer einen ganz besonderen Platz in meinem Herzen haben werden. Dank an meine Kleinen Manley, Guy, LiLi, Nino und SheShe: Ich liebe euch wie verrückt. Dank an meine wunderbaren Freunde Amy, Neil, Angie, Karen, Greg und natürlich Lindsey. Wie immer danke ich auch Lorraine Stundis für ihre entscheidenden Vorschläge. Und Rainey: Du bist mein Fels in der Brandung.

Alex Tresniowski

Was hat Sie dazu bewogen, Ihre Geschichte mit Maurice aufzuschreiben und mit anderen zu teilen?

1997 brachte *Good Housekeepers* einen Artikel über meine Freundschaft mit Maurice, woraufhin ich ein überwältigendes Echo von Freunden und Kollegen erhielt. Mir wurde ständig geraten, ein Buch zu schreiben und unsere Geschichte festzuhalten. Die Leser liebten diese Geschichte und wollten mehr erfahren. Aber erst als ich 2007 ein Vorruhestandsangebot von *Time Inc.* wahrnahm und nach Florida zog, hatte ich genug Zeit, über ein solches Buch nachzudenken. In den ersten Jahren meiner Freundschaft mit Maurice wäre ich nie auf die Idee gekommen, dass sich andere für unsere Geschichte interessieren könnten. Erst als ich mit meinem Co-Autor Alex Tresniowski anfing, an dem Buch zu arbeiten, wurde mir klar, dass Maurice' und meine Erfahrungen eine wichtige Botschaft bargen. Das war der Grund, warum ich unsere Geschichte unbedingt veröffentlichen wollte.

Welche Herausforderungen gab es beim Schreiben des Buches, und was hat Ihnen am meisten Spaß gemacht?

Mir war von Anfang an klar, dass mir beim Schreiben des Buches jemand wie Alex helfen musste. Zwar wusste ich, was ich sagen, welche Botschaft ich vermitteln wollte, doch ich brauchte jemanden, der mir dabei half, der Geschichte Form und Struktur zu geben. Das Schreiben eines Buches erfordert erstaunlich viel Arbeit und Recherche. Die Herausforderung für mich war, Maurice' und meine Erfahrungen wahrheitsgetreu, aber doch so interessant und spannend zu erzählen, dass andere das lesen wollten. Ich wollte zeigen, wie wunderbar, berührend und einzigartig es war, dass Maurice und ich uns begegnet sind. Es war nicht ganz einfach, die schwierigen Zeiten meiner Kindheit wieder aufleben zu lassen. Ehrlich gesagt war es härter und trauriger, als ich gedacht hatte. Andererseits war es auch ein Segen, alles noch einmal aus der Distanz zu betrachten und in einen Zusammenhang zu bringen.

Am meisten Spaß hat mir der ganze Schreibprozess gemacht. Manchmal kann ich kaum glauben, dass unsere Geschichte von so vielen Menschen gelesen wird und hoffentlich etwas bewirkt. Es war einfach bemerkenswert, meine unglaubliche Freundschaft mit Maurice, seiner Frau Michelle und ihren Kindern noch einmal zu durchleben. Und die Arbeit mit Alex war schlichtweg faszinierend. Ich kann gar nicht beschreiben, wie sehr ich von Familie und Freunden unterstützt wurde und welches Glück ich habe. Es war wirklich die erstaunlichste Erfahrung meines Lebens, die mir bestätigt, wie wichtig es ist, große Träume zu wagen, denn Träume werden wirklich wahr. Ich hätte nie

gedacht, dass ausgerechnet ich einmal ein Buch veröffentlichen würde.

Haben Sie je Ihre Freundschaft mit Maurice infrage gestellt?
Konnten Bemerkungen und Befürchtungen von Freunden
Zweifel in Ihnen wecken?

Ehrlich gesagt nein, obwohl es vielleicht vernünftig gewesen
wäre. Ich wusste vom ersten Moment an, dass Maurice ein
ganz besonderes Kind ist. Sein Gesicht und seine Augen
strahlten ein solches Vertrauen aus. Am Anfang unserer Beziehung drängten mich Freunde und Verwandte, vorsichtig
zu sein, und lieferten mir alle möglichen Gründe dafür, den
Rückzug anzutreten. Aber ich war immer überzeugt, dass
Maurice ein wirklich guter Junge in einer wahrhaft schlimmen Lage war und aus einem ganz besonderen Grund in
mein Leben gekommen ist. Außerdem gab mir Maurice nie
auch nur den geringsten Anlass für Zweifel oder Misstrauen,
daher stellte ich unsere Freundschaft niemals infrage.

Wieso haben Sie Michael vor Ihrer Ehe niemals deutlich
gesagt, dass Sie Kinder wollten? Hat Maurice Ihre Enttäu-
schung gemindert, keine eigenen Kinder zu haben?

Michael und ich passten so gut zusammen und hatten so
viel Spaß miteinander, dass ich wahrscheinlich davor zu-
rückscheute, das durch die Kinderfrage zu gefährden. Rückblickend gesehen war das offensichtlich ein großer Fehler.

Ich kann jedem Paar nur dringend raten, diese Frage vor der Eheschließung zu klären. Aber ich war so glücklich, Michael gefunden und eine zweite Chance auf Glück bekommen zu haben, dass mir nie die Idee gekommen wäre, wir würden keine eigene Familie gründen. Mit vierundvierzig wurde mir klar, dass es egoistisch gewesen wäre, zu dieser Zeit noch ein Kind zu bekommen. Damals wären Michael und ich ziemlich alte Eltern gewesen, was ich dem Kind gegenüber unfair gefunden hätte. Schließlich hatte ich meine eigene Mutter mit fünfundzwanzig verloren. Daher wusste ich, wie schwer es ist, in späteren Jahren mutterlos zu sein. Aus diesem Grund gab ich schließlich meinen Traum von einem eigenen Kind auf. Das war sehr schmerzlich. Noch heute werde ich traurig, wenn ich zu lange darüber nachdenke. Auch Maurice half mir nicht unmittelbar über diese Trauer hinweg. Wissen Sie, ich hatte große Schuldgefühle, als ich Michael heiratete und nach Westchester zog, denn das hatte fundamentale Auswirkungen auf meine Beziehung zu Maurice. In gewisser Weise musste ich gleichzeitig verkraften, Maurice zu verlieren und kein Kind zu bekommen. Bevor ich Michael kennenlernte und auch heute, zu diesem Zeitpunkt meines Lebens, war und ist jedoch Maurice das Kind, das ich mir immer gewünscht und erträumt habe.

Wie wäre Ihr Leben wohl verlaufen, wenn Sie an jenem ersten Tag nicht zu Maurice umgekehrt wären?

Das ist ganz einfach: Mein Leben wäre niemals so reich gewesen. Maurice hat unendlich viel Glück und Freude in

mein Leben gebracht und in vielerlei Hinsicht meine Ansich-
ten übers Leben allgemein und meine Kindheit insbesondere
verändert. Es war unglaublich bereichernd, Zeit mit ihm zu
verbringen, mit ihm zu reden, zu backen und all unsere Mon-
tagabendrituale zu zelebrieren. Ihm war es damals genauso
wenig bewusst wie mir, dass er ein Kind war, das einem Erwachsenen die wahre Bedeutung von Liebe, Vertrauen und
Freundschaft vermittelte. Meine Familie und meine Freunde
bekommen ständig von mir zu hören, dass wir alle so ein
Kind wie Maurice treffen müssen, das uns die Augen öffnet
und zeigt, wie glücklich wir uns schätzen können. Es klingt
vielleicht egoistisch, aber Maurice half mir, mit vielen Problemen und schlimmen Erinnerungen in meinem Leben zu-
rechtzukommen. Keine meiner Leistungen erfüllt mich mit
mehr Stolz als der Umstand, dass Maurice mein Freund und
der Sohn ist, den ich nie hatte. Ich kann nur hoffen, dass ihm
unsere Beziehung genauso viel gegeben hat wie mir.

*Warum war es so wichtig für Sie, eine gewisse Distanz zu
Maurice zu wahren, sodass Sie nur mit ihm befreundet waren, ihn aber nicht an Sohnes statt annahmen? Wie hat das
letzten Endes Ihre Beziehung geprägt?*

Von Anfang an war es sehr wichtig für mich, keine Mutter-
rolle bei Maurice einzunehmen. Schließlich hatte er eine Mutter, die er sehr liebte und die ihn ganz sicher ebenso liebte.
Das wollte ich nicht ändern, ich wollte mich nicht zwischen
Maurice und seine Mutter drängen. Vielleicht war sie nicht
immer für ihn da und traf problematische Entscheidungen.

Doch darüber wollte ich nicht urteilen, schließlich hatte ich keine Ahnung, wie schwer ihr Leben war. Ich wollte es nicht noch schwieriger machen. Ich wollte Maurice nur helfen, so gut ich konnte, und zwar als Freundin. Außerdem weiß ich, dass Maurice seine Mutter bis zum heutigen Tag liebt und stolz ist, dass sie ihr Bestes gab, um ihre Kinder großzuziehen. Darüber freue ich mich.

Doch kann ich nicht leugnen, dass wir im Laufe unserer Freundschaft eine Art Mutter-Sohn-Beziehung entwickelten, die bis heute Bestand hat. Wenn wir zusammen sind, sage ich oft: »Mach dies, mach das«, und ermahne ihn, pünktlich zu sein. Ich bemuttere ihn, dabei ist er schon sechsunddreißig! Auch damals gab es Augenblicke, in denen ich überlegte, wie es wohl wäre, Maurice zu adoptieren und mit ihm zusammenzuleben. Natürlich träumte ich davon, Michael und ich würden ihn bei uns zu Hause aufnehmen. Heute denke ich, unsere Beziehung hat sich genau so entwickelt, wie es sein sollte. Ich glaube, wir konnten nur deswegen gleichzeitig beste Freunde werden und eine Art Mutter-Sohn-Verhältnis aufbauen, weil ich nicht versucht habe, seine Mutter zu ersetzen.

Sie erzählen oft, wie wunderbar es war, Maurice' Freude über schlichte Kindheitserfahrungen miterlebt zu haben. Haben Sie selbst diese Freuden der Kindheit erlebt? Oder gab es welche, die Sie Maurice schenken wollten, weil Sie Ihnen gefehlt haben?

Unsere Kindheitserfahrungen waren sehr unterschiedlich. Da ich in einer Familie der Mittelklasse aufwuchs, musste ich mir nie Sorgen darüber machen, woher ich das nächste Essen, ein Bett zum Schlafen, einen Wintermantel oder eine Zahnbürste herbekommen sollte. Maurice schenkte ich schöne Kindheitserfahrungen, die ich für selbstverständlich hielt. Ich konnte mich glücklich schätzen, eine starke und liebevolle Mutter und einen hart arbeitenden Vater gehabt zu haben, der immer dafür sorgte, dass wir ein Dach über dem Kopf hatten. Ich weiß heute und wusste schon damals, dass meine Kindheit ganz anders verlief als die meiner Freunde. Aber so gestört unsere Familienbeziehungen auch waren, schenkten sie mir doch viel Liebe und Unterstützung. Allerdings gab es eines, das weder Maurice noch ich als Kinder kannten. Das war Sicherheit und ein geschützter Ort, um dem Chaos zu entfliehen. Genau das wollte ich Maurice geben, als ich ihn kennenlernte: das Gefühl, einen Ort zu haben, wo er sicher und geschützt war, wo man ihn liebte und für ihn sorgte.

Inwiefern hat Ihre eigene Kindheitsgeschichte Ihr Verhalten gegenüber Maurice beeinflusst?

Ich hielt es für wesentlich, Maurice mithilfe unserer allwöchentlichen Rituale so viel Struktur wie möglich zu bieten, denn danach hatte ich mich als Kind gesehnt. Ich wollte, dass alles immer gleich ablief, dass sich nichts veränderte, dass wir nicht ständig umzogen und unser Leben auf den Kopf gestellt wurde. Dies ist wahrscheinlich die wichtigste Botschaft unseres Buches: den Wert einfacher, kleiner Rituale im Leben eines Kindes zu vermitteln. Ich habe oft über Verlässlichkeit nachgedacht und versucht, Maurice genau das zu geben. Mein Dad war manchmal ein großartiger und manchmal ein furchtbarer Vater. Ich hingegen wollte verlässlich für Maurice da sein. Er sollte auf mich zählen können.

Das Allerwichtigste war mir, Maurice Selbstvertrauen zu vermitteln. Ich bin zutiefst überzeugt davon, dass Selbstvertrauen eines der bedeutsamsten Geschenke ist, das Eltern oder Erzieher einem Kind machen können. Ich hatte zwar eine schwere Kindheit und war eine sehr schlechte Schülerin, doch irgendwie wurde ich trotzdem ein Mensch mit großem Selbstvertrauen. Den Grund dafür kenne ich nicht, aber so war es. Mein Bruder Frank hingegen konnte wegen der gestörten Beziehung zu unserem Vater niemals Selbstvertrauen entwickeln, was ihn in vielerlei Hinsicht beeinträchtigt hat. Ich glaube, Selbstvertrauen hilft einem, Träume zu haben und diese zu verwirklichen. Daher wollte ich Maurice vermitteln, dass er ein ganz besonderer Mensch ist und sich ein anderes Leben für sich und seine Familie wünschen sollte. Maurice war so ein verständiges Kind, so ein kluger Junge, doch das hatte ihm nie jemand gesagt. Das war eines der größten Probleme in seinem Leben. Man muss Kindern immer wieder sagen, dass sie etwas ganz Besonderes sind. Maurice sagte das keiner. Ich glaube, wenn Kinder nur einen einzigen Menschen haben, auf den sie sich wirklich verlassen, auf dessen Liebe sie zählen können, gibt das den Ausschlag. Meine Hoffnung war, dieser Mensch für Maurice zu sein.

Sie schreiben, dass Ihre Mutter Ihr Leitstern war, der Sie zu Maurice führte. Was hätte sie über Maurice gedacht?

Meine Mutter hätte Maurice sehr geliebt. Sie wäre so stolz auf seinen Charakter, seine Stärke und seine Fähigkeit gewesen, zwischen Richtig und Falsch zu unterscheiden, obwohl er noch ein Kind war. Sie hätte seinen Instinkt, einen anderen Lebensweg einzuschlagen als den für ihn vorgezeichneten und das Durchhaltevermögen bewundert, mit dem er sich seinen Problemen stellte. Ich glaube, es hätte ihr Respekt eingeflößt, dass er niemals versuchte, etwas Gutes zu sabotieren, weil er sonst das Gefühl gehabt hätte, unsere Freundschaft nicht zu verdienen. Ich meine, er hätte ganz leicht unsere Freundschaft gefährden können, wenn er nicht an ihre Echtheit und Dauerhaftigkeit geglaubt hätte. Ich habe immer darüber gestaunt, dass Maurice trotz seiner Jugend wusste, welch ein unglaubliches Geschenk diese Freundschaft für uns beide war. Da ich glaube, dass meine Mutter uns zusammengebracht hat, bin ich überzeugt, sie hätte ihn genauso ins Herz geschlossen, geschätzt und geliebt wie ich.

Zu Beginn Ihrer Geschichte schreiben Sie von dem »unsichtbaren Band«, das Sie und Maurice verband. Würden Sie das als Schicksal bezeichnen? Glauben Sie an so etwas wie Vorsehung, Schicksal und Bestimmung?

Ich halte mich für einen ausgesprochen spirituellen Menschen und bin überzeugt, dass Schicksal und Bestimmung in unserem Leben eine große Rolle spielen. Vor ein paar Jahren sagte mir ein sehr lieber und weiser Freund: »Es ist dir nicht bestimmt, eigene Kinder zu haben, sondern viele Kinder zu inspirieren.« Ich hoffe, das konnte ich in liebevoller Weise bei Maurice, seinen Kindern, meinen Nichten und Neffen und hoffentlich auch bei meinen kleinen Großnichten und Großneffen verwirklichen. Wenn man im Leben etwas für andere bewirken kann, für Kinder und Erwachsene gleichermaßen, so beweist das, dass man aus einem bestimmten Grund miteinander zu tun hat. Maurice und ich hoffen, unsere Geschichte trägt dazu bei, dass unsere Gesellschaft die Benachteiligten anders betrachtet und begreift, wie schwer es manchmal ist, einen Teufelskreis zu durchbrechen. Wenn dieses Buch das auch nur ansatzweise erreicht, bewirkt unsere Freundschaft noch mehr Gutes. Also ja, ich glaube an Bestimmung, und ich glaube, dass Maurice und ich uns deshalb begegnet sind. Nicht nur, um einander zu helfen, sondern um möglichst auch andere Menschen zu inspirieren.

Planen Sie, noch ein weiteres Buch zu schreiben?

Ich hätte mir nie träumen können, wie es ist, ein Buch zu schreiben. Ich habe jede Etappe dieses Prozesses genossen und genieße sie noch. Daher bin ich überglücklich, diese Erfahrung gemacht zu haben und heute hier zu sitzen. Allerdings habe ich bereits darüber nachgedacht, wie großartig es doch wäre, anderen Menschen die Möglichkeit zu geben, ihre eigenen Geschichten zu erzählen. Ich glaube, das würde ein wunderbares Buch ergeben. Viele Geschichten von Menschen, deren Begegnung vorherbestimmt war, über die wunder-

samen Zufälle und Ereignisse, die zu ihrer Begegnung führten, und über die Veränderungen, die ihre Begegnung nach
sich zog. Ich glaube, viele Menschen haben solche schicksal-
haften Beziehungen, auch wenn es ihnen vielleicht nicht bewusst ist: ein Band, das vielleicht gedehnt wird, aber niemals
reißt und zwei Menschen aus einem ganz bestimmten Grund
verbindet. Daher fände ich es großartig, irgendwann ein Buch
über die Geschichten anderer Menschen herauszugeben.